ALBERT COLLIGNON

LA

VIE LITTÉRAIRE

NOTES ET RÉFLEXIONS D'UN LECTEUR

PARIS
LIBRAIRIE FISCHBACHER
(Société anonyme)
33, RUE DE SEINE, 33
1895

Tous droits réservés

ALBERT COLLIGNON

LA

VIE LITTÉRAIRE

NOTES ET RÉFLEXIONS D'UN LECTEUR

PARIS

LIBRAIRIE FISCHBACHER

(Société anonyme)

33, RUE DE SEINE, 33

1895

Tous droits réservés

LA
VIE LITTÉRAIRE

> Vie rare et excellente parce que le goût n'y suffit pas, mais qu'il y faut le cœur et la vertu.
>
> Ce n'est pas sans raison que les anciens l'appelaient du nom de culte, et comme on dit la religion de l'honneur, on pouvait dire aussi *la religion des lettres*.
>
> LACORDAIRE.
> (*Oraison funèbre du général Drouot*)

> La morale, voilà la vraie religion.
>
> Marc-Aurèle, Platon, Socrate, le chancelier de l'Hôpital, Descartes, Gassendi, Newton, Locke, sont de la même Église.
>
> Nous aurions besoin d'un ouvrage qui fît voir combien la morale des vrais philosophes l'emporte sur celle du christianisme.
>
> Il faudrait inspirer l'horreur pour les superstitions et pour les persécutions dans quelque petit livre à la portée de tout âge, que les pères de famille liraient à leurs enfants tous les dimanches.
>
> VOLTAIRE.

Penser, parler, écrire, aimer, agir, voilà ce qu'il faut apprendre et savoir pour bien vivre. C'est là le sujet de mon livre sur l'*Art et la Vie.* Je l'ai commencé à l'âge de vingt-trois ans et depuis trente années j'y travaille et je le continue toujours. J'y examine toutes les philosophies et toutes les théories morales du bonheur. Je cherche à surprendre la pensée intime des grands hommes et tous les secrets de leur art de vivre, révélés par leurs correspondances et leurs biographies.

Dans ses harmonies et ses points de vue divers, dans ses concordances multiples, ce sujet unique est si vaste qu'il peut occuper et charmer toute une existence. La connaissance physiologique de l'homme, celle de l'histoire, celle des chefs-d'œuvre, celle des grands hommes sont nécessaires. Elles sont, depuis trente ans, l'objet de réflexions personnelles et persévérantes qui, toutes, convergent vers un même but.

L'ouvrage qui les résumera, contiendra ce qui est essentiel à un Français de la fin du dix-neuvième siècle, pour être, en même temps qu'un philosophe, dilettante, amateur délicat et lettré, un ardent patriote, le citoyen actif et dévoué d'un pays libre.

La *Vie littéraire*, telle que je l'entends, est une vie consacrée à l'amélioration et au perfectionnement de soi-même : esprit et cœur, intelligence et volonté. C'est une vie intellectuelle et morale employée tout entière, à travers les différents âges, à la culture de l'âme par les lettres, c'est-à-dire par les livres, par la connaissance des littératures modernes, par l'étude assidue et pénétrante des œuvres si humaines de la belle antiquité.

L'éducation de la famille et celle du collège étant terminées, alors commence la vie littéraire, cette nouvelle éducation que les deux premières ont pour but de rendre possible, celle que le jeune homme émancipé se donne à lui-même par les livres, par le monde, par la solitude alternée avec l'expérience. Elle comprend l'étude de soi, la connaissance des hommes et l'art de vivre.

Ces années d'apprentissage, les années de collège auront été bien employées si elles ont développé suffisamment la force de l'attention et l'habitude de réfléchir. Elles doivent rendre un jeune homme capable de se perfectionner soi-même, alternativement par la fréquentation du monde, par la solitude, par la vie de campagne, la chasse et les différents sports, par les voyages, par les séjours studieux à Paris et même en province où l'on peut fort bien travailler.

L'observation directe du monde lui permet alors de remarquer les différences infinies qui existent entre les hommes. Des voyages faits en se promenant, à la manière pensive et curieuse de Montaigne, de Descartes, de Stendhal et de Montesquieu, lui fourniront l'occasion d'observer le caractère, les mœurs et le génie des peuples.

Ayant fait la psychologie des races et des individus, il lui reste à apprendre, en le pratiquant, l'art de vivre, c'est-à-dire l'art de lire, l'art d'écrire, l'art de parler, l'art d'agir, et, avant tout, l'art de penser sur lequel est fondée la morale, comme la politique et la philosophie. L'art de penser, c'est l'art de voir les choses, — morales et physiques — comme elles sont.

En s'étudiant soi-même, notre jeune homme verra que toutes ses idées, tous ses actes sont déterminés par l'hérédité, par ses habitudes et les circonstances. C'est par les habitudes et seulement par elles, qu'il pourra modifier ses passions et son caractère. La nature donne l'intelligence, et l'intelligence éclairée par la connaissance de la nature, fait, — par le moyen des habitudes, — la volonté.

Par la morale et la philosophie, par l'étude des littératures, c'est-à-dire par la conversation écrite des historiens, des philosophes et des écrivains moralistes, l'éducation littéraire aboutit au culte de l'honneur et à la religion des lettres.

Elle nous explique l'humble origine des hommes, leur existence si longtemps malheureuse, sauvage et barbare, leurs lents efforts pour s'outiller, pour mieux vivre, la marche lente de leurs progrès, la raison d'être de leurs primitives croyances et de toutes les religions du passé. Pleine de pitié pour leur ignorance, elle veut cependant détruire ces superstitions qu'elle explique ; elle remplace tous les fanatismes anciens par la tolérance et par la liberté d'examen. A l'exemple de Montaigne et de Descartes, elle enseigne à douter ; car c'est uniquement par la pratique du libre examen, par le chemin du doute qu'on arrive à bien conduire sa raison sans la connaissance de la nature, dans la connaissance de soi-même, et des autres, dans la connaissance de la vie sociale et dans celle du bonheur et des conditions du bonheur.

Depuis Aristote jusqu'à Montaigne ; depuis Montaigne, Bayle, Voltaire, jusqu'à Renan, les idées des hommes supérieurs, leur philosophie, leur morale, leurs passions, leurs confidences, leurs actes et leurs fautes, voilà ce qui est vraiment utile, curieux, intéressant, et ce qui résume, en même temps que la Philosophie, la partie utile de l'Histoire.

Comme l'a dit le poète Richepin :

Une bibliothèque est tout le genre humain.
On est contemporain des amis qu'on s'y fait.

La biographie étant le tableau de la vie, des pensées, des actions et des œuvres des personnages historiques, contient toute l'histoire ; elle la présente avec plus d'exactitude et plus d'intérêt, parce qu'elle peut entrer, — comme l'ont fait Plutarque et Sainte-Beuve, — dans le détail des mœurs et s'enrichir ainsi de toutes ces particularités curieuses que l'Histoire néglige.

Lire, écrire, observer, penser, comparer, réfléchir, voilà ma vie. Je suis avant tout un lecteur, un curieux, un témoin attentif de mon temps. Philosophe, j'aime à comprendre la raison des choses ; j'aime à dire ma manière de voir et à formuler mes jugements. En lisant, j'ai mes préférences ; mais depuis Homère jusqu'à M. Verlaine ; depuis Cicéron et César jusqu'à Frédéric II et à Napoléon ; depuis Aristote jusqu'à M. Zola, j'ai voulu tout connaître ; j'ai tout lu la plume à la main, en notant mes remarques, mes réflexions et mes extraits. Mes cahiers, si nombreux, sont le résumé de ma vie ; ils forment aujourd'hui toute une encyclopédie littéraire, morale, politique, le *Dictionnaire critique* d'un homme de lettres.

Comme Montaigne, Bayle, Vauvenargues, Stendhal et Sainte-Beuve, j'ai consacré ma vie à observer, à lire, à méditer et à écrire ensuite ce qui m'a paru vrai et ce qui me plaisait. Je continue toujours avec entrain ce journal de mes réflexions et lectures. Pourquoi, de toutes ces pages écrites, au jour le jour, comme le *Journal* d'Amiel, les *Pensées* de Joubert, les *lettres* de X. Doudan, les *Essais* mobiles et brisés de Montaigne, de ces pensées venues en différentes saisons et en différents âges, sans système préconçu, sans préjugés, mais non sans réflexion et sans but, pourquoi ne sortirait-il pas, un jour ou l'autre, comme fruit d'une vie active, laborieuse, déjà longue, dans laquelle j'ai vu des révolutions politiques et la guerre, — un livre intéressant?

Vis-à-vis de Montaigne, je suis comme une colline placée en face d'une montagne; mais, à côté de ces grands et illustres *Essais*, qui resteront immortels, je n'en fais pas moins mes petits *essais.*

N'ayant jamais rien fait dans un but mercenaire, n'ayant pas écrit par métier, ni par ambition, également éloigné de tout dénigrement et de la flatterie, ennemi de l'hypocrisie, ayant directement connu les acteurs de la vie politique et littéraire, j'ai dû voir et j'ai osé dire la vérité.

Ce qu'il y a de plus essentiel dans l'esprit de l'homme et dans sa condition sur terre m'a toujours occupé. J'ai fréquenté bien des milieux divers et, tous les jours, dans leurs livres, avec un vif attrait, les plus grands hommes. J'ai toujours examiné librement et discuté avant de les admettre leurs jugements et leurs pensées. J'ai toujours aimé dans les autres, cherché et pratiqué la sincérité littéraire qui seule donne confiance, utilité à la parole écrite, et je ne vois pas pourquoi trente années de lectures et de méditations ne produiraient pas aujourd'hui, — et rien qu'en envoyant ces cahiers tels qu'ils sont à l'imprimerie, — un bon et utile ouvrage.

J'aime à étudier, à définir les caractères ; j'aime les pensées et maximes. Aucune littérature n'est plus riche que la nôtre en bons moralistes. Sans compter les poètes philosophes comme Molière, sans compter les romanciers observateurs tels que l'abbé Prévost, Le Sage, Voltaire, Marivaux, n'avons-nous pas Montaigne, Pascal, La Rochefoucauld, La Bruyère, Vauvenargues, Chamfort, Joubert, Doudan, Taine, Renan et Sainte-Beuve ?

J'ai toujours pris plaisir, à travers mes lectures, à recueillir ces sentences, bien frappées, où se concentrent en une brève formule, de longues observations sur les hommes et les choses de la vie, parce qu'elles sont une des provocations les plus séduisantes et les plus fécondes qui puissent être adressées à notre réflexion,

L'histoire aussi me plaît, c'est la philosophie réduite en exemple. Par elle nous profitons de toute l'expérience des siècles.

Je lis les ouvrages de science les plus récents, mais les ouvrages littéraires les meilleurs, si anciens qu'ils soient.

La littérature classique, c'est-à-dire les œuvres de ceux qui ont bien connu la vie et les hommes, est toujours actuelle et moderne, parce qu'elle est toujours utile.

Celui qui pratique l'art de lire sait rassembler dans sa bibiothèque tous les représentant de l'humanité. Les grands hommes, leur vie et leurs œuvres font partie de son héritage.

Ne méprisons pas les proverbes, même ceux que Cervantès a placés dans la bouche de Sancho Pança; ils résument l'esprit courant et la philosophie pratique d'un pays et d'un siècle, ils sont comme le bon sens vulgaire et condensé des peuples.

— L'art de lire a sa place dans l'art de vivre.

Les sensations les plus agréables, même les plus violentes, s'usent par la répétition, mais la lecture est un plaisir si varié, toujours si différent de lui-même, qu'il ne peut conduire à l'ennui.

En lisant on peut être frappé par des idées différentes des siennes, on les examine avec curiosité, mais on ne retient que ce qu'on avait déjà pensé soi-même ; et c'est une joie de rencontrer ses propres idées, ses sentiments intimes formulés par un autre, ancien ou moderne.

Il ne suffit pas de lire un livre, il faut l'entendre, c'est-à-dire concevoir, à son tour, chaque idée de l'auteur et la comprendre comme lui. On fait ainsi de son esprit un estomac intellectuel qui digère la substance des livres, s'assimile la partie utile et rejette le reste, — comme l'estomac.

Pour bien goûter la beauté littéraire, il faut avoir du loisir, se former le goût, se faire un esprit attentif, un esprit critique, à la fois délicat et fort, large et scrupuleux.

Vous méprisez les livres, dit Voltaire, vous dont la vie est plongée dans les vanités de l'ambition et dans la recherche des plaisirs ou dans l'oisiveté ; mais songez que tout l'univers connu n'est gouverné que par des livres, excepté les nations sauvages.

Le commerce des livres est bien plus sûr et plus à nous qu'aucun autre, dit Montaigne. Il a, pour sa part, la constance et la facilité de son service, côtoie tout mon cours et m'assiste partout. Il me console en la vieillesse et en la solitude ; il me décharge du poids d'une oisiveté ennuyeuse et me défait à toute heure des compagnies qui me fâchent; il émousse les pointures de la douleur, si elle n'est extrême et maîtresse.

Pour me distraire d'une imagination importune, il n'est que de recourir aux livres ; ils me détournent facilement à eux et me la dérobent ; ils ne se mutinent point pour voir que je ne les recherche qu'au défaut des autres plaisirs ; ils me reçoivent toujours du même visage.

Il a bel aller à pied, ajoute Montaigne qui mène son cheval par la bride. Le malade n'est pas à plaindre qui a la guérison en sa manche. En l'usage et expérience de cette sentence, qui est très véritable, consiste tout le fruit que je tire des livres. C'est la meilleure munition que j'ai trouvée à cet humain voyage ; et plains extrêmement les hommes d'entendement qui en sont privés.

Cicéron, ce grand homme de lettres, lui qui a toujours mêlé la vie littéraire à la vie politique, a magnifiquement parlé, lui aussi, du plaisir de lire. Il aimait à étudier, à relire les anciens, comme ont fait après lui, Montaigne, Voltaire, Montesquieu. Dans son discours, *Pro Archia poeta*, il a célébré la vie littéraire, le goût et l'amour des livres et des lettres, avec une sincère éloquence que personne n'a jamais dépassée.

L'étude, dit-il, tempère l'amertume des maux et en détruit le sentiment.

Tous les autres plaisirs ne sont ni de tous les temps, ni de tous les âges, ni de tous les lieux. Mais les lettres font l'aliment de la jeunesse, la joie de la vieillesse, l'ornement de la prospérité, elles font notre ressource et notre consolation dans l'adversité, nos délices dans le cabinet sans embarrasser ailleurs ; elles veillent la nuit avec nous et nous tiennent compagnie aux champs et dans nos voyages.

Si dans ma jeunesse, dit encore Cicéron, mon esprit ne s'était imprégné, en lisant de bons livres, de cette vérité que la gloire et la vertu doivent être le but préféré, disons mieux, le but unique de la vie, et que, pour l'atteindre, il faut mépriser les souffrances physiques et les dangers de mort et d'exil, je n'aurais jamais exposé ma personne en maintes et maintes rencontres dans des conflits quotidiens avec les pires des hommes.

Les dévots, qui voudraient supprimer des études chrétiennes les auteurs profanes, haïssent particulièrement Cicéron. Il a été souvent en butte aux sarcasmes et aux quolibets des Veuillot et des Mgr Gaume. Un gros livre, *le Ver Rongeur*, a été fabriqué contre lui.

Les juges sévères, dit le grave et austère Daunou, qui penseraient que le courage de Cicéron n'a pas toujours égalé ses périls, le compteraient du moins au nombre des derniers amis de la liberté romaine. Ils avoueraient que celui de tous les hommes qui a le plus vivement senti le besoin d'une renommée vaste et immortelle, a pourtant aimé sa patrie aussi passionnément que la gloire.

Jugeons-le donc, comme l'ont jugé les triumvirs, quand ils l'ont trouvé digne de ne pas survivre à la liberté publique.

Un critique de l'ancienne école, qui, ayant surtout vécu avec les anciens, les connaît fort bien et les aime, un ami des lettres et des livres, homme de goût, lettré délicat, S. de Sacy, aimait,—plus que Montaigne, — à relire Cicéron. Assurément, dit-il, avec modestie, je ne suis ni un grand critique, ni un grand érudit, mais j'aime les lettres, je les aime avec passion. Je ne pourrai jamais dire tout ce que ce goût des livres et des lettres a répandu de charme sur ma vie ; combien de fois une heure, une seule heure de lecture, m'a ranimé et rendu moi-même !

On voit que la lecture avait, sur le bon Sacy, le même effet bienfaisant et calmant que sur Montesquieu.

Celui-ci, penseur d'une rare intelligence, sachant voir les choses morales et montrer leurs rapports, homme de bonne compagnie, bien né, bien élevé, aimable et charmant, fortifié par une continuelle culture, très délicate et très profonde, Montesquieu est un génie supérieur, un très grand esprit.

C'est un homme qui, dès sa jeunesse, a la noble passion de l'étude, qui veut s'instruire, s'éclairer, comprendre la raison des choses, s'expliquer le mécanisme social, qui lit dans cette vue, non pas à l'aventure, mais sans beaucoup de suite, sachant bien qu'il se retrouvera toujours, qu'il s'avance toujours vers son but ; c'est un homme qui médite sur ce qu'il a lu, qui observe, compare et réfléchit toujours, qui rumine tout ce qu'il a lu et le transforme en se l'assimilant.

Montesquieu est un bel exemple dans l'art de vivre. Comme il a su lire, il voyage ; il regarde avec intérêt, avec attention, avec plaisir toutes les diversités humaines, il cherche les causes naturelles de cette grande variété des mœurs, des coutumes qu'il voit en Angleterre, en Italie, en France ; il les analyse, il les compare et cela le conduit à faire l'histoire naturelle des lois.

Ayant vu l'intelligence publique assez avancée pour le comprendre, il écrit ce livre hardi, les *Lettres persanes*, et ces livres profonds, les *Causes de la Grandeur et la décadence des Romains*, l'*Esprit des lois* ; il ose ainsi, le premier, faire entrer l'érudition, la politique et la législation dans la littérature.

Son esprit investigateur a toutes les curiosités. Nourri de faits, il les compare, il les généralise, il en cherche plus haut le fait générateur et quand il le découvre, et qu'il nous le montre, nous sommes ravis de voir si vite un tel enchaînement nécessaire et toutes les multiples conséquences d'un seul fait.

Passionné de lecture jusqu'à y sacrifier ses yeux, il voyage à travers sa bibliothèque ; il s'y promène en tous sens comme il a fait en pays étrangers ; il y chasse, il y butine, comme Montaigne faisait dans Plutarque ; il barbouille comme lui ses livres de notes. Les courses à la Bayle, les battues à travers les livres animent constamment et fécondent sa pensée.

Il se complaît aux anecdotes significatives, aux traits qui caractérisent un homme, un pays, aux historiettes mêmes qui ne sont que divertissantes, et ne peignent que la sottise ou la bonté de l'homme de tous les temps ; il les recueille, les retient, et, pour peu que l'occasion s'en présente, il ne résiste pas au plaisir de les raconter.

Montesquieu est un esprit libre, qui a poussé la hardiesse aussi loin que Voltaire, dans les *Lettres persanes* et qui a contribué autant que lui à l'émanvergation de la pensée. Ce noble esprit, cet homme aimable et bienfaisant à la religion des lettres. Il n'en a pas d'autre, il se contente de la seule religion qui inspire le culte des grands hommes, le patriotisme littéraire et le dévouement naturel du citoyen éclairé à son pays.

Qui n'aimerait cet homme qui s'éveille le matin avec une joie secrète de voir la lumière, d'avoir devant lui beaucoup d'heures de travail, qui vit pour regarder et pour comprendre, pour connaître, sentir et penser ; que tout intéresse et fait réfléchir, qui n'a d'ambition que ce qu'il en faut pour prendre part aux choses de la vie, qui a naturellement de l'amour pour le bien et l'honneur de sa patrie, et peu pour ce qu'on appelle la gloire, qui apprécie la médiocrité des conditions, qui éprouve avec délicatesse tous les plus nobles sentiments, conçoit les plus hautes pensées et les plus fécondes, et possède en même temps la simplicité, la tranquillité du sage, la juste mesure et la modération.

Ce grand homme était bon, facile à vivre ; il se trouvait bien partout. Quand il était dans le monde, il l'aimait comme s'il n'avait pu souffrir la retraite ; quand il était à la Brède, il ne songeait plus au monde. Il était heureux dans ses terres, où il ne voyait que des arbres, il se trouvait heureux dans Paris, « au milieu de ce nombre d'hommes qui égalent les sables de la mer. » (*Lettres à Maupertuis*, 1746).

Lorsqu'il goûtait un plaisir, c'était si vivement qu'il s'étonnait de l'avoir recherché avec tant d'indifférence.

Son penchant naturel l'entraînait vers les anciens, vers Marc-Aurèle et les Antonins, qu'il appelle « le plus grand objet de la nature. »

« Nés pous la société, ils croyaient que leur destin était de travailler pour elle. »

Ce grand esprit savait être pratique ; il savait causer joyeusement et rire avec ses amis. Il était bon et ne dédaignait pas les pauvres.

« J'aime, disait-il, les paysans ; ils ne sont pas assez savants pour raisonner de travers. »

« Le peuple, remarquait-il, est honnête dans ses goûts, sans l'être dans ses mœurs. »

Voilà pourquoi le bas naturalisme du *Théâtre Moderne* et les pièces réalistes ne peuvent réussir, même devant un public, très libre de conduite mais honnête dans ses goûts.

Les grands seigneurs ont des plaisirs, disait-il le peuple a de la joie.

Dans un esprit sage tel que celui de Montesquieu, la vie littéraire n'empêche nullement la vie pratique.

Au retour de son grand voyage, il s'était mis à

transformer sa propriété, qui touche aux Landes ; il en avait fait un vaste jardin anglais. Il y fit des plantations, creusa des rivières à travers les pelouses, irrigua les prairies, introduisit le trèfle, qu'il fit acheter en Hollande et réalisa d'innombrables améliorations qui embellissaient sa propriété et augmentaient son revenu.

« J'ai vu, disait-il, dans les livres de Plutarque, ce qu'étaient les anciens. »

Les dépassant par la science, par l'expérience acquise au cours des siècles, il leur ressemble par la simplicité.

Il a rapporté de ce commerce avec les anciens, l'instinct des grandes choses, la force de l'âme, le culte des vertus publiques, dont la tradition se perdait autour de lui et qu'il ne contribua pas peu à restaurer en France.

Il est, avant tout et par dessus tout, citoyen.

« J'ai eu, dit-il, naturellement de l'amour pour le bien et l'honneur de ma patrie.

« J'ai toujours senti une joie secrète lorsqu'on a fait quelque règlement qui allait au bien commun.

« N'est-ce pas un beau dessein que de travailler à laisser après nous les hommes plus heureux que nous ne l'avons été ? »

Montesquieu a la haine du dénigrement et le goût de l'admiration ; il se compose, en France, une galerie de grands hommes nationaux, de ces hommes rares qu'il égale aux Anciens, de ceux dont on peut dire, comme de Turenne, que leur vie « a été un hymne à la louange de l'humanité. »

Ce galant homme cachait sa vie avec autant de soin que la plupart emploient à étaler la leur. Il ne voulait être connu que par ses ouvrages auxquels il ne mit jamais son nom.

Ces ouvrages sont le résumé philosophique et la reprise idéale de ses lectures.

Tous les témoignages s'accordent sur lui : Maupertuis, Voltaire parlent comme le marquis d'Argenson.

« M. de Montesquieu, dit celui-ci, ne se tourmente pour personne ; il n'a point pour lui-même d'ambition ; il lit, il voyage, il amasse des connaissances ; il écrit enfin, et le tout uniquement pour son plaisir. »

Le meilleur des amis, le plus aimable et le plus aimé, il savait s'accommoder de la solitude ; il rechercha la retraite quand la vocation du penseur lui en fit sentir la nécessité.

Il avait le tempérament de l'homme content : la santé régulière, la clarté d'esprit rapide et continue la force d'attention, la faculté de s'absorber indéfiniment dans l'étude. Il n'était jamais triste, « n'ayant jamais eu de chagrin qu'une heure de lecture n'ait dissipé. »

On voit que le goût des livres et des lettres, quand il est sincère, répand du charme sur toutes les vies ; qu'une heure de lecture console et ranime, comme Sacy l'avait constaté, après Montesquieu.

Montesquieu fut un homme heureux ; il pensait que la plupart des hommes pourraient l'être.

Si on ne voulait qu'être heureux, disait-il, cela serait bientôt fait ; mais on veut être plus heureux que les autres ; et cela est presque toujours difficile ; parce que nous croyons les autres plus heureux qu'ils ne sont.

Avec les anciens, Montesquieu aime Montaigne ; il le range parmi les grands poètes ; il le lit, le relit, s'en délecte, s'en nourrit ; par moments, il le ressuscite. Il a, comme lui, cette curiosité insatiable et cet appétit de connaître qui sont comme une jeunesse inaltérable de la pensée.

« Je passe ma vie à examiner, écrit-il, tout m'intéresse, tout m'étonne ; je suis comme un enfant dont les organes, encore tendres, sont vivement frappés par les moindres objets.

« Notre âme est faite pour penser, c'est-à-dire pour apercevoir. Un tel être doit avoir de la curiosité ; car, comme toutes les choses sont dans une chaîne où chaque idée en précède une et en suit une autre, on ne peut aimer à voir une chose sans désirer d'en voir une autre. »

Nous aimons toujours qui nous ressemble. Montesquieu ressemble à Montaigne par son goût de lectures diverses et en tous sens. Il est curieux, comme lui, de mœurs singulières, de coutumes étrangères rapportées dans le récit de voyages. Il lit Chardin : *les Lettres édifiantes et curieuses des Missions étrangères* ; la *Description des Indes occidentales* de Thomas Gage ; le *Recueil des voyages qui ont servi à l'établissement de la compagnie des Indes.*

Comme il avait lu davantage, Montesquieu voyagea aussi plus que Montaigne. Il visita l'Angleterre, l'Allemagne, la Hongrie, l'Autriche, Venise, l'Italie, la Suisse, la Hollande, curieux, attentif, lisant, regardant, écoutant, conversant avec les hommes les plus éclairés et les plus célèbres de l'Europe.

Une autre ressemblance frappante avec Montaigne est que Montesquieu déteste, comme lui, la superstition, le fanatisme et l'intolérance des prêtres. La dévotion, disait-il, est une croyance inepte qu'on vaut mieux qu'un autre. Dans quelque religion qu'on vive, l'amour pour les hommes, la piété envers les parents, l'observation des lois, la *pratique des actes utiles*, seules, importent.

Il aime les grands hommes simples dans leurs manières, la vertu naturelle et sans prétention.

J'ai vu, dit-il, dans les *Lettres persanes*, des gens chez qui la vertu était si naturelle qu'elle ne se faisait même pas sentir ; ils s'attachaient à leur devoir sans s'y plier, et s'y portaient comme par instinct ; bien loin de relever par leurs discours, leurs rares qualités, il semblait qu'elles n'avaient pas percé jusqu'à eux.

Voilà les gens que j'aime ; non pas ces hommes vertueux qui semblent étonnés de l'être et qui regardent une bonne action comme un prodige dont le récit doit surprendre.

C'est déjà la manière de voir, la morale généreuse de Vauvenargues qui trouve, tout natturellement, du plaisir au bien qu'il fait.

Montesquieu aimait à se perfectionner sans cesse par cet éclectisme intelligent qui s'assimile ce qui lui ressemble et sait choisir le bien partout.

Cette habile pratique fait les hommes supérieurs ; c'est elle aussi qui fait les grands peuples.

Dans ses considérations sur les causes de la grandeur et de la décadence des Romains, « ce qui a le plus contribué, remarque Montesquieu, à les rendre les maîtres du monde, c'est qu'ayant combattu successivement tous les peuples, ils ont toujours renoncé à leurs usages, sitôt qu'ils en ont trouvé de meilleurs ».

L'*Esprit des Lois*, qu'il publia en 1749, est l'examen historique du rapport dans lequel les lois se trouvent avec les lieux, les temps, la forme du gouvernement, les buts divers de la société, le climat, la religion et les mœurs.

Ce grand ouvrage, auquel Montesquieu consacra vingt années de sa vie, parut six ans avant sa mort.

L'*Esprit des Lois* n'est pas de l'esprit sur les lois, comme l'a dit, dans un mauvais jeu de mots, madame du Deffand ; c'est l'explication naturelle de ce qui est.

« Chaque nation, écrit Montesquieu, trouvera ici les raisons de ses maximes ».

Montesquieu a montré les causes des différences entre les hommes, les causes des variétés du caractère, des mœurs et du génie des peuples. L'*Esprit des lois* n'est pas autre chose que la genèse naturelle des lois.

Pour montrer ce qu'elles doivent être, Montesquieu fait voir les motifs qui ont déterminé le législateur.

Montesquieu a été le plus ingénieux des hommes de génie. Il aimait à écrire. C'est en cherchant, dit-il, à instruire les hommes que l'on peut pratiquer cette vertu générale qui comprend l'amour de tous.

Le style de Montesquieu est ravissant, il est plein de grandes pensées, c'est-à-dire de faits si bien présentés qu'un seul en fait comprendre un grand nombre d'autres ; et, avec cela, il est plein d'imprévu et fuit l'accablante uniformité.

Il avait rassemblé, peu à peu, une foule de notes sur les lois et sur les usages de tous les peuples ; pour écrire son ouvrage, il n'a eu qu'à ranger ces notes sous différents titres.

La loi, dit-il, est la raison humaine en tant qu'elle gouverne les hommes. Les lois, politiques et civiles, doivent être tellement appropriées au peuple pour lequel elles ont été faites, que c'est un très grand hasard si celles d'une nation peuvent convenir à une autre.

On retrouve partout, dans l'*Esprit des lois*, cette puissance qu'avait Montesquieu de traduire ses idées en préceptes et en aphorismes législatifs, cet art concis et puissant qui le place au premier rang des publicistes.

Avant lui personne ne s'était avisé de réunir tous les faits principaux de l'ordre politique, de les expliquer l'un par l'autre, en montrant leur subordination réciproque, et tous par les mœurs et la situation du peuple auquel ils s'appliquent.

Voltaire n'avait rien dit encore de ces graves sujets. L'Esprit des lois est de 1748, et l'*Essai sur les mœurs* ne parut que dans la seconde moitié du dix-huitième siècle.

Beccaria n'écrivit aussi qu'après Montesquieu et sous son influence. Avant lui, Montesquieu avait dit que la peine peut et doit s'adoucir à mesure que la société devient plus paisible et plus éclairée.

Les connaissances rendent les hommes doux, la raison porte à l'humanité.

Publié en 1748, l'*Esprit des lois* avait occupé Montesquieu pendant plus de vingt ans. En dix-huit mois, on en fit vingt-deux éditions.

La gloire ne modifia en rien les simples habitudes de sa vie. « J'ai eu, dit Maupertuis, le bonheur de vivre dans les mêmes sociétés que lui ; j'ai vu, j'ai partagé l'impatience avec laquelle il était toujours attendu, la joie avec laquelle on le voyait arriver.

« Son maintien modeste et libre ressemblait à sa conversation. » Négligé dans ses habits, il n'était vêtu que des étoffes les plus simples ; méprisant tout ce qui était au-delà de la propreté.

La douceur de son caractère se soutint jusqu'au dernier moment. Il mourut le 10 février 1755, à l'âge de 66 ans. Il était né au château de la Brède, à trois lieues de Bordeaux, le 18 janvier 1689.

Ce que Montesquieu a été, c'est surtout un homme souverainement intelligent. On sent qu'il n'y a pas eu de vie intellectuelle plus forte, plus intense et, avec cela plus libre ni plus sereine. Personne n'a plus délicieusement que lui, à l'abri des passions, joui des idées.

Moraliste politique, il a vu infiniment de choses et il a compris tout ce qu'il a vu. Il était capable, a dit M. Sorel ou M. Faguet, de se détacher de son temps et d'y revenir, de comprendre l'essence et le principe des états antiques et d'esquisser pour son pays une constitution toute moderne et toute historique.

Son livre est un étonnant amas d'idées toutes intéressantes, et dont la plupart sont profondes. Il n'y en a pas qui fasse plus réfléchir.

Dans son petit cabinet de garçon de la rue Saint-

Dominique, Montesquieu dit un jour à de jeunes amis : Raynal, Helvétius, Suard : « Je vous invite à être utiles aux hommes, comme au plus grand bonheur de la vie. Je suis fini, moi ; j'ai brûlé toutes mes cartouches, toutes mes bougies sont éteintes. Vous commencez, vous ; marquez-vous bien le but ; je ne l'ai pas touché, mais je crois l'avoir vu.

« Pour assurer à tous le pain, le bon sens et les vertus qui leur sont nécessaires, il n'y a qu'un moyen : *il faut éclairer les peuples* et les gouvernements ; c'est là l'œuvre des philosophes, c'est la vôtre ! »

Tout est naturel dans la nature, tout est relatif pour nous qui ne pouvons rien constater de surnaturel ni d'absolu.

En s'étudiant, l'homme peut se connaître, il peut découvrir la raison des choses qui l'entourent, mais il ne peut rien savoir du personnage métaphysique nommé Dieu, pas même s'il existe. Car, s'il est logique de dire : je pense, donc je suis, il ne l'est pas de conclure : j'imagine Dieu, donc il est.

Par conséquent la sagesse humaine consiste à se connaître, comme a fait Socrate, à aimer les autres et surtout les pauvres, comme a fait Jésus, à élever son âme au-dessus des bassesses vulgaires, à l'exemple de Marc-Aurèle, à ne pas sortir du domaine de la science et de la nature pour se lancer inutilement dans l'inconnaissable.

Puisqu'il peut s'étudier, se connaître et se perfectionner, l'homme peut vivre noblement sur la terre; ni ange, ni bête, il peut penser et agir librement, sans subir les mystères absurdes, les dogmes abêtissants des religions qui se prétendent surnaturelles et révélées.

Toutes les mythologies sont nées de l'ignorance; toutes inspirent le fanatisme, l'intolérance et la persécution dès qu'elles arrivent à dominer.

De même que l'alchimie du moyen âge a fait place à la chimie moderne, de même toutes ces vaines et dangereuses croyances doivent aujourd'hui faire place à la seule religion des lettres et du progrès.

S'instruire, s'éclairer, se perfectionner soi-même, contribuer au bonheur des autres par des actes utiles, par le progrès de la science et la diffusion des lumières, voilà la morale individuelle et la civilisation.

Les superstitions de l'ignorance, l'aveugle crédulité du moyen âge feront ainsi, progressivement, place à la science et à la vérité.

Socrate, Aristote, Cicéron, Horace, Montaigne, Bacon, Descartes, Bayle, Diderot, Voltaire, Vauvenargues, Montesquieu, ont été des hommes d'esprit et de génie sans doute ; mais leurs qualités supérieures n'étaient point séparées du bon sens, du jugement, de la raison pratique et du goût. C'est ce qui a fait leur influence durable sur l'humanité. Leur aimable philosophie, aisément pratique, a amélioré l'homme et les diverses conditions de la vie humaine.

Quiconque voudra constater d'une manière certaine l'état de la science morale avant le Christianisme, au temps voisin de Jésus-Christ, devra le chercher dans le *De Officiis*, dans les *Tusculanes*, dans le *de Finibus bonorum* et *malorum*, dans *la République*, les *Lois* et les autres ouvrages philosophiques de Cicéron.

Philosophe éclectique, Cicéron accueille toutes les doctrines qui lui paraissent s'accorder avec l'intérêt social et le but pratique de la vie.

Il laisse de côté les recherches ardues qui ne sont pas d'une utilité immédiate dans les relations humaines.

Les questions difficiles et obscures de la métaphysique lui paraissent, avec raison, inutiles, pour vivre en honnête homme et en bon citoyen.

Il s'attache de préférence aux systèmes, stoïcien ou épicurien, qui donnent le plus de place à la morale et qui poursuivent le plus directement le but pratique de la vie.

Un libre penseur du grand monde, comme le nomme Cuvillier-Fleury, « esprit délicat, né sublime », au jugement de Sainte-Beuve, M. Ximenès Doudan, intelligence supérieure et caractère indépendant, qui ne craignait pas d'être et de se montrer Voltairien au milieu même de la famille de Broglie, Doudan, qui a toujours pratiqué, sans plus, la pure religion des lettres, a comparé dans une page admirable ces deux grands hommes de lettres : Voltaire et Cicéron.

L'auteur du *Traité des devoirs*, de l'*Amitié*, de *la Vieillesse*, est à ses yeux le plus beau résultat de toute la longue civilisation qui l'avait précédé.

« Je ne sais rien, dit-il, de plus honorable pour la nature humaine que l'état d'âme et d'esprit de Cicéron.

» C'est une aimable et noble créature. Sage, modéré, ami des règles sévères par imagination stoïque, et prêt à se les appliquer à lui-même, après un peu de réflexion ; sans dogme il est vrai, sans traditions supérieures et miraculeuses, ne reconnaissant d'autres Pères de l'Eglise que la suite des sages que le monde avait admirés jusqu'à lui.

» On n'a pas fait un compte exact des ravages qu'a produits dans les esprits l'habitude d'admirer l'inintelligible au lieu de rester simplement dans l'inconnu.

» Au temps de Cicéron, aucune croyance surnaturelle ne dominait sur les esprit cultivés. Quand il rêvait sur la terrasse de Formies en vue de la mer, il suivait avec pleine liberté tous les beaux instincts de la raison humaine.

» Quand il cherchait le secret du monde ou qu'il se demandait ce que murmuraient les vagues à ses pieds, ce que disaient les astres du ciel d'Italie sur sa tête, il n'avait entre lui et la nature aucun de ces fantômes imposants, mais informes, qui ravissaient saint Antoine dans le désert et saint Ignace-de-Loyola dans le monde. »

Oui, dans Voltaire, il y a quelque chose de Cicéron, mais avec toute la différence en faveur du temps de Cicéron, que celui-ci pense à tous les grands problèmes en parfaite liberté de spéculation, sans ennemis qui lui disent : « Monsieur, pas tant de raisons, ou je le dirai au Roi, au Parlement, au Pape, au monde Chrétien. » Voltaire rencontre ainsi des ennemis dans ces espaces infinis où la pensée de Cicéron ne rencontrait nul obstacle.

Au risque de paraître exalté et emporté outre mesure, comme Voltaire lui-même le paraissait à l'esprit délicat mais timide de Doudan, il faut avoir la franchise de le dire : la religion de Voltaire et celle de Cicéron sont des religions supérieures à celle de l'Immaculée-Conception, du *Syllabus* et de l'Infaillibilité du pape, à cette fausse et funeste religion des jésuites qui, dans leurs écoles toujours existantes, malgré les décrets, tuent dans leur germe toute hardiesse d'esprit, toute indépendance de pensée, toute habitude de libre examen et, par le charlatanisme le plus éhonté, entraînent à Lourdes, à la Salette, des milliers d'âmes crédules à ces apparitions miraculeusement ridicules d'une vierge-mère et à des paroles qu'ils savent bien être des mensonges.

Les gens du *Sacré-Cœur* voudraient substituer à la lecture de Voltaire et de Cicéron, l'imitation de Loyola, de Marie Alacoque et de saint Labre.

Ces dévots voudraient aujourd'hui faire croire que le dix-huitième siècle est mort, que l'influence de Voltaire est épuisée.

« Pour mort, leur répond Doudan, le dix-huitième siècle n'est pas mort du tout. Il fera le tour du monde avant de mourir. Tous les esprits sages vous le diront, comme moi, qu'ils s'en affligent ou qu'ils s'en réjouissent. *Ce que vous nommez le dix-huitième siècle, c'est la liberté de l'esprit.* »

Qu'on en gémisse ou non, la foi s'en est allée ; la science, quoi qu'on en dise, la ruine, m'écrivait Sainte-Beuve, le 14 juillet 1867 (1) ; il n'y a plus pour les esprits vigoureux et sensés, nourris de l'histoire, armés de la critique, studieux des sciences naturelles ; il n'y a plus moyen de croire aux vieilles histoires et aux vieilles Bibles.

Dans cette crise, il n'y a qu'une chose à faire pour ne point languir et croupir en décadence : passer vite et marcher ferme vers un ordre d'idées raisonnables,

---

(1) Correspondance. *Lettre de Sainte-Beuve à M. Albert Collignon.*

probables, enchaînées, qui donne des convictions à défaut de croyances, et qui, tout en laissant aux restes de croyances environnantes toute liberté et sécurité, prépare chez tous les esprits neufs et robustes un point d'appui pour l'avenir.

Il se crée lentement une morale et une justice à base nouvelle, non moins solide que par le passé, plus solide même, parce qu'il n'y entrera rien des craintes puériles de l'enfance. Cessons donc le plus tôt possible, hommes et femmes, d'être des enfants : ce sera difficile à bien des femmes, direz-vous ? — A bien des hommes aussi. Mais, dans l'état de société où nous sommes, le salut et la virilité d'une nation sont là et pas ailleurs. On aura à opter entre le byzantinisme et le vrai progrès.

A vous de cœur.

Sainte-Beuve.

Hardi dans ses recherches, disciples de Descartes et, comme lui, peu respectueux du passé, le dix-huitième siècle a été sincèrement animé d'une généreuse inquiétude sur le sort des hommes ; il a voulu la justice pour tous ; il a demandé l'abolition de la torture et de la question ; il a remis en honneur les sentiments naturels ; il a ramené les hommes à écouter plus souvent la voix de leur conscience étouffée par l'étiquette et par les conventions sociales. C'est dans sa haine ardente du fanatisme, dans sa généreuse guerre au surnaturel et à l'intolérance qui en découle nécessairement, dans son retour à la nature et à la raison, qu'il faut chercher son idéal.

Au milieu du XVIII° siècle, tout s'éclaire, tout marche rapidement vers la religion des lettres, des arts et du progrès. Les artistes intronisent le culte du beau, les encyclopédistes celui de la raison et de la science, les savants celui du vrai, les légistes celui du droit, les moralistes celui de la tolérance et de l'humanité. Voltaire écrase sous le ridicule l'infâme persécution, la crédulité fanatique et les pieux mensonges des bons Pères ; d'Holbach et Diderot célèbrent la Nature, qu'ils substituent au Dieu personnel de la Bible, à ce petit Dieu cruel et jaloux des Juifs, qui satisfaisait Bossuet et suffisait à son éloquence ; Rousseau reste déiste ; il fait sa belle profession de foi du Vicaire savoyard, il écrit l'*Émile* et les lettres à l'évêque Beaumont ; Montesquieu, plus hardi, ose se moquer du pape et des momeries chrétiennes dont s'amusent beaucoup ses Persans.

« Le roi de France, disent-ils, n'a point de mines d'or comme le roi d'Espagne ; mais il a plus de richesses que lui, parce qu'il les tire de la vanité de ses sujets, plus inépuisable que les mines. On lui a vu entreprendre et soutenir de grandes guerres, n'ayant guère d'autres fonds que des titres d'honneur à vendre. Ce roi est un grand magicien.

« Il y a un autre magicien plus fort que lui. Ce magicien s'appelle le Pape. Tantôt il lui fait croire que trois ne sont qu'un ; que le pain qu'on mange n'est pas du pain, ou que le vin qu'on boit n'est pas du vin ; et mille autres choses de cette espèce.

« Le Pape est le chef des chrétiens. C'est une vieille idole qu'on encense par habitude. Il était autrefois redoutable aux princes mêmes : car il les déposait aussi facilement que nos magnifiques sultans déposent les rois d'Irimette et de Géorgie. Mais on ne le craint plus. Il se dit successeur d'un des premiers chrétiens qu'on appelle saint Pierre ; et c'est certainement une riche succession ; car il a des trésors immenses, et un grand pays sous sa domination. »

C'est ainsi que Montesquieu plaisante et sait faire dire aux petites phrases de grandes choses.

Quand il arrive à l'Inquisition, son ironie devient sanglante :

« En Espagne et en Portugal il y a de certains dervis qui n'entendent point raillerie, et qui font brûler un homme comme de la paille. Quand on tombe entre les mains de ces gens-là, heureux celui qui a toujours prié Dieu avec de petits grains de bois à la main, qui a porté sur lui deux morceaux de drap attachés à deux rubans, qui a été quelquefois dans une province qu'on appelle la Galice ! Sans cela, un pauvre diable est bien embarrassé. Quand il jurerait comme un païen qu'il est Orthodoxe, on pourrait bien ne pas demeurer d'accord des qualités, et le brûler comme hérétique : il aurait beau donner sa distinction, point de distinction ; il serait en cendres avant que l'on eût seulement pensé à l'écouter.

« Les autres juges présument qu'un accusé est innocent ; ceux-ci le présument toujours coupable. Dans le doute, ils tiennent pour règle de se déterminer du côté de la rigueur ; mais, d'un autre côté, ils en ont si bonne opinion, qu'ils ne les jugent jamais capables de mentir : car ils reçoivent le témoignage des ennemis capitaux, des femmes de mauvaise vie, de ceux qui exercent une profession infâme. Ils font dans leur sentence un petit complément à ceux qui sont revêtus d'une chemise de soufre, et leur disent qu'ils sont fâchés de les voir si mal habillés, qu'ils sont doux, qu'ils abhorrent le sang, et sont au désespoir de les avoir condamnés ; mais, pour se consoler, ils confisquent tous les biens de ces malheureux à leur profit. »

Montesquieu écourte les développements et fuit l'éloquence il ne fait point de gestes et de longues périodes, comme Bossuet, sa voix n'a jamais d'éclats ; il dit avec sourire, avec discrétion, avec finesse les choses les plus fortes, mais *intelligenti pauca*.

Le directeur d'une communauté de femmes est comme le premier eunuque dans le sérail. Il n'y fait rien mais il se dit : « quoique je les garde pour un autre le plaisir de me faire obéir me donne une joie secrète ; quand je les prive de tout, il me semble que c'est pour moi, et il m'en revient toujours une satisfaction indirecte ; je me trouve dans le sérail comme dans un petit empire, et mon ambition, la seule passion qui me reste, se satisfait un peu. »

Comparant les chrétiens aux Mahométans, Usbeck écrit à son cousin, dervis du brillant monastère de Tau :

« Que penses-tu des chrétiens, sublime dervis ? Crois-tu qu'au jour du jugement ils seront comme les infidèles turcs ? qui serviront d'ânes aux juifs, et les mèneront au grand trot en enfer ? Je sais bien qu'ils n'iront point dans le séjour des prophètes, et que le grand Hali n'est point venu pour eux. Mais, parce qu'ils n'ont pas été assez heureux pour trouver des mosquées dans leur pays, crois-tu qu'ils soient condamnés à des châtiments éternels, et que Dieu les punisse pour n'avoir pas pratiqué une religion qu'il ne leur a pas fait connaître ?

« Ils ne ressemblent point à ces infidèles que nos saints prophètes faisaient passer au fil de l'épée, parce qu'ils refusaient de croire aux miracles du ciel ; ils sont plutôt comme ces malheureux qui vivaient dans les ténèbres de l'idôlatrie, avant que la divine lumière vînt éclairer le visage de notre grand prophète.

« D'ailleurs, si on examine de près leur religion, on y trouvera comme une semence de nos dogmes. Leur baptême est l'image de nos ablutions légales; et les chrétiens n'errent que dans l'efficacité qu'ils dorment à cette première ablution, qu'ils croient devoir suffire pour toutes les autres. Leurs prêtres et leurs moines prient comme nous sept fois le jour. Ils espèrent de jouir d'un paradis, où ils goûteront mille délices par le moyen de la résurrection des corps. Ils ont, comme nous, des jeunes marqués, des mortifications avec lesquelles ils espèrent fléchir la miséricorde divine. Ils rendent un culte aux bons anges, et se méfient des mauvais. Ils ont une sainte crédulité pour les miracles que Dieu opère par le ministère de ses serviteurs Ils reconnaissent, comme nous, l'insuffisance de leurs mérites, et le besoin qu'ils ont d'un intercesseur auprès de Dieu. *Je vois partout le mahométisme, quoique je n'y trouve point Mahomet.* »

Il y a de certaines vérités qu'il ne suffit pas de persuader, mais qu'il faut encore faire sentir ; telles sont les vérités de morale, dit Usbeck à Mirza, et il lui raconte l'histoire du petit peuple Troglodyte.

« Ils avaient de l'humanité ; ils connaissaient la justice. Ils aimaient leurs femmes, et ils en étaient tendrement chéris. Toute leur attention était d'élever leurs enfants à la vertu. Ils leur faisaient sentir que l'intérêt des particuliers se trouve toujours dans l'intérêt commun ; que vouloir s'en séparer, c'est vouloir se perdre ; que la vertu n'est point une chose qui doive nous coûter ; qu'il ne faut point la regarder comme un exercice pénible ; et que la justice pour autrui est une charité pour nous. »

Il y a dans les *Lettres Persanes*, en même temps que beaucoup d'esprit, une grande hardiesse et une exubérance de raison passionnée.

La religion ne rend pas meilleurs citoyens ceux qui en disputent le plus. En aimant les hommes, disent les Persans de Montesquieu, en exerçant envers eux tous les devoirs de la charité et de l'humanité, on est bien plus sûr de plaire à Dieu qu'en observant telle ou telle cérémonie ; car les cérémonies n'ont point un degré de bonté par elles-mêmes.

C'est ainsi que Montesquieu prend part à ce mouvement d'esprit propre au dix-huitième siècle, qui a pour but d'affranchir la morale du dogme et de ramener la religion elle-même à la morale, au pur sentiment religieux.

En fait de connaissance purement curieuse et ironique de la nature humaine, l'auteur des *Lettres Persanes* laisse peu à désirer aux plus malins; sur bien des choses essentielles Voltaire ne dira pas mieux.

Nous n'avons pas eu, dit M. Albert Sorel, d'observateur plus judicieux des sociétés humaines, de conseiller plus sage des grandes affaires publiques, d'homme qui ait uni un tact si subtil des passions individuelles à une pénétration si large des institutions d'Etat, mis enfin un aussi rare talent d'écrivain au service d'un aussi parfait bon sens.

Les *Lettres Persanes* contiennent en germe *l'Esprit des Lois*. Elles parurent à Cologne, sans nom d'auteur, en 1721.

Montesquieu ose y faire la critique d'une religion à laquelle les gens éclairés ne croyaient plus, mais qu'il était encore bien dangereux de discuter publiquement.

« Dans l'état présent où est l'Europe, écrit Montesquieu, dans ces *Lettres Persanes*, à cette date de 1721, il n'est pas possible que la religion catholique y subsiste cinq cents ans. »

A travers mille dangers, — du vivant d'Omer de Fleury, — nos philosophes osent parler de tolérance. La tolérance ! idée toute moderne que nous devons à ces grands hommes et en particulier à Voltaire, à Diderot et à Montesquieu. Avant eux, au XVIIe siècle, — l'éducation étant faite par l'Église, et par les jésuites dominants, — il ne venait à l'esprit de personne que la révocation de l'Édit de Nantes, l'Inquisition, les Dragonnades, fussent des mesures odieuses.

Poursuivre « l'erreur » et « l'incrédulité » par le fer et le feu paraissait le droit divin de l'Église gardienne de toute Vérité. Faire le *salut*, sauver, coûte que coûte, les âmes, était le but suprême et la suprême loi ; c'était faire œuvre de charité à l'égard des hérétiques que de les persécuter pour assurer leur salut *éternel* ; c'était accomplir une « *charité* » à l'égard des protestants que de leur envoyer des dragons qui violaient leurs femmes et leurs filles pour les faire ainsi échapper aux flammes éternelles de l'enfer.

L'Église eut raison de craindre une rivale dans cette libre philosophie. Voyant des ennemis dans les philosophes ; Sorbonne et jésuites en tête, elle se défend ; elle arme contre l'*Encyclopédie* le pouvoir civil. Elle dispose de l'autorité royale, qu'elle relie à sa cause en lui faisant prévoir les mêmes dangers qu'elle craint ; et, par l'autorité royale elle veut anéantir, dans son germe, la liberté naissante des sociétés modernes.

Les jésuites, complaisants aux mœurs de l'aristocratie mondaine, indulgents aux vices et à la morale la plus dépravée, les jésuites sont intraitables sur la liberté d'examen, ils ne redoutent qu'elle au monde et cette liberté dangereuse aux bons Pères est précisément le principe de nos philosophes.

Cette milice du Christ n'a plus de Jésus que le nom. Hostiles à la philosophie, ils n'ont plus rien de commun avec le christianisme primitif. Ignace de Loyola n'a jamais compris le *libre* sentiment religieux de l'Évangile. De leur côté, les philosophes attaquent moins en lui-même ce sentiment religieux que l'abus qu'on en a fait, le rôle tyrannique et cruel qu'il s'était arrogé dans le monde social aux dépents de l'honneur, de l'honnêteté virile et de la moralité humaine.

Les philosophes voulurent moins abattre la piété et ruiner la superstition qu'*enlever au clergé la puissance de l'Etat dont disposait l'Eglise.*

En même temps qu'ils continuaient la Renaissance, complétant l'œuvre de Montaigne et de Rabelais, les philosophes du dix-huitième siècle, marchant sur les traces de Descartes, préparent les esprits à la science.

Déjà beaucoup est fait. Harvey a découvert la circulation du sang ; Galilée, le mouvement de la terre ; Copernic le sytème dont Newton calcule les lois. Les erreurs religieuses, les préjugés pieux et les fausses doctrines de l'Eglise reculent peu à peu devant les méthodes et les résultats scientifiques.

Descartes, après Montaigne, nous apprend à douter. A la tradition stagnante depuis Aristote, Bacon oppose l'observation directe de la nature, l'expérience nouvelle et féconde. Maupertuis va mesurer le pôle, Lavoisier va créer la chimie.

Toutes les sciences à la fois progressent ; et cela grâce à la préparation générale à laquelle ont travaillé Diderot, Voltaire, Buffon, d'Alembert, Fontenelle, Montesquieu et tous les autres écrivains, philosophes, moralistes, encyclopédistes : d'Holbach, Helvétius, Chamfort, Condillac, Mably, l'abbé Raynal, Duclos, Turgot et Condorcet.

Voltaire enfin triomphe, les jésuites sont chassés, les Etats Généraux réunis ; l'Assemblée nationale restitue à la nation ses droits politiques et donne une Constitution à la France.

Elève des philosophes, Mirabeau, grâce à eux, peut enfin déclarer que nul, désormais, ne doit être inquiété pour ses opinions philosophiques ou religieuses.

Aujourd'hui, grâce aux philosophes du dix-huitième siècle, nous pouvons enfin travailler librement à répandre dans tous les cœurs l'amour des livres et des lettres, l'amour de la vérité, nous pouvons restaurer le culte de l'antique et innocente religion des lettres, la seule qui n'ait jamais persécuté personne et qui n'ait jamais eu, — avec Hypatie et Socrate, — avec Giordano Bruno, Jean Huss, Etienne Dolet, — que des martyrs.

Aujourd'hui « le grand diocèse » de Sainte-Beuve, embrasse et comprend toutes les provinces de l'esprit ; il ne reste en dehors de lui que le public spécial des pèlerinages de Lourdes, la crédulité idiote, le fanatisme dévot, l'ignorance béate et l'erreur.

Ressemblons à nos pères, continuons leur œuvre imitons leurs vertus, ayons leur énergie, leur courage intellectuel. Les philosophes du dix-huitième siècle avaient le goût des idées générales, l'ardente passion du bien-être public, l'espérance d'y contribuer.

La haine de tous les despotismes était, — dans leur cœur, — l'amour de toutes les libertés.

Ce sont eux qui ont vraiment créé la civilisation moderne, en faisant parcourir, en France, aux hommes et aux idées, la distance immense qui sépare la révocation de l'Édit de Nantes de la Déclaration des droits.

Agissons, écrivons, vivons à leur exemple, attaquons la théologie, tout en conservant le sentiment religieux nécessaire à la religion des lettres, et, puisque nous ne croyons pas au péché originel, mais au progrès, travaillons-y. Moralisons la France, élevons les esprits par l'habitude de la réflexion personnelle, élevons les cœurs par le culte du vrai, par l'antique morale humaine, perfectionnée par tant de grands hommes, restaurons-la comme le voulaient faire Vauvenargues et Voltaire sur les ruines de la superstition théologique.

Quand une religion, longtemps maîtresse d'un peuple, cesse d'être la religion de l'État, ce changement signifie que cette religion a cessé d'être l'âme de l'État, qu'elle a perdu l'intelligence de ce qu'il réclame.

Comment, dit Edgar Quinet, le sacerdoce qui n'a pas su garder la direction de la société civile pourrait-il être dépositaire du principe d'éducation nécessaire à cette société ? Que pourrait-il lui enseigner, puisqu'il n'a pas eu la science nécessaire pour rester son conseil et son guide ?

L'Église est-elle moins qu'autrefois l'ennemie de la liberté d'examen ? peut-elle autoriser plus qu'au temps de l'Inquisition la liberté de penser ?

L'Église, au fond, n'a pas changé ; les différences n'existent que dans l'attitude, dans la tactique et l'apparence. Les prêtres, dit Renan, rient en secret de la liberté, ils ne consentent à la saluer que pour complaire à la multitude. Ils parlent quelquefois avec respect de la raison ; au fond, ils s'en moquent, et professent pour elle le plus profond mépris. *L'Église, quand elle le pourra, ramènera l'inquisition, et si elle ne le fait pas, c'est qu'elle ne le peut pas.*

C'est, d'ailleurs, perdre sa peine que de discuter avec celui qui croit au surnaturel. Il est impossible de le réfuter par des arguments directs ; *c'est comme si l'on voulait argumenter le sauvage sur l'absurdité de ses fétiches.* Le seul moyen de guérir cette étrange maladie, qui, — à la honte de la civilisation, — n'a pas encore disparu de l'humanité, c'est la religion des lettres, c'est la culture moderne.

Les dogmes de l'Église ne se discutent pas, car on ne discute pas ce qui surpasse la raison, « on n'argumente pas le sauvage sur ses fétiches. »

Les dogmes, disent les prêtres, ne se discutent pas, parce qu'ils dépassent la raison. Mais, excellents jésuites, la raison est l'unique moyen que nous ayons de connaître. La raison admet toutes les vérités évidentes, naturelles, explicables, humaines.

La raison nie vos dogmes parce qu'étant arbitraires et surnaturels ils sont faux, en dehors de tout contrôle et de toute expérience. La raison humaine méprise tous ces dogmes absurdes, fabriqués par des ignorants, dans des époques barbares.

L'histoire nous montre les théologiens à l'œuvre formulant successivement, de siècle en siècle, tous ces dogmes qu'ils présentent ensuite aux femmes, aux imbéciles et aux enfants, comme étant l'œuvre d'une divinité cachée aux savants et aux philosophes, divinité qui vient leur faire, — à eux seuls, — comme la nymphe Égérie, dans la légende romaine, des révélations surnaturelles toutes particulières. Les hommes de notre âge ont assisté à la naissance de deux dogmes nouveaux ; l'Infaillibilité du Pape et l'Immaculée-Conception !

Le parti catholique dissimule, en France, sous sa nouvelle activité sociale et sous son nouveau rôle démocratique, son caractère mystique et son constant désir de domination.

Le parti prêtre voudrait revenir au pouvoir ; les circonstances l'obligent à chercher une tactique nouvelle et de nouveaux moyens.

Les catholiques cherchent à s'introduire sournoisement, un à un, dans la République, à laquelle ils déclarent *se rallier* ; ils voudraient arriver ainsi à la dominer, — pour la diriger ensuite selon leurs doctrines rétrogrades.

Leur mot d'ordre, depuis vingt ans, a été la *contre-révolution* au nom du *Syllabus*. Maintenant, leur mot d'ordre est la «question sociale». Au lieu d'être fidèles aux dynasties déchues, au lieu de s'allier aux monarchistes dont la cause paraît compromise, ils veulent attirer le peuple souverain en allant à lui. Ne pouvant s'appuyer que sur l'ignorance, ils vont la chercher où elle est.

Le clergé a toujours été l'ami de tout pouvoir quelconque qui le protège. L'Église catholique a toujours cherché à se rendre favorable la puissance souveraine : Louis XV ou Napoléon.

Pendant dix-huit siècles, elle a pris le parti du pouvoir absolu ; elle a soutenu l'ancien régime du *bon plaisir* contre le peuple affamé, taillable et corvéable à merci. L'Eglise était avec Louis XIV, pour l'encourager aux Dragonnades, quand il disait : l'*Etat, c'est moi* ; elle était avec Charles X, quand il faisait ses Ordonnances dont elle espérait profiter.

Aujourd'hui, depuis 1848, par le suffrage universel le peuple est souverain. C'est pourquoi, — pour la première fois, depuis dix-huit cents ans, — l'Église s'occupe des désirs du peuple, elle l'encourage dans ses revendications de justice sociale, parce qu'il est aujourd'hui le pouvoir et qu'elle veut toujours se rendre le pouvoir favorable, aujourd'hui tout comme autrefois.

La théocratie veut asseoir sa domination sur le peuple ; elle aspire à remplacer la bourgeoisie opportuniste comme classe dirigeante.

La monarchie étant exilée et paraissant perdue, l'Eglise infidèle l'abandonne ; c'est dans la puissance du nombre, dans la force nouvelle du peuple-roi, dans ce nouveau pouvoir aussi absolu qu'ignorant, que l'Église veut puiser une force nouvelle. N'allait-elle pas à Boulanger, quand Boulanger paraissait devoir réussir ? Comme le lierre grimpe aux chênes robustes, l'Église s'attache à la force. Et c'est pourquoi, après dix-huit siècles d'inaction sociale, ou d'action sociale contraire à la justice, l'Église, brisant l'alliance étroite du trône et de l'autel, abandonne aujourd'hui les les prétendants qui lui paraissent faibles, la monarchie dont la restauration lui paraît difficile et commence enfin à s'occuper du peuple et de ses revendications sociales.

Pour conquérir le peuple, les cercles ouvriers, les grévistes dont elle a besoin, puisque tous les hommes éclairés lui échappent, — le clergé et les laïques qui le secondent et composent avec lui le parti catholique, MM. de Mun, l'abbé Lemire, l'abbé Garnier, les Veuillot, etc., croient impossible de continuer à ne parler au peuple, comme autrefois, que de résignation chrétienne et de compensation céleste, après la vie, dans leur Paradis ; elle veut, — ceci est nouveau, — lui prêcher le bien-être et la justice terrestre.

En même temps qu'ils cherchent à se rapprocher du peuple, à flatter ses désirs de justice sociale, pour s'emparer de lui et dominer par lui, une autre partie du clergé, qui demeure de beaucoup la plus nombreuse, continue l'ancienne tactique et cherche à effrayer la classe bourgeoise par le spectre rouge de l'anarchie, afin de tenir, — comme en 1848, — les nobles et les bourgeois riches, toute la classe aisée, par la peur.

N'ayant pas réussi à restaurer la monarchie, — et l'on sait si elle s'y est ardemment employée, — l'Eglise croit réussir plus aisément à rendre le peuple des campagnes et les ouvriers socialistes, en spéculant sur leur tendance naturelle à la jalousie, à l'envie contre les riches. Lire, pour s'en convraincre, la *Libre Parole*, l'*Univers*, la *France juive* et *la Croix*.

Voilà ce qui est dangereux autant que nouveau dans la situation présente. Il faudra surveiller cette alliance sournoise de l'Eglise avec le socialisme. Il sera, d'ailleurs, curieux et amusant de voir à l'œuvre le socialisme des curés.

La politique de Léon XIII est inspirée par une préoccupation exclusive pour les intérêts de l'Église ; elle manifeste un parfait détachement à l'égard de celles des institutions politiques qui ont cessé, par vétusté ou délabrement, de pouvoir lui être utiles. Le bon M. Spuller, en célébrant « l'esprit nouveau, » applaudit à cette tactique nouvelle du Saint-Siège.

Mais, s'ils sont infaillibles, les papes ne sont pas immortels. Léon XIII ordonne en ce moment, à ses fidèles le ralliement à la République ; son successeur peut commander de même à ceux qui sont républicains de s'attacher à la royauté ; et, puisqu'aujourd'hui le pape dirige les élections de France, fait, chez nous-mêmes de la candidature officielle, a ses adversaires, ses amis et ses candidats, demain, par un contre-ordre les fidèles catholiques, qui voudraient être républicains, auront beau gémir, « avoir la mort dans l'âme », il leur faudra aussi bien obéir.

N'est-ce pas une nouveauté dangereuse que cette intrusion de l'Église dans la politique ; n'est-ce pas, comme le fait remarquer la *Gazette de France*, une honte de voir un légitimiste fervent, comme le comte Albert de Mun, réduit à se « rallier » à la République, du jour au lendemain, sans réplique et sans discussion, sur l'ordre du pape ? Et n'est-ce pas comique de voir M. Paul de Cassagnac, battu dans son propre fief de Mirande, — malgré toutes ses devises : « pour Dieu et pour l'Église », — par l'ordre du pape ?

Au point de vue philosophique, un tel spectacle est affligeant. La liberté d'esprit est la première vertu du citoyen. L'obéissance passive est faite pour des jésuites, mais elle n'est point faite pour des hommes. La conscience intime doit être éclairée par la connaissance de soi-même. La conduite politique doit être uniquement guidée par la conscience et par la connaissance des faits. Un être intelligent ne doit par agir uniquement par obéissance ; il doit se conduire par ses yeux et, comme pour marcher droit, il lui faut une lumière, il a le devoir d'appliquer son intelligence à la connaissance des hommes et de l'histoire contemporaine, à la recherche personnelle du bien et du vrai.

Chacun a le devoir d'agir suivant sa conscience ; par conséquent, chacun a le devoir de s'instruire, d'éclairer sa conscience autant que possible, de la rendre de plus en plus délicate, de plus en plus noble.

C'est à notre perfectionnement moral que se rapportent tous nos devoirs politiques ou civils. Le principe de la morale, indépendant de toute autorité étrangère, est d'élever en nous la personne humaine au plus haut degré d'excellence dont elle est capable.

Puisque toute la dignité de l'homme est dans la pensée, c'est un devoir de travailler à s'instruire et à bien penser, au lieu de se reposer sur un autre, fût-il le Pape, d'un devoir si essentiel.

Il faut choisir d'être un homme ou d'être un chrétien. On ne peut pas servir deux maîtres, sa conscience et les Pères de la Foi. Le surnaturel, voilà l'erreur et voilà l'ennemi. La nature étant tout n'a rien en dehors d'elle. La libre pensée se refuse à toute servile obéissance. Réduire l'homme à l'état de croyant, c'est lui faire abdiquer sa raison.

En recevant la croyance toute faite, l'intelligence est passive ; elle doit, au contraire, être active, et ne l'est que par la recherche personnelle et par le libre examen. Et que dire quand l'obéissance, au lieu d'être demandée au nom du ciel et sur les mystères de la foi, est demandée en matière politique, et sur le choix d'un candidat.

Ce qui caractérise notre temps, c'est la lutte entre les formes religieuses qui ont régné pendant toute la durée du moyen âge, et l'esprit scientifique et philosophique qui poursuit uniquement le vrai. Cette lutte, qui a commencé au dix-huitième siècle, durera jusqu'à ce que la liberté de pensée et la libre religion des lettres triomphent, jusqu'à ce que la science et les humanités remplacent la théologie et les dogmes surnaturels.

Léon XIII a remis en honneur dans les séminaires la philosophie scolastique du XIIIe siècle. Les Catholiques qui méprisent si fort les païens et surtout les grecs, qui voudraient les exclure de l'éducation comme un *ver rongeur*, les Catholiques ont deux grands philosophes dont ils sont particulièrement fiers, saint Augustin et saint Thomas, saint Thomas surtout « l'ange de l'école ! »

Or, quand on a lu Aristote et Platon et qu'on se met à lire ensuite saint Thomas et saint Augustin, on n'y trouve *absolument rien de nouveau* que des sottises sur les archanges le Diable et les mystères. Toute la partie raisonnable et philosophique vient d'Aristote pour saint Thomas et de Platon pour saint Augustin. Sans Aristote, il n'y aurait pas de Thomas et sans Platon, pas d'Augustin.

Grace à l'éducation laïque, la plupart des jeunes échappent aujourd'hui à la servile docilité d'esprit imposée par les pères Jésuites ; mais l'Eglise est encore puissante par sa formidable organisation.

Elle a pour elle les femmes. Or, les femmes chrétiennes n'ont aucune des convictions qui naissent de l'étude, de la réflexion, de la science, de la comparaison historique et du libre examen. Elles ont de la soumission d'esprit, de la sensibilité, de la mémoire.

Elevées sur les genoux de l'Eglise, en dehors de l'esprit moderne, elles traitent en ennemis nos sentiments les plus nobles, nos idées les plus chères, c'est-à-dire nos convictions politiques et philosophiques.

Les femmes sont croyantes ou crédules, dit un homme qui, en faisant leur éloge, savait tout le parti politique qu'on en peut tirer. Croyantes, elles persévèrent ; crédules, elles s'obstinent. Elles arrivent à de grands résultats où la raison ni le raisonnement n'ont pas un grand rôle. Par esprit de foi, elles vont en avant sans incertitude et sans crainte, comptant toujours sur un miracle ; et, dit

Louis Veuillot, le miracle se fait souvent. S'il s'agit de convertir un pécheur, elles lui disent à brûle-pourpoint des choses qu'il ne voudrait pas entendre d'un homme, et qui l'ébranlent. *Elles prient, elles donnent des médailles, elle font dire des messes et des neuvaines, elles reviennent cent fois, elles importunent, et elles l'emportent.* S'agit-il d'établir une œuvre; point de repos, point d'obstacle; elles fatiguent Dieu, si le mot peut se dire de Dieu comme des hommes; l'œuvre est fondée.

Il est vrai que, pour les curés, il y a le revers de la médaille. Ces dévotes sont souvent pleines de morgue et d'arrogance. Quand elles sont riches, elles discutent leurs péchés au confessionnal et tiennent tête à leur curé. Elles semblent leur dire, entre les lignes du *Confiteor* : « Si vous ne me trouvez pas la plus sainte des femmes, vous ne dînerez pas au château Dimanche prochain. »

Leur modestie consiste à se croire inférieures au dernier des saints et supérieures au premier des hommes.

Leur charité, toujours prête à secourir avec éclat les pauvres qui *pensent bien*, se cabre devant les autres, pour lesquels la prison, la déportation et l'exil leur semblent de l'indulgence.

Madame X***, célèbre dévote, poussait la spiritualité jusqu'au mysticisme; elle répandait des larmes en faisant sa prière. D'ailleurs, redoutable à ses domestiques, elle était un tyran dans sa maison.

Sans interrompre son oraison, elle jetait quelquefois son livre ou un paquet de clefs à la tête de sa servante. Elle ne cessait de tourmenter, de toutes les façons, son mari, afin de lui donner occasion de mériter le ciel. Attentive à conserver son rang, elle avait sa chaise à l'église, et ne souffrait jamais aucune préséance dans le temple. Elle n'appliquait sa charité qu'aux pauvres recommandés par son curé ; et le remerciement public qu'il ne manquait pas de faire au prône suivant, déterminait sa libéralité. C'était une fameuse dévote.

Pourquoi les gens qui vont à la messe affectent-ils de mépriser et souvent de haïr ceux qui n'y vont pas ? Il est pourtant aussi facile et moins spirituel d'aller à l'église qu'au théâtre ?

Tous les dévots ne haïssent pas et quelques-uns se renferment dans un quiétisme singulier.

La mère de Fontenelle lui disait souvent : « Mon fils, vous serez damné. Mais, ajoute Fontenelle, cela ne lui faisait point de peine. »

— Qu'as-tu gagné à devenir philosophe ? demandait-on à Antisthène ?

— J'y ai gagné de pouvoir converser avec moi-même et de me plaire dans la solitude, répondit-il.

Comme on faisait la même question à Aristippe, et qu'on lui demandait quel avantage il avait retiré de la philosophie?

— Celui, dit-il, de supporter les hommes et de savoir converser librement avec tout le monde.

La philosophie des anciens enseignant à converser avec les autres et avec soi-même, à se bien conduire dans le monde et à se plaire dans la solitude, enseignait ainsi l'art de vivre.

On demandait encore à Aristippe : — « En quoi êtes-vous donc supérieurs aux autres hommes, vous philosophes? »

« — En ce que, répondit-il, si toutes les lois étaient supprimées, notre conduite resterait la même. »

— « Jusqu'au dernier terme de notre vie, dit Sénèque, nous agirons. Nous ne cesserons de travailler au bien des hommes, d'aider chacun en particulier, de porter secours même à nos ennemis, de leur tendre la main avec douceur. » V. *du Repos du Sage*.

L'humanité, la douceur, la bienveillance et la bienfaisance étaient pratiquées par Horace, comme par Cicéron. Dans son traité *de la clémence*, l'homme de bien, dit Sénèque, tendra la main au naufragé, il offrira à l'exilé un asile, au pauvre l'aumône, non point cette outrageante aumône que la plupart des hommes, afin de paraître compatissants, jettent dédaigneusement au malheureux qu'ils secourent, pour le tenir à distance et comme s'ils craignaient de le toucher ; mais il l'offrira comme *un homme qui remet à son semblable sa part des biens communs à l'humanité.* »

La morale qui fait l'homme de bien n'a point besoin de miracles pour s'établir. Elle existe dans tous les pays, en Chine comme en France, et la morale des Chinois n'est point inférieure à celle des Hébreux, quoique la religion bouddhique ne soit pas comme le judaïsme et le christianisme, établie sur des miracles.

Tout ce que, indépendamment d'une vie honnête, dit Kant, l'homme croit pouvoir offrir à Dieu pour se le rendre favorable, constitue un faux culte.

C'est ce principe qui fait de la morale et de la religion des lettres, la seule religion raisonnable.

La morale de Littré, de Taine, de Sainte-Beuve ou de Ximenès Doudan est-elle donc inférieure à la morale des gens qui vont en pèlerinage à Lourdes?

Nous croyons la morale des philosophes modernes supérieure à la morale chrétienne, comme la *justice* est évidemment supérieure à la *grâce*.

Et d'ailleurs, que d'idées et de sentiments délicats introduits dans la civilisation actuelle par les femmes, par les poètes, par les romanciers, par les philiosophes et moralistes, par Montaigne, Jean-

Jacques et Voltaire, par la douceur d'une civilisation cosmopolite sans cesse progressive, idées et sentiments qu'il serait impossible de trouver dans l'esprit et dans le cœur de ces affreux juifs, ignorants et grossiers qui ont fondé le christianisme.

Celui-là, dit Kant, ne possède qu'une vertu fantastique, qui n'admet point de choses indifférentes à la moralité, qui jonche tous ses pas de devoirs, comme autant de chausses-trapes et qui ne trouve pas insignifiant que l'on se nourrisse de viande ou de poisson, de bière ou de vin, suivant que l'on se trouve bien de l'un ou de l'autre.

Introduire de telles minuties dans la *doctrine de la vertu*, c'est en faire dégénérer l'empire en tyrannie.

L'indépendance de la morale est une conquête du dix-huitième siècle.

Locke et Bayle forment la transition.

Alors la philosophie descend du ciel sur la terre, elle devient humaine et pratique, indépendante de l'Eglise et des dogmes de foi.

Les philosophes de cette grande époque s'appliquent à faire de la morale une science d'observation positive, une science exacte puisée dans l'expérience et dans la connaissance scientifique de la nature humaine. A leurs yeux, la morale est surtout la recherche du bonheur par le développement des facultés intellectuelles. Il ne s'agit plus de faire son salut par des jeûnes ou par un *credo*, il faut se rendre utile et faire plaisir aux autres. L'humanité reprend alors ses droits, Montesquieu lui rend ses titres, Vauvenargues soutient la cause de l'homme et dissipe les prétendues contradictions où se perdait le génie affolé de Pascal. Grâce à la philosophie expérimentale des d'Holbach, Helvétius, Diderot, on put enfin entreprendre de réformer l'homme et la société par la raison : Condillac, Rousseau, Voltaire n'y ont pas manqué. Ce ne fut pas sans peine que ces grands hommes alors persécutés, toujours calomniés, conquirent ces grands résultats.

Leur vie entière fut un combat; s'ils en sortirent victorieux, c'est qu'ils furent soutenus dans cette généreuse lutte par le sentiment fier de la liberté de la pensée, par l'amour de la justice et de l'humanité.

La morale *indépendante* serait peut-être mieux nommée morale *naturelle*, morale *humaine*, par opposition à la morale *chrétienne* et prétendue *surnaturelle* des théologiens.

Cette morale surnaturelle est un fanatisme de fakir.

La véritable morale est indépendante des religions et même des mœurs. Les mœurs, dit Henri Heine, sont le produit variable du climat : il y a des mœurs indiennes, chinoises, chrétiennes; mais il n'y a qu'une seule morale humaine.

Il y a une morale dans toutes les religions, cela est incontestable, mais il y en a une aussi en dehors des religions, et c'est celle-là qu'il nous faut apprendre et pratiquer au plus vite, si nous ne voulons pas «*croupir en décadence*», comme me l'écrivait Sainte-Beuve. La religion est si peu la base de la morale que la morale, (depuis Confucius, par exemple), existe et prospère là où la religion est absente, et qu'à toutes les époques où une religion triomphe, il y a peu de moralité.

La morale naturelle, la morale indépendante, la morale humaine, celle qui consiste dans la recherche du bonheur par le développement des facultés intellectuelles, est comme le sel qui empêche l'industrie, l'art, la science, la politique et la religion elle-même de se corrompre. Moins il y a de religion et plus il y a de moralité et de *vraie* morale.

Il ne faut pas se lasser de le démontrer : la morale est indépendante du dogme. Cette alliance hybride n'existe pas ailleurs que dans les catéchismes des séminaires. Le *De officiis* de Cicéron, supérieur à la morale catholique, n'a rien de surnaturel ni de chrétien.

La morale est essentiellement humaine, instinctive d'abord, puis réfléchie. Elle devient scientifique à mesure que l'on connaît mieux l'homme, son organisation cérébrale et ses rapports sociaux avec ses semblables.

Le dogme et la morale n'ont rien de commun : ni dans leur origine, ni dans leur fin. Le dogme est d'ordre divin, il naît de la révélation et, par la foi aveugle, il conduit les croyants au ciel. La morale est humaine, d'ordre naturel; elle naît de l'expérience et de l'observation ; et, par une pratique réfléchie, elle conduit l'homme à la sagesse, à la vertu possible et au bonheur.

La foi morte, les cultes de toutes les religions disparus, la morale reste entière : il n'y a dans l'esprit de l'homme que quelques absurdités de moins.

« Faites découler le droit de la Foi, dit Ad. Franck, prenez une certaine croyance pour condition de la moralité humaine ; alors, celui qui ne partagera pas cette croyance sera en dehors de la loi commune ; il n'y aura pour lui pas plus de salut dans ce monde que dans l'autre, et la plus dure des iniquités, c'est-à-dire la violation de la conscience, sera la première qu'on lui fera souffrir. »

Le Taïtien sent, aussi bien que Locke, qu'une bête sauvage tuée par un autre ne peut être à lui, que les produits du sol cultivé par un autre ne peuvent lui appartenir sans le consentement du propriétaire, et que la légitime défense peut seule donner à un homme droit sur la vie d'un autre homme. Voilà ce que la morale décide; voilà le droit naturel, voilà la première règle des lois.

L'idée de la justice est naturelle à l'homme. C'est en qualité d'êtres raisonnables et non pas en qualité de croyants que nous connaissons le juste et l'injuste. Que vient-on nous parler de la justice de Dieu, nous ne pouvons en avoir une idée que par celle même que nous avons de la justice humaine qui naît de la vue des rapports humains.

La croyance religieuse à l'immortalité de l'âme n'est pas nécessaire à la moralité. La morale est une science d'observation et de raisonnement comme toutes les autres. La conscience, éclairée par l'expérience et par l'éducation, nous fait distinguer ce qui est bon ou mauvais, utile ou nuisible à nous-mêmes et aux autres ; dès lors, notre raison choisirait toujours le bien et éviterait toujours le mal, si elle n'avait à lutter contre les instincts matériels, les désirs grossiers, les passions folles, dans un combat où la raison est souvent vaincue et où l'habitude de la réflexion assure seule la victoire. Connaître ce qui suit la mort, croire ou ne pas croire à la résurrection des corps et au jugement dernier, importe peu pour la conduite de la vie. C'est obscurcir l'idée du bien et compromettre l'obligation morale de la pratique, que de les faire dépendre des problèmes les plus insolubles de la métaphysique la plus transcendante.

La morale est fondée sur l'idée de justice et de réciprocité, qui est une idée naturelle, étrangère et antérieure à toute religion.

Donc la morale est indépendante du dogme.

Les hommes ont fondé la morale sur l'utile, en vue d'assurer réciproquement leur bonheur. La notion de justice existe naturellement parmi les hommes. Elle a été nécessaire à tous pour se conserver en société et pour progresser.

« Que je redemande, dit Voltaire, à un Turc, à un Guèbre, à un Malabare, l'argent que je lui ai prêté pour se nourrir et se vêtir, il ne lui tombera jamais dans la tête de me répondre : Attendez que je sache si Mahomet, Zoroastre ou Brama ordonnent que je vous rende votre argent. Il conviendra qu'il est juste qu'il me paie ; et, s'il n'en fait rien, c'est que sa pauvreté ou son avarice l'emporteront sur la justice qu'il reconnaît.

L'idée de justice me paraît tellement une vérité naturelle, à laquelle tout l'univers donne son assentiment, que les plus grands crimes qui affligent la société humaine sont commis sous un faux prétexte de justice. Le plus grand des crimes, du moins le plus destructif, et par conséquent le plus opposé au but de la nature, est la guerre ; mais il n'y a aucun agresseur qui ne colore ce forfait du prétexte de la justice.

« Je crois que les idées du juste et de l'injuste sont aussi claires, aussi universelles que les idées de santé et de maladie, de vérité et de fausseté, de convenance et de disconvenance. Les limites du juste et de l'injuste sont très difficiles à poser ; comme l'état mitoyen entre la santé et la maladie, entre ce qui est convenable et la disconvenance des choses, entre le faux et le vrai, est difficile à marquer. Ce sont des nuances qui se mêlent, mais les couleurs tranchantes frappent tous les yeux. »

Qu'on soit juste, il suffit; le reste est arbitraire.

La morale, dit Voltaire, est, en tout pays, indépendante de la théologie. « Plus j'ai vu d'hommes différents par le climat, les mœurs, le langage, les lois, le culte, et par la mesure de leur intelligence, et plus j'ai remarqué qu'ils ont tous le même fonds de morale; ils ont tous une notion grossière du juste et de l'injuste, sans savoir un mot de théologie, ils ont tous acquis cette même notion dans l'âge où la raison se déploie, comme ils ont tous acquis naturellement l'art de soulever des fardeaux avec des bâtons, et de passer un ruisseau sur un morceau de bois sans avoir appris les mathématiques. »

Voltaire jugeait parfaitement inutile tous les enseignements des religions et bornait nos obligations morales à la pratique de la justice et à l'amour de la patrie.

La seule portion utile des religions est leur partie raisonnable. Tous les dogmes absurdes imposés par la foi sont ridicules et dangereux

Indépendante de tous les cultes, la morale naturelle, progressive comme l'intelligence qui la conçoit, est créée par l'homme et fondée uniquement sur l'expérience et la raison. La foi nous aveugle pour nous asservir ; elle nous oblige à fermer les yeux pour y croire, tandis que la raison nous éclaire sur notre intérêt. Qui méprise la raison et la nature ne peut fonder une foi raisonnable. Sur quoi appuyer la foi quand on a renversé le sens commun ? Où allumer son flambeau quand elle a éteint cette lumière que tout homme apporte en naissant et qui lui vient de l'exercice de ses sens ? Les préceptes des religions, les commandements des églises ne sont bons et utiles que quand ils se trouvent d'accord avec les devoirs naturels et les préceptes de la raison.

Toute théologie, toute religion, toute science réputée divine n'est rien qu'humaine. Elles n'ont paru surnaturelles et révélées miraculeusement qu'aux temps où l'on ne s'expliquait pas leur naissance et leur formation. Elles ne sont bonnes qu'autant qu'elles sont raisonnables et leur erreur, comme leurs dangers, commencent au point où elles dépassent et blessent la raison.

« Homme ou chrétien. »

Faire violence à notre nature : tel est le but du christianisme. Le but de la philosophie est tout contraire : elle veut améliorer et perfectionner notre nature telle qu'elle est. La morale chrétienne se dit *surnaturelle* elle est surtout *anti - naturelle*, contraire à la nature et à la raison, c'est-à-dire absurde.

La vraie morale est conforme à la nature puisqu'elle résulte de l'organisation même de l'homme et qu'elle cherche les moyens d'assurer son bonheur.

Pour vivre heureux et sage, il faut vivre conformément à notre nature d'homme et ne vouloir pas plus qu'elle ne comporte .....

> Je suis seulement homme, et ne veux pas moins être
> Ni tenter davantage.

a dit Alfred de Musset. Et Pascal, avant l'aberration finale : « L'homme n'est ni ange ni bête. Et celui qui veut faire l'ange fait la bête. »

— « Regardez-vous ici-bas comme un étranger que les affaires du monde ne touchent point. » Voilà le précepte chrétien.

Homo sum et nihil humani a me alienum puto : voilà le sentiment antique et vraiment humain.

L'idée de l'humanité est évidente chez les anciens. Non seulement chez Epictète, Térence, Marc-Aurèle ou Sénèque ; mais dans Pindare et dans Homère. Avant lui, les anciens n'avaient-ils déjà le mythe humanitaire de *Prométhée* ?

Molière faisait l'aumône par amour de l'humanité. Rabelais, au milieu de son rire, a des paroles éloquentes en faveur des malheureux. Il veut améliorer leur sort en ce monde. Les chrétiens catholiques n'y songent même pas. Sous Louis XIV, au milieu du grand règne, on se nourrissait dans les campagnes de racines de fougères broyées; les paysans réduits à un tel régime exhalaient, paraît-il, une telle infection que les *honnestes gens* de l'époque *ne pouvaient plus aller à la messe!* C'est le seul regret contenu dans le document officiel qui nous fait connaître ces détails.

Aux Etats-Généraux de 1614, un député put dire au roi de France : « Sire, vos sujets mangent de l'herbe à la manière des bêtes. »

Pour madame de Sévigné, les paysans bretons n'étaient pas des hommes. La Bruyère, seul, avec Fénelon et Vauban, avait pitié de ces sortes d'animaux à voix rauque qui nous font vivre.

Les philosophes, même spiritualistes, ceux qui admettent la providence et l'immortalité, acceptent du moins la raison pour juge. Ils défendent avec nous la liberté de penser.

Avec les catholiques, on ne trouve aucun terrain commun, il n'existe avec eux aucun moyen de s'entendre. La raison n'est pour eux que la servante et l'humble esclave de la foi.

Cependant, comment accepter la foi, si la raison ne la juge pas raisonnable? Du moment que la raison juge, elle n'est plus esclave et doit décider en dernier ressort ; car qui la remplacerait pour juger à sa place ? Aussi les catholiques se défient-ils de la raison et ils procèdent par voie de commandement et d'autorité. Les philosophes spiritualistes, qui ont toutes les croyances chrétiennes, moins les dogmes absurdes et les mystères, osent déclarer qu'ils aiment mieux la libre recherche, dût-elle aboutir à l'erreur, que la servitude d'esprit, nécessaire à la Foi, même quand cette servitude s'appliquerait à la vérité : Ceux-là, quoiqu'ils pensent, sont nos alliés dans la lutte ouverte aujourd'hui contre les Jésuites. « Nous ne pouvons oublier, disait M. Janet, (dans la *Revue des Deux-Mondes*, du 15 mai 1868), que, si nous avons avec les théologiens des croyances communes, nous avons aussi des principes absolument différents. Comme eux nous croyons à Dieu et à l'âme ; *mais, pour eux, la liberté de penser est un crime ; pour nous, c'est le droit et la vie, et nous aimons mieux l'erreur librement cherchée que la vérité servilement adoptée.* »

L'esprit humain a logé pendant tout le moyen-âge dans l'infect et obscur cachot de l'orthodoxie.

Il n'en est sorti qu'à la Renaissance.

Toutes les libertés sont sœurs et toutes se prêtent un mutuel appui. Copernic est le contemporain de Luther.

Toujours la science a trouvé la croyance en travers de sa voie, mais la croyance, cette fois, a été vaincue sans retour. *L'exposition du système du monde* et la *Déclaration des Droits de l'homme* sont deux monuments du même triomphe.

La clarté, dit Vauvenargues, est la bonne foi des philosophes.

Dans la *Revue des Deux-Mondes*, du 15 janvier 1860, M. Vacherot reconnaît que la métaphysique de Platon est intéressante sans doute, comme œuvre d'un bel esprit, mais il reconnaît en même temps qu'elle n'est à aucun degré scientifique.

Pour lui, comme pour nous, la métaphysique est une viande creuse, une science vaine, qui ne correspond à aucune réalité : « La métaphysique de Platon, Descartes, Malebranche, Bossuet, Fénelon, Leibnitz, Clarke, peut faire illusion aux esprits novices et ignorants.... On la goûte, on l'admire comme histoire; mais on ne la prend pas au sérieux comme science. »

M. Renan, si fin, si distingué, n'ose pas toujours conclure. Il veut *conserver les vieux mots* en y glissant des idées, des intentions nouvelles.

Dieu, providence, immortalité, dit-il, (dans la préface de ses *Etudes d'histoire religieuse*) autant de bons vieux mots, un peu lourds peut-être, que la philosophie interprètera dans des sens plus ou moins raffinés, mais qu'elle ne remplacera jamais avec avantage.

Eh ! qui vous parle de les remplacer ? Supprimez-les ou dites que vous ne croyez plus à ce qu'ils renferment. Cependant il a le courage de nier le Dieu Providence. (Voir sa lettre à M. Guéroult. *Opinion Nationale* du 4 septembre 1872).

« Il n'y a pas d'être libre supérieur à l'homme auquel on puisse attribuer une part appréciable dans la conduite morale, pas plus que dans la conduite matérielle de l'univers. Toutes les facultés que le déisme vulgaire attribue à Dieu n'ont jamais existé sans un cerveau. Il n'y a jamais eu de prévoyance, de perception des objets extérieurs, de conscience enfin, sans un système nerveux. »

Grâce aux philosophes du dix-huitième siècle, grâce à Voltaire, Rousseau, Diderot, Montesquieu, Vauvenargues, nous avons aujourd'hui le droit d'être sincères dans l'expression de nos idées.

Grâce à eux, il existe entre les hommes à tous les degrés de l'échelle sociale un commerce plus conforme à la dignité humaine.

Au dix-huitième siècle, nos philosophes intronisent le culte du vrai et du beau, le règne prochain de la raison et de la science. Voltaire détruit les superstitions et prêche la tolérance ; Diderot célèbre la nature qu'il met à la place du cruel Dieu des juifs et du Dieu mystique des chrétiens ; Montesquieu montre que la justice est l'idéal des lois ; tous ils préparent le triomphe de la Révolution qui proclamera la souveraineté du peuple, et les droits de l'homme, lesquels sont la liberté de penser, l'égalité civile, la solidarité fraternelle.

Remplacer les odieux privilèges de l'ancien régime par la justice et la générosité démocratique, écouter les revendications ouvrières dans ce qu'elles ont de juste et de légitime ; réconcilier par la diminution de la journée de travail, par l'augmentation progressive des salaires, par les caisses de retraite pour la vieillesse et de prévoyance pour les accidents, par la représentation des intérêts et par la participation des ouvriers aux bénéfices dont ils sont la principale cause, par la bonté, la confiance, l'estime, l'amitié réciproques, le travail et le capital : tel est le problème politique et social que le dix-huitième siècle nous a légué et qui doit être l'œuvre de notre temps.

Enseigner doctrinalement aux hommes ce qu'ils ont à croire au lieu de leur apprendre à penser, c'est les abrutir. La morale est la connaissance personnelle du bien et du vrai.

Chacun doit se conduire par ses yeux, mais pour éclairer la route, il faut une lumière. Un être intelligent, tel que l'homme, ne doit pas être tenu en laisse comme un chien, il ne doit pas agir par instinct ; il a le devoir d'appliquer son intelligence à la recherche personnelle du vrai et du bon.

Obéir à sa conscience ne suffit pas, si l'on ne travaille pas en même temps à éclairer sa conscience, à la rendre de plus en plus délicate, de plus en plus noble.

C'est à notre perfectionnement que se rapportent tous nos devoirs. Le principe de la morale est d'élever en nous la personne humaine au plus haut degré d'excellence dont elle est capable.

Voltaire voulait supprimer la théologie, qui est intolérante par essence; il plaçait dans la morale mieux comprise le sentiment religieux ; faisant la guerre aux dogmes et se moquant des rites, il voulait séculariser la morale et supprimer ces inutiles et coûteux intermédiaires qui, sans poètes, sans philosophes, sans historiens, prétendent qu'on ne peut arriver à l'idéal que par eux.

Dans sa lutte généreuse, il fut aidé par Montesquieu, Diderot, d'Alembert et surtout par un homme de cœur, son ami Vauvenargues, homme de goût, esprit distingué, par Vauvenargues qui mourut trop jeune, mais qui fut une intelligence supérieure, une âme haute, forte et simple.

Vauvenargues n'admet pas de péché originel, il estime l'homme, il relève sa dignité.

Mûri par une expérience précoce, il exprime en un style d'une simplicité parfaite, avec des images d'une douceur et d'une beauté antiques, des idées qui nous rendent meilleurs.

Comparé aux autres moralistes, Vauvenargues tient bien sa place parmi eux. La Bruyère peint pour peindre et pour amuser ; La Rochefoucauld se pique d'étonner, de scandaliser peut-être ; Montaigne ne voit dans les hommes que les preuves multiples de l'incertitude qui sied au sage ; Pascal veut faire des chrétiens et Vauvenargues des hommes vertueux.

Pascal et Vauvenarges ont étudié la nature humaine, avec le désir d'agir sur elle. C'est là toute leur ressemblance. Vauvenargues regarde l'homme comme un fait au delà duquel il n'y a rien à chercher ; il l'admet avec ses passions, ses vices mêmes ; il veut tirer le meilleur parti de ce que nous sommes.

Mort trop tôt, incomplet comme écrivain, Vauvenargues rouvre un ordre d'idées et de sentiments qui est plein de fécondité et d'avenir. Il ne décourage pas, il ne dénigre pas ; il n'applique aux passions ni le blâme, ni le ridicule.

Moraliste païen, il a su rompre avec la mysticité catholique et chrétienne ; c'est un moraliste vrai, naturel, comme Montaigne, un moraliste qui n'est pas dupe des apparences et qui a le mérite, — que n'ont pas tous les autres, — de donner impulsion et direction.

Persuadé qu'un des premiers besoins de l'homme est d'ajouter sans cesse au sentiment de sa grandeur personnelle, Vauvenargues fonde sur ce noble besoin tous les principes de la morale privée et publique. Il élève les âmes pour les épurer et pour les unir. Avec quelques maximes et quelques expressions éloquentes, il donne à la morale naturelle l'accent religieux et remplace la superstition religieuse par la bonne culture de la nature humaine.

La morale a pour but de régler les rapports des hommes.

Le bien est ce qui tend à l'avantage de la société; le mal, ce qui tend à sa ruine.

La morale de Vauvenargues, comme celle de Voltaire et du dix-huitième siècle, est une morale sociale, en réaction contre cette morale particulière, étroite, mystique et se disant surnaturelle, ne s'attachant qu'au salut personnel, et négligeant le bien social et les vertus humaines.

La morale de l'Eglise est celle du salut par la grâce et par la prédestination.

L'existence du péché originel dans tous les hommes est un des dogmes les plus obscurs et les plus absurdes de la foi qu'elle impose par le bras séculier. Il a pour conséquence la prédestination qui est un mystère aussi stupide qu'impénétrable, et la grâce qui est un don *surnaturel* accordé *gratuitement*.

On sait toutes les furieuses disputes qui ont divisé et divisent encore les théologiens catholiques sur cette doctrine de la grâce.

Parce que le « Seigneur » de la Bible, cité par saint Paul, aurait dit : « *j'aurai pitié de qui je voudrai, et je ferai miséricorde à qui il me plaira* », saint Augustin affirme que les enfants, dans lesquels le péché originel n'est pas effacé par le baptême, sont *damnés*. La grâce, indispensable parce que, seule, elle détermine la volonté, n'est pas accordée à tous, mais uniquement au petit nombre des élus. Tous les autres sont condamnés et damnés comme ces enfants morts en bas âge, à qui le baptême a été refusé, quoiqu'ils n'y aient pu mettre aucun obstacle.

Selon la doctrine catholique, la grâce est un don *surnaturel* que Dieu accorde ou refuse *gratuitement*.

A l'exemple de Pélage, Montaigne, Voltaire, Vauvenargues, tous les philosophes du dix-huitième siècle et tous les hommes de bon sens n'admettent pas cette injustice. Tous ceux qui, par les conjectures de la science préhistorique, se représentent les pénibles débuts de l'espèce humaine, cette longue vie sauvage de l'âge de pierre, savent qu'au lieu d'être en décadence, l'humanité progresse et qu'elle s'élève lentement à la justice. Ils n'admettent pas que l'entendement de l'homme ait été obscurci par le péché d'Adam. Ce qui obscurcit l'intelligence, c'est la faiblesse du cerveau, la paresse d'esprit, l'ignorance et l'erreur. Les longs efforts de l'espèce humaine ont fortifié ses organes et cette force acquise par l'habitude des actes utiles, transmise par l'hérédité, lui a permis de diminuer peu à peu son ignorance et sa misère.

La grâce surnaturelle inventée par l'Eglise est le contraire de la morale humaine. La notion naturelle de justice s'oppose au mystère de la prédestination. La raison n'admet pas que Dieu ait pu, sans injustice, et dès avant la création du monde, prédestiner les hommes futurs, les uns au Paradis et les autres à l'Enfer.

La conscience naturelle est révoltée de ce dogme inique et surnaturel de la prédestination, en vertu de laquelle le Dieu de la Bible détermine le sort éternel de chacun pour faire, — quelle que soit leur conduite, — brûler éternellement dans ses grandes chaudières, ceux qu'il a gratuitement réprouvés.

Saint Augustin a consacré vingt ans de sa vie à combattre Pélage qui disait que l'homme, pour faire le bien, n'a pas besoin de la grâce. A la suite d'Augustin, l'Eglise a condamné Pélage dont la doctrine détruisait son prestige, et rendait le clergé aussi inutile que la mort même de Jésus-Christ.

L'Eglise a donc adopté sur la grâce la doctrine de saint Augustin. Pélage, qui paraît avoir été un homme raisonnable, après avoir longtemps lutté pour défendre son hérésie, a été finalement condamné.

Selon saint Augustin et selon l'Eglise, Dieu prédestine à la Foi, à la Grâce, à la justification, à la persévérance finale, non ceux dont il aurait prévu, en vertu de sa prescience infinie, les bonnes dispositions futures, mais ceux-là seulement auxquels il lui plaît d'accorder ces dons gratuitement.

Ainsi la prédestination, ce dogme contraire à toute justice et à toute moralité, cette révoltante doctrine, — à la fois royale et divine du bon plaisir, — est une idée que saint Augustin a puisée dans saint Paul qui l'avait trouvée dans le petit passage de la Bible cité plus haut. L'Église catholique a adopté cette idée dont elle a fait un dogme en vertu duquel les Élus sont nécessairement conduits au bonheur éternel et les réprouvés entraînés nécessairement dans les abîmes de l'enfer, non point selon leur conduite, leurs mérites et leurs œuvres, ce qui serait selon la justice, mais selon le bon plaisir de Jéhovah.

La morale de Vauvenargues est diamétralement contraire à cette doctrine catholique de la grâce qui détruit le mérite et la vertu. On peut voir combien cette morale naturelle l'emporte sur la morale théologique.

La raison, dit un philosophe, est le centre des choses.

Ceux qui restent dans la mesure sont toujours plus près d'elle que ceux qui s'en vont aux extrémités.

On est au centre avec Vauvenargues, comme avec Montaigne.

Les *Pensées* de Vauvenargues, comme celles de Pascal, n'ont été que l'esquisse de ce qu'il aurait pu faire.

Les *Essais* sont le livre favori des esprits libres et des sages qui aiment la vérité, la mesure, et savent s'en contenter ; qui ne s'agitent pas, mais avec qui l'on compte, parce qu'ils ont avec eux la liberté de l'esprit et la force de la vérité « qui fait plus, à la longue, que le nombre et le bruit. »

Le cardinal du Perron appelait les *Essais* « le bréviaire des honnêtes gens. »

Balzac, — l'ancien, — dit qu'il a porté la raison humaine aussi loin qu'elle peut s'élever.

Etienne Pasquier respecte et honore sa mémoire. C'est un autre Sénèque, dit-il, je n'ai livre entre les mains que j'aie tant caressé que celui-là. J'y trouve toujours quelque chose à me contenter.

Montaigne est grand, dit Juste-Lipse, son contemporain ; il est propre à former le caractère et le jugement et propre aussi à fortifier les âmes. « C'est le *Thalès* de la France.

» Son livre est honnête, docte et tout à fait de mon goût.

» ... Joignez à cela l'ancre de la sagesse qu'il fixe à notre navire. »

Bayle et Voltaire aimaient beaucoup Montaigne. Voltaire reconnaissait en lui un ancêtre ; il se reconnaissait dans sa manière de voir la mêlée humaine, la mobilité des hommes, leur inepte et aveugle crédulité.

Il se retrouvait aussi dans sa haine de la superstition, du fanatisme qu'elle fait naître et dans son amour de la tolérance.

Le 21 août 1764, Voltaire écrit au comte de Tressan :

« Quelle injustice criante de dire que Montaigne n'a fait que commenter les anciens ! il les cite à propos, et c'est ce que les commentateurs ne font pas. Il pense et ces messieurs ne pensent point. Il appuie ses pensées de celles des grands hommes de l'antiquité ; il les juge, il les combat, il converse avec eux, avec son lecteur, avec lui-même ; toujours original dans la manière dont il présente les objets, toujours plein d'imagination, toujours peintre ; et, ce que j'aime, toujours sachant douter. Je voudrais bien savoir, d'ailleurs, s'il a pris chez les anciens tout ce qu'il dit sur nos modes, sur nos usages, sur le nouveau monde, découvert presque de son temps, sur les guerres civiles dont il était le témoin, sur le fanatisme des deux sectes qui désolaient la France. »

Montaigne parle de tout dans ses *Essais* : littérature, morale, philosophie, religion, politique, questions sociales.

Il passe aisément, dans la même page, des plus hautes spéculations de la philosophie ancienne aux plus simples détails de la vie commune,

Précurseur de Descartes et du dix-huitième siècle, il a enseigné et pratiqué le doute ; il a protesté contre la barbarie des mœurs de son temps.

Il a flétri la torture, la question et toutes les cruautés que l'inquisition sanguinaire avait inventées.

Il a montré, avant Pascal, que l'humanité est une suite d'hommes qui apprend toujours et tout en se montrant défiant à l'égard de la science, il a cru à ses progrès.

Il a prêché la tolérance religieuse au milieu même des guerres de religion ; il a formulé le premier un système d'éducation morale et rationnelle ; enfin, il a pressenti, deviné, appelé de ses vœux toutes les conquêtes de la civilisation moderne. Jamais, dit Ch. Louandre, la raison humaine ne s'est élevée plus haut et jamais la pensée ne s'est produite sous une forme plus originale et plus pénétrante.

C'est mettre, disait-il, ses conjectures à bien haut prix que d'en faire cuire un homme tout vif.

Saint-Evremond préférait Montaigne à Sénèque et à Plutarque. « Vous cherchez, dit-il, de la constance dans Sénèque, et vous n'y trouverez que de l'austérité. Plutarque vous rendra grave et sérieux plus que tranquille. Montaigne vous fera mieux connaître l'homme qu'aucun autre. »

« Plus sincère que Rousseau, plus varié que Saint-Augustin, Montaigne a fait, lui aussi, ses confessions; il nous met dans sa confidence. On y trouve une telle candeur, une naïveté si vraie, qu'en parlant de lui-même, on sent bien qu'il veut peindre l'homme en général. « Il est vrai, dit Saint-Evremond, qu'il dit un peu trop naïvement ses pensées et ses inclinations, et que lorsqu'il fait quelques digressions, il en revient toujours à lui-même qui est le sujet de son ouvrage. Mais en ramenant son lecteur chez lui, il a toujours de quoi lui plaire et le réjouir. Ce n'est point un hôte importun. »

Comme Saint-Evremond, madame de Sévigné aimait passionnément à lire Montaigne. Elle était de l'avis de madame de La Fayette, qui disait qu'il eût été le plus agréable voisin. A propos d'amusements dans ses loisirs de Livry : « En voici un, dit-elle, que j'ai trouvé ; c'est un volume de Montaigne que je ne croyais pas avoir apporté. Ah ! l'aimable homme ! qu'il est de bonne compagnie !

C'est mon ancien ami ; mais à force d'être ancien il m'est nouveau... Mon Dieu ! que ce livre est plein de bon sens. »

Dès leur publication, les *Essais* avaient vivement intéressé les contemporains et les successeurs immédiats de Montaigne. « A peine, dit Huet, trouverez-vous un gentilhomme de campagne qui veuille se distinguer des preneurs de lièvres, sans un Montaigne sur sa cheminée. »

« Deux écrivains, dit La Bruyère, ont blâmé Montaigne. L'un, [Nicole] ne pensait pas assez pour goûter un auteur qui pense beaucoup ; l'autre, [Malebranche] pense trop subtilement pour s'accommoder des pensées qui sont naturelles. »

Montaigne dit, en effet, Nicole (*Essais de Morale*, tome VI, p. 223) Montaigne est un homme qui, après avoir promené son esprit par toutes les choses du monde, pour juger ce qu'il y a en elles de bien et de mal, a eu assez de lumières pour en reconnaître la sottise et la vanité. Il a très bien découvert le néant de la grandeur et l'inutilité des sciences ; mais comme il ne connaissait guère d'autre vie que celle-ci, il a conclu qu'il n'y avait donc rien à faire qu'à tâcher de passer agréablement le petit espace qui nous est donné. »

Mais toi, mon pauvre Nicole, tu avais donc la prétention de connaître une autre vie que celle-ci ? Comment te la figurais-tu et qui donc t'en avait parlé ?

Dans la troisième partie de la *Recherche de la Vérité*, Malebranche traite de la communication contagieuse des imaginations fortes et du livre de Montaigne.

Il lui reproche d'abord sa vanité. Montaigne n'a fait son livre que pour se peindre et pour représenter ses humeurs et ses inclinations. C'est lui-même qu'il peint ; il est lui-même la matière de son livre. C'est donc, dit Malebranche, une vanité, soit qu'il parle avantageusement de lui, soit qu'il décrive ses défauts.

Malebranche prend ensuite les *Essais* de Montaigne comme preuve de la force que les imaginations ont les unes sur les autres. Montaigne, dit-il, a un certain air libre, il donne un tour si naturel et si vif à ses pensées, qu'il est malaisé de le lire *sans se laisser préoccuper.*

Malebranche constate la désinvolture cavalière de Montaigne, sa négligence qui lui sied et le rend aimable, sa fierté d'honnête homme, « qui le fait respecter sans le faire haïr. » Il lui trouve « l'air du monde et l'air cavalier soutenus d'érudition. »

On doit, dit-il enfin, regarder Montaigne comme un homme qui se divertit, qui tâche de plaire et ne pense point à enseigner.

« Mais il n'est que plus dangereux, précisément parce qu'il plaît et qu'il séduit les gens par la vivacité toujours victorieuse de son imagination dominante. »

La Bruyère, dit Sainte-Beuve, tient de Montaigne non seulement pour le style et pour la méthode décousue avec art, mais aussi pour la manière de juger l'homme et la vie.

Pour Descartes, Montaigne et Bacon sont des ancêtres. Ils ont, tous les deux, pratiqué avant lui le doute méthodique.

Montaigne, dans le chapitre 30 de ses *Essais*, dit qu' « *il faut tout passer par le filtre* et ne rien *recevoir dans notre tête par autorité et croyance.* »

Bacon voulait aussi abolir, oublier du moins toutes les notions reçues, afin d'appliquer l'esprit neuf, et semblable à *une table rase*, à l'étude de toute chose prise dans ses commencements.

Descartes a placé dans l'évidence le principe de toute certitude. A partir de lui, la philosophie moderne a rejeté le principe de l'autorité, qui avait dominé durant tout le cours obscur et stérile du moyen âge.

Désormais, grâce à lui, tout homme qui pense ne reconnaît et n'accepte comme vrai que ce qu est évident.

La pensée, c'est la vue distincte de l'âme, qui constate dans le domaine intellectuel, comme la main dans le domaine physique, la réalité des choses.

Naturellement, les théologiens ne peuvent accepter, dans les matières métaphysiques sur lesquelles ils bavardent, ce principe rationnel de l'évidence, qui rejette leurs mystères obscurs et ruineraien la foi sur laquelle est établie leur puissance.

Descartes, et c'est là sa gloire, a fait triompher, d'une manière définitive, en philosophie, le criterium de l'évidence ou l'autorité souveraine de la raison ; car c'est la raison qui juge de ce qui est évident ou de ce qui n'est pas évident, et par conséquent de ce qui est vrai ou faux.

La méthode de Descartes est bien simple. Il ne faut jamais croire sans examiner, ni réputer une chose vraie par cela seul qu'un autre la croit telle.

Nous devons rejeter, au moins une fois en notre vie, toutes les opinions que nous avons précédemment reçues, afin d'en faire une revue complète. Dans ce doute méthodique, il faut comprendre non seulement les opinions fausses, mais les opinions incertaines.

Le moyen de ne pas se tromper est de ne donner son assentiment qu'aux idées claires et distinctes ; quand une idée n'est pas claire, il faut diviser la difficulté en autant de parties qu'il est nécessaire pour s'en rendre compte ; enfin, il faut conduire ses pensées par ordre et aller du simple au composé.

Toutes les sciences n'étant que le miroir de la nature, toutes les sciences se touchent, comme les choses se touchent dans la nature. Une découverte nous aide à en faire une autre. Toutes les sciences s'entr'aident, bien loin de se faire obstacle.

Toutes ensemble, les sciences ne sont rien autre chose que l'intelligence humaine, reflétant distinctement les faits naturels. De même que la nature est une, l'intelligence, qui la reproduit, reste une et toujours la même, quelle que soit la variété des objets auxquels elle s'applique. « Sans que cette variété apporte à sa nature plus de changement que la diversité des objets n'en apporte à la nature du soleil qui les éclaire.

« Au lieu de cette philosophie spéculative, métaphysique, qu'on enseigne dans les écoles, on en peut trouver une pratique, par laquelle, connaissant la force et les actions du feu, de l'eau, de l'air, des astres, des cieux, et de tous les autres corps qui nous environnent, aussi distinctement que nous connaissons les divers métiers de nos artisans, nous les pourrions employer en même façon à tous les usages auxquels ils sont propres ; et ainsi nous rendre maîtres et possesseurs de la nature. »

C'est précisément ce que voulait Bacon.

Bacon en Angleterre, Descartes en France, voilà les pères de la saine philosophie et de l'esprit philosophique.

Joseph de Maistre qui les combat, ne s'y est pas trompé.

C'est Descartes, écrit Diderot, qui a appris aux hommes à penser, à raisonner, à se dégager de l'ornière fangeuse où des maîtres aussi durs qu'imbéciles les traînaient, pour entrer dans la route du vrai, et y marcher à l'aide de leurs propres forces. Désormais, tout vrai philosophe ne porte plus le nom d'aucun maître, mais après avoir suffisamment examiné toutes les doctrines, il en adopte une, parce qu'il la trouve vraie, ou bien il s'en forme une lui-même en réunissant tout ce qu'il a trouvé de solide dans le cours de toutes ses études et par la voie de ses propres recherches.

Le nombre de ceux qui aiment à faire ainsi usage de leur esprit et de leur raison demeure toujours petit ; mais il suffit qu'il y ait eu, depuis

Descartes, ce qui n'avait pas existé avant lui, un certain nombre de penseurs libres et indépendants.

La sagesse, conclut Diderot, habite dans le cabinet de chaque philosophe, elle s'y plaît à proportion de l'application qu'on lui consacre et des progrès qu'on y fait.

Pour établir l'existence d'êtres réels, le philosophe doit observer les phénomènes naturels; il n'y a que des rêveries métaphysiques en dehors des faits positifs.

Disciple de Descartes, Malebranche se perd dans les nuages. Lui qui voit tout en Dieu, n'y voit pas qu'il est fou.

Spinoza, au contraire, sait qu'il n'y a pas de surnaturel. Il constate les lois de la nature et laisse aux esprits faibles des miracles qui ne sont, pour un philosophe, qu'un aveu d'ignorance.

Très hardi comme penseur, Spinoza était dans sa vie privée, le plus doux, le plus simple et le meilleur des hommes, aimant la pauvreté, refusant les honneurs et les richesses, vivant frugalement du travail de ses mains.

Dans l'*Ethique*, il démontre qu'il n'y a qu'une seule substance étendue et pensante.

L'homme est une collection d'idées; celui qui en a le plus et de plus vraies est l'homme supérieur.

Le bonheur se trouve dans l'usage de la raison qui domine alors les passions.

Une passion ne peut être empêchée, diminuée ou détruite que par une autre, contraire et plus forte.

Pour être efficace et nous faire agir, l'idée du bien et l'idée du beau doivent devenir l'amour du beau, la passion du bien.

Les hommes pouvant s'élever à l'intelligence, ne vivent pas conformément à leur nature, quand ils ne vivent pas conformément à la raison.

Toutes les passions sont bonnes qui produisent la joie. Ce qui messied à l'homme libre, c'est d'être triste. Pour bien vivre, il faut organiser en nous, par l'habitude, un courant d'idées justes et de passions salutaires ; aimer les passions nobles, suivant le conseil de Vauvenargues ; substituer peu à peu, par l'habitude, des goûts et des passions nobles et salutaires, aux goûts vulgaires et aux passions basses.

Le bonheur, ce que Spinoza nomme la béatitude, consiste dans l'amour des hommes et de la vérité.

Le *Discours de la Méthode* est de 1636, les *Provinciales* de 1656

En 1657, au moment où Pascal achevait de lancer les *Provinciales* contre la morale des jésuites, Saint-Evremond, La Rochefoucauld vivaient, ils causaient comme ils écrivirent.

« Jamais, dit Sainte-Beuve, langue plus belle, plus riche, plus fine, plus libre, ne fut parlée par des hommes de plus d'esprit et de meilleure race.

Saint-Evremond a surtout de la délicatesse. C'est un épicurien, non point, dit Sainte-Beuve, par les livres seulement, comme le serait un savant de la Renaissance, comme l'a pu être Gassendi, le dernier et le plus distingué de ceux-là, mais un épicurien pratique, dans la morale et dans la vie.

Né en 1613, il ne mourut qu'en 1703, à l'âge de plus de quatre-vingt-dix ans. M. Giraud le fait même naître en 1610. Elevé au collège de Clermont, à Paris, chez les jésuites, il fit sa rhétorique sous le père Canaye, qu'il rencontra depuis chez le maréchal d'Hoquincourt et qu'il a immortalisé. Saint-Evremond a une façon particulièrement rare et fine de dire les choses. La scène se passe en 1654.

Comme je dinois un jour chez monsieur le maréchal d'Hoquincourt, le Père Canaye qui y dinoit aussi, fit tomber le discours insensiblement sur la soumission d'esprit que la Religion exige de nous ; et après nous avoir conté plusieurs miracles nouveaux et quelques révélations modernes, il conclut qu'il falloit éviter plus que la peste ces esprit forts, qui veulent examiner toutes choses par la raison.

« A qui parlez-vous des esprits forts, dit le
« maréchal, et qui les a connus mieux que moi ?
« Bardouville et Saint-Ibal ont été les meilleurs de
« mes amis. Ce furent eux qui m'engagèrent dans
« le parti de Monsieur le Comte, contre le cardi-

« nal de Richelieu. Si j'ai connu les esprits forts ?
« Je ferais un livre de tout ce qu'ils ont dit. Bar-
« douville mort, et Saint-Ibal retiré en Hollande, je
« fis amitié avec La Frette et Sauvebœuf. Ce n'étaient
« pas des esprits, mais de braves gens. La Frette
« étoit un brave homme, et fort mon ami. Je
« pense avoir assez témoigné que j'étois le sien
« dans la maladie dont il mourut. Je le voyois
« mourir d'une petite fièvre, comme auroit pu faire
« une femme, et j'enrageois de voir La Frette, ce
« La Frette, qui s'étoit battu contre Bouteville,
« s'éteindre ni plus ni moins qu'une chandelle.
« Nous étions en peine, Sauvebœuf et moi, de
« sauver l'honneur à notre ami, ce qui me fit
« prendre la résolution de le tuer d'un coup de
« pistolet, pour le faire périr en homme de cœur.
« Je lui appuyois le pistolet à la tête quand un
« b..... de jésuite, qui étoit dans la chambre, me
« poussa le bras et détourna le coup. Cela me mit
« en si grande colère contre lui, que je me fis
« Janséniste.

— « Remarquez-vous, Monseigneur, dit le
« Père Canaye, remarquez-vous comme Satan est
« toujours aux aguets : *Circuit quærens quem devo-*
« *ret*. Vous concevez un petit dépit contre nos
« Pères : il se sert de l'occasion pour surpren-
« dre, pour vous dévorer ; pis que vous dévorer,
« pour vous faire Janséniste. *Vigilate, vigilate :* on
« ne saurait être trop sur ses gardes contre l'enne-
« mi du genre humain.

— « Le Père a raison, dit le Maréchal, j'ai ouï
« dire que le diable ne dort jamais. Il faut faire
« de même : bonne garde, bon pied, bon œil. Mais
« quittons le diable, et parlons de mes amitiés.
« J'ai aimé la guerre devant toutes choses ; Madame
« de Montbazon après la guerre ; et tel que vous
« me voyez, la Philosophie après Madame de
« Montbazon. »

— « Vous avez raison, reprit le Père, d'aimer la
« guerre. Monseigneur, la guerre vous aime bien
« aussi ; elle vous a comblé d'honneurs. Savez-vous
« que je suis homme de guerre aussi, moi ? Le
« roi m'a donné la direction de l'hôpital de son
« armée de Flandre ; n'est-ce pas être homme de
« guerre ? Qui eût jamais cru que le Père Canaye
« eût dû devenir soldat ? Je le sais, Monseigneur,
« et ne rens pas moins le service à Dieu dans le
« camp que je lui en rendrois au collège de Cler-
« mont. Vous pouvez donc aimer la guerre inno-
« cemment. Aller à la guerre, est servir son Prince ;
« servir son Prince, est servir Dieu. Mais pour ce
« qui regarde Madame de Montbazon, si vous l'avez
« convoitée, vous me permettrez de vous dire
« que vos désirs étoient criminels. Vous ne la con-
« voitiez pas, Monseigneur, vous l'aimiez d'une
« amitié innocente.

— « Quoi, mon Père, vous voudriez que j'ai-
« masse comme un sot ? Le Maréchal d'Hoquin-
« court n'a pas appris dans les ruelles à ne faire

« que soupirer. Je voulois, mon Père, je voulois :
« vous m'entendez bien... Je voulois...

— « Quels *je voulois*? En vérité, Monseigneur,
« vous raillez de bonne grâce. Nos Pères de Saint-
« Louis seroient bien étonnés de ces *je voulois*.
« Quand on a été longtemps dans les armées, on a
« appris à tout écouter. Passons, passons : vous
« dites cela, Monseigneur, pour vous divertir. »

— « Il n'y a point là de divertissement, mon
« Père. Savez-vous à quel point je l'aimois ?

— « *Usque ad aras*, Monseigneur.

— « Point d'*aras*, mon Père. Voyez-vous, dit le
« maréchal en prenant un couteau dont il serroit
« le manche ; voyez-vous, si elle m'avoit commandé
« de vous tuer, je vous aurois enfoncé le couteau
« dans le cœur. »

Le Père, surpris du discours, et plus effrayé du transport, eut recours à l'oraison mentale et pria Dieu secrètement qu'il le délivrât du danger où il se trouvoit ; mais ne se fiant pas tout-à-fait à la prière, il s'éloignoit insensiblement du maréchal par un mouvement de fesse imperceptible. Le maréchal le suivoit par un tout semblable ; et à lui voir le couteau toujours levé, on eût dit qu'il alloit mettre son ordre en exécution.

La malignité de la nature me fit prendre plaisir quelque temps aux frayeurs de la Révérence ; mais craignant à la fin que le maréchal, dans son transport, ne rendît funeste ce qui n'avoit été que plaisant, je le fis souvenir que Madame de Mont-Lazon étoit morte et lui dis qu'heureusement le Père Canaye n'avoit rien à craindre d'une personne qui n'étoit plus.

« Dieu fait tout pour le mieux, reprit le maré-
« chal. La plus belle du monde commençoit à
« me lanterner, lorsqu'elle mourut. Il y avoit
« toujours auprès d'elle un certain abbé de Rancé,
« un petit Janséniste, qui lui parloit de la grâce
« devant le monde et l'entretenoit de toute autre
« chose en particulier. Cela me fit quitter le parti
« des Jansénistes.

« Auparavant je ne perdois pas un sermon du
« Père Desmâres et je ne jurois que par Messieurs
« de Port-Royal. J'ai toujours été à confesse aux
« Jésuites depuis ce temps-là ; et si mon fils a
« jamais des enfans je veux qu'ils étudient au
« collège de Clermont, sur peine d'être déshérités. »

— « Oh ! que les voyes de Dieu sont admi-
« rables ! s'écria le Père Canaye, que le secret de
« sa justice est profond ! Un petit coquet de
« Janséniste poursuit une dame, à qui Monseigneur
« vouloit du bien. Le Seigneur miséricordieux se
« sert de la jalousie pour mettre la conscience
« de Monseigneur entre vos mains. *Mirabilia*
« *judicia tua, Domine !* »

Après que le bon Père eût fini ses pieuses réflexions, je crus qu'il m'étoit permis d'entrer en discours, et je demandai à Monsieur le Maréchal, si l'amour de la philosophie n'avoit pas succédé à la passion qu'il avait eue pour Madame de Montbazon.

— « Je ne l'ai que trop aimée la philosophie, dit
« le Maréchal, je ne l'ai que trop aimée ; mais
« j'en suis revenu, et je n'y retourne pas. Un diable
« de philosophe m'avoit tellement embrouillé la
« cervelle *de premiers parens, de pomme, de serpent,*
« *de paradis terrestre et de chérubins,* que j'étois
« sur le point de ne rien croire. Le diable m'em-
« porte si je croyois rien. Depuis ce temps-là je me
« ferois crucifier pour la Religion. Ce n'est pas
« que j'y voie plus de raison ; au contraire, moins
« que jamais : mais je ne saurois que vous dire, je
« me ferois crucifier, sans savoir pourquoi.

— « Tant mieux, Monseigneur, reprit le Père,
« d'un ton de nez fort dévot, tant mieux : ce ne
« sont point mouvemens humains ; cela vient de
« Dieu. Point de Raison ! c'est la vraye Religion
« cela. Point de raison ! que Dieu vous a fait,
« Monseigneur, une belle grâce ! *Estote sicut infan-*
« *tes* ; soyez comme des enfans. Les enfans ont
« encore leur innocence ; et pourquoi ? Parce
« qu'ils n'ont point de raison. *Beati pauperes*
« *spiritu* ; bienheureux les pauvres d'esprit ; ils ne
« pèchent point. La raison ? C'est qu'ils n'ont point
« de raison. *Point de Raison ; je ne saurais que*
« *vous dire ; je ne sais pourquoi.* Les beaux mots !
« Ils devraient être écrits en lettres d'or. *Ce n'est*

« *pas que j'y voye plus de Raison*; *au contraire,*
« *moins que jamais*. En vérité, cela est divin pour
« ceux qui ont le goût des choses du Ciel. *Point*
« *de Raison!* Que Dieu vous a fait, Monseigneur,
« une belle grâce ! »

Le père eût poussé plus loin la sainte haine qu'il avoit contre la raison ; mais on apporta des lettres de la Cour à monsieur le Maréchal ; ce qui rompit un si pieux entretien. Le Maréchal les lut tout bas ; et après les avoir lues, il voulut bien dire à la compagnie ce qu'elles contenoient.

— « Si je voulois faire le politique, comme les
« autres, je me retirerois dans mon cabinet, pour
« lire les dépêches de la Cour ; mais j'agis, et je
« parle toujours à cœur ouvert. Monsieur le Car-
« dinal me mande que Stenay est pris, que la Cour
« sera ici dans huit jours et qu'on me donne le
« commandement de l'armée qui a fait le siège,
« pour aller secourir Arras avec Turenne et La
« Ferté. Je me souviens bien que Turenne me
« laissa battre par Monsieur le Prince, lorsque la
« Cour étoit à Gien : peut-être que je trouverai
« l'occasion de lui rendre la pareille.

« Si Arras étoit sauvé, et Turenne battu, je
« serois content : j'y ferai ce que je pourrai. Je
« n'en dis pas davantage. »

Les dévots n'aiment point cette conversation et l'apprécient mal ; mais l'âme librement cultivée par la lecture des poètes et des philosophes y goûte toutes les nuances délicates de la pensée.

Cette jolie pièce est un diamant ; Sainte-Beuve l'appelle la dix-neuvième *Provinciale*, écrite par un homme du monde, qui, en raillerie sur le fond des choses, va plus loin que Pascal.

Incrédule autant que Montaigne, Saint-Evremond ne craint pas de laisser voir son incrédulité.

La charité, dit-il, a été ordonnée par Jésus-Christ, et la doctrine des mystères n'a été établie que longtemps après sa mort.

Eloigné du superstitieux par la force et la rare pénétration de son intelligence, il avait formé sa raison avec Montaigne qu'il avait trouvé dans la bibliothèque de son père, à son retour du collège.

Sachant réfléchir, il ne goûte point le surnaturel et n'y donne pas ; il sait comment et par qui se fabriquent les miracles.

Il estime peu la dévotion et n'y voit, comme La Rochefoucauld, pour les femmes du monde au cœur tendre, que le dernier de leurs amours.

La meilleure précaution, dit-il, que l'on puisse avoir pour n'entrer pas dans un couvent, c'est de songer que presque tous les Religieux y demeurent à regret, et en sortent, quand il leur est possible, avec joie.

Mais il serait à souhaiter que nous eussions des sociétés établies (maisons de retraites et sortes de couvents laïques), où les honnêtes gens se pussent retirer commodément, après avoir rendu au public tout le service qu'ils étaient capables de lui rendre.

Saint-Evremond fut le type le plus accompli de ce qu'on a appelé au XVIIe siècle, l'honnête homme, c'est-à-dire un accord du galant homme et de l'homme de goût. A ses mérites frivoles, il en joignait de sérieux, tels que la modération dans la prospérité, la constante fermeté dans le malheur, l'oubli des injustices, l'attachement invincible à ses amis et à ses principes.

Écrivain amateur et non publiciste, il a, dans ses *Considérations sur les Romains* devancé en bien des pensées Montesquieu. Ses *Réflexions sur les divers génies du peuple Romain* sont, dit Sainte-Beuve, d'un esprit éclairé, sensé, philosophique et pratique à la fois, qui s'explique ce qui a dû se passer dans les âges anciens par ce qu'il a vu et observé de son temps, et par la connaissance de la nature humaine.

Le premier des modernes, il a porté un coup d'œil philosophique dans l'histoire ancienne. Il va droit à l'esprit des choses, cherchant moins à décrire les combats qu'à faire connaitre les génies. Il tire la philosophie de l'histoire comme le voulait Montaigne.

Il aurait eu peu à faire pour être un critique éclairé et avancé. Il ne lui a manqué qu'un peu d'ambition. Il n'y a qu'un Saint-Evremond, dit Sainte-Beuve. Aujourd'hui un sceptique de cet ordre sortirait de son indifférence et de sa quiétude pour faire acte de citoyen et serait d'un parti.

En tous cas il était, comme Montaigne et Vauvenargues, du parti de la tolérance. N'est-ce pas, disait-il, aller contre l'ordre de la Providence, que de se persécuter de la manière la plus barbare, parce qu'on n'a pas les mêmes sentiments sur la religion, comme si la persuasion pouvait s'étendre au-delà des lumières.

L'évidence est le seul moyen de connaître le vrai.

Il n'y a que l'homme qui puisse se convaincre lui-même.

Les convictions de docilité ne durent pas et ne font nul effet.

Personne, ajoute Saint-Evremond, n'est obligé de penser au-delà de ses lumières, et on ne sort jamais du bon sens que parce que l on veut aller plus loin.

Jamais personne n'a bien pénétré par les seules lumières de la raison humaine si l'âme est immortelle. Il est de notre intérêt de croire son immortalité, mais il n'est pas aisé de la concevoir.

Il n'y a que deux choses qui méritent raisonnablement les soins du sage ; la première est l'étude de la vertu qui fait l'honnête homme ; et la seconde, l'usage de la vie qui le rend content.

Les moindres pensées et jugements de Saint-Evremond ont l'attrait de la sincérité. En littérature, en politique, en religion, en morale, il parle toujours avec franchise, comme Montaigne.

Jetons un regard en arrière sur l'affreux moyen âge et sur les progrès de la pensée depuis le seizième siècle.

L'Eglise, au moyen âge, foule aux pieds la morale humaine. Elle condamne et corrompt la douceur de vivre ; elle sacrifie la vie et les hommes à ses prêtres, à ses évêques, à ses papes et à ses conciles qui punissent l'hérésie et règlent l'existence uniquement en vue de cet autre monde chimérique que ces mystiques ignorants veulent faire prendre pour réel, et qui est, peut-être, à leurs yeux, la seule réalité.

Le moyen âge ! c'est le régime absolu de la théocratie chrétienne. L'idéal antique qui avait soutenu la vertu romaine, qui avait inspiré la conduite virile d'Aristide, de Léonidas, de Régulus et de Scipion, n'existe plus. Des capucins les remplacent. L'idéal chrétien, — prêché plus que pratiqué par les moines, — est alors le sacrifice de toutes les jouissances humaines, sacrifice dévotement fait dans l'espérance d'entrer au Paradis.

Le peuple ne lisant pas, les fidèles, — crédules, — ayant perdu tous les moyens de s'instruire et de s'éclairer ; n'ayant pour se conduire que les enseignements de l'Église, ont l'imagination obsédée de ces deux images : Dieu et Satan, le Ciel et l'Enfer, le siècle et ses périls, l'Église et le Salut, qu'elle tient. Le sort éternel de tous est entre les mains du clergé qui règne et s'enrichit par cette productive croyance.

Il serait bon de se donner quelquefois le spectacle de ce que l'ignorance jointe à ce mysticisme chrétien avaient fait de la vie humaine et de la société civile.

L'histoire du moyen âge, toute l'histoire de ce temps affreux, opprobre de l'esprit humain, forme une ombre noire contrastant avec l'aurore de la civilisation moderne ; cette lamentable histoire est, dans la vie privée, le tableau des résistances de la nature et du bon sens aux violences, que leur fait l'ascétisme, l'oppression cléricale, et, dans la vie publique, la suite des résistances de l'État aux ambitieuses entreprises des Papes et aux empiètements incessants de l'Église sur l'autorité temporelle.

Les dix siècles du moyen âge nous montrent, dans son plus beau jour, cette influence néfaste et funeste de l'Église qui régnait alors sur les âmes, et qui régnait seule.

Quand on a une pareille histoire, un si honteux passé, on ne devrait plus avoir l'audace de réclamer encore la direction des esprits. L'intolérance, la cruauté, la barbarie et la férocité de ces bons catholiques, la crédulité, la malpropreté physique et morale de ces très fidèles chrétiens, font horreur.

L'attente de la fin du monde ne fut pas un phénomène spécial à l'an mil. Pendant plusieurs siècles, chaque génération crut être celle qui devait assister à la fin du monde et cette crainte pieuse fut dévotement entretenue par ceux-là qui en profitaient.

Le travail étant méprisé, arrivent les famines ; les soins du corps étant négligés, vient la hideuse lèpre ; l'Europe est couverte de brigands et de lépreux ; l'ignorance est complète et générale. Ces dix siècles barbares n'ont rien ajouté à la culture humaine ni à la connaissance de l'homme.

Jusqu'au soleil levant de la Renaissance, c'est une nuit horrible, pleine de cauchemars, de visions mystiques et d'hallucinations, nuit de dix siècles qui n'est éclairée, — comme une nuit d'orage l'est par les éclairs, — que par la flamme des bûchers.

Les lettres antiques sont perdues, les humanités et les arts méprisés, tout ce qui n'a point pour but et pour effet d'augmenter la puissance des prêtres et la terreur des peuples, est honni.

Les livres latins et grecs ne sont pas lus. Ils servent à ces moines retirés prudemment, — loin des guerres incessantes, — dans leurs couvents, à faire leurs sots palimpsestes ; ils remplacent ainsi les pensées de Lucrèce, de Sénèque et de Marc-Aurèle par leurs litanies.

Toute science, toute recherche rationnelle est proscrite. Aristote, mal compris, règne sous le nom de saint Thomas ; Platon, mal entendu, sous le nom de saint Augustin. Tous les deux sont lardés de l'affreuse mythologie chrétienne. Et la stérile théologie a si bien absorbé Aristote que les adversaires d'Aristote sont brûlés comme hérétiques.

Loin de tenter une découverte, une observation directe ou une expérience quelconque, l'Église, — qui a tout dans la Bible, — persécute Copernic ; elle brûle Giordano Bruno, elle emprisonne Galilée et le force à se rétracter sous peine de la vie.

Malgré toutes ses violences, malgré tous ses efforts pour éteindre toute lumière, la libre pensée reparaît, le science renaît, se développe et la ruine.

Avec Rabelais et Montaigne, avec Luther et Calvin, recommence, au seizième siècle, la liberté d'examen.

Bientôt la liberté entre en lutte avec l'autorité dogmatique de l'Église et la sécularisation de la morale en résulte.

Mieux que Zwingle, Luther et Calvin, Montaigne fut un grand affranchisseur d'âmes. Il apprend à douter, c'est-à-dire à penser, à voir, à constater le vrai ; il ne fait point de sectes fanatiques ; il reste homme et non pas chrétien.

A la suite des sages de l'antiquité, il ne songe qu'à la vie présente, à cette vie terrestre qu'Achille regrettait au Champs-Élysées. Selon lui, l'existence est à elle-même sa fin. Il est sot de s'en faire des idées fausses qui conduisent à la sacrifier, et à sacrifier celle des autres, à des conjectures théologiques.

Comme nous tous, Montaigne ignore le but suprême de l'univers; il s'en tourmente peu. Il ignore également la genèse du monde et pense simplement qu'il doit être éternel puisqu'il est. l ne fait pas de l'homme un être à part, il rapproche la condition humaine de celle des bêtes, qui toutes ne manquent pas d'esprit; il rapproche leur instinct de notre intelligence et pense que celle-ci pourrait bien n'être que cet instinct perfectionné par l'effort et l'hérédité. Sur toutes ces questions insolubles, il pratique le doute et repousse la théologie, parce qu'une explication « incompréhensible » ne lui paraît pas une explication.

Montaigne prend l'univers comme un fait indiscutable, les hommes comme un curieux sujet d'étude, l'existence comme une agréable aventure dont il faut tirer le meilleur parti. A ses yeux, la morale est une science humaine, non pas une science exacte comme la géométrie, mais un art difficile qu'il enseigne dans ses lettres à Madame d'Estissac, dans son excellent chapitre sur l'éducation et dans mille endroits des *Essais*. Cet art, si difficile autant que précieux, c'est l'*Art de vivre* qu'il cherche lui-même à pratiquer de son mieux comme, après lui, fera Voltaire.

Il regarde tous les hommes, si différents entre

eux, si mobiles, ondoyants et divers, comme également libres de voir les choses à leur manière, de chercher, à leurs risques, la vérité, et de se faire à eux-mêmes leurs opinions, de même que lui-même il se fait la sienne. Réfléchir lui semble un plaisir. Penser lui paraît une chose aussi naturelle à l'homme que d'ouvrir les yeux.

Libre de penser, chacun doit être aussi libre d'agir. Chacun, sans nuire aux autres, doit être laissé libre de suivre sa nature et de rechercher son bonheur. *Trahit sua quemque voluptas.*

Rabelais, de son côté, mêle à ses bouffonneries son excellent traité d'éducation ; il esquisse son abbaye de Thélème, où chacun reste libre de faire ce qu'il voudra. Le gouvernement, pensent-ils tous deux, n'est fait que pour garantir à chacun sa propriété, sa liberté, sa sécurité personnelle, la part et le genre de bonheur qu'il aura librement choisis.

Contre Rabelais et Montaigne, contre Luther et Calvin, contre les protestants qui mettent en péril l'unité de l'Église, cette fameuse unité catholique « hors laquelle il n'y a point de salut », contre les Huguenots, contre les Calvinistes et les Luthériens, contre les honnêtes gens « de la religion prétendue réformée », contre la liberté naissante et la saine morale, se lève alors, casque en tête, chapelet au poing, fourberie dans l'âme, une milice nouvelle, la *Compagnie de Jésus*. Leur « général » les lance à la poursuite des hérétiques qui ont le malheur d'avoir des opinions particulières, il les lance à l'incessante dénonciation de ces libres penseurs et du libre examen.

Sans scrupules, capables de tout, aussi prompts à faire assassiner le roi auquel ils n'ont pas pu donner, de leur main, une maîtresse et un confesseur, qu'à faire empoisonner le pape qui les condamne et les dissout, les Jésuites, ambitieux de régner, souples, insinuants, intrigants, flatteurs, se faisant humbles et soumis, prenant tous les noms, toutes les formes, habiles à tous les genres d'artifices, les jésuites grandissent, pullulent, détiennent l'instruction de toute la jeunesse, deviennent une puissance, la première autorité dans l'Église et par conséquent dans l'État, dénoncent, diffament et écrasent leurs rivaux, réussissent partout et par tous les moyens, surtout par la pratique assidue du mensonge.

Pascal a beau les attaquer, les jansénistes honnêtes sont vaincus ; et grâce à madame de Maintenon aidée du père de la Chaise, qui sont de chaque côté du roi, le jésuitisme triomphe.

La compagnie de Jésus a été fondée le 27 septembre 1540. Dès l'origine elle s'est montrée inquiète, turbulente, audacieuse. Quand les papes ont été contraires à leur Institut, les jésuites ont cherché à les détruire; quand le pape est enfin devenu leur esclave, ils ont proclamé son infaillibilité, afin de régner sous son nom.

Ils ont traité les rois comme les papes, prêchant le régicide contre ceux qu'ils ne pouvaient asservir.

Dès l'origine, ambitieux et souples, ces intrigants, pour étendre leur domination, ont pris tous les masques, flatté toutes les passions, courtisé tous les pouvoirs. Pour eux, la religion n'a jamais été qu'un instrument de règne.

Le troisième général de leur compagnie, François de Borgia, sans doute moins scandaleux que le pape son grand-père, puisqu'on l'a fait saint, leur disait déjà : « Il viendra un temps où vous ne mettrez plus de bornes à votre orgueil et à votre ambition ; où vous ne vous occuperez plus qu'à accumuler des richesses et à vous faire du crédit ; alors il n'y aura puissance sur terre qui puisse vous réduire, et, s'il est possible de vous détruire, on vous détruira. »

Les jésuites n'ont point tardé à justifier cette prophétie.

Depuis lors ils ont été accusés de tous les crimes et chassés de tous pays.

Comment expliquer cette réprobation ?

Le Père de Ravignan, écrivant leur histoire, par ordre du R. P. Roothaan, qui l'avait chargé de plaider pour leur Institut, le Père de Ravignan se fait naturellement cette question.

« D'où vient, écrit-il, dans cette défense des jésuites intitulée : *Clément XIII* et *Clément XIV*, d'où vient cette répulsion permanente dont les enfants de Saint Ignace ont été l'objet dans tous les temps et dans tous les lieux?

« D'où vient cette haine, cette horreur même du nom de jésuite dans le cœur, non seulement des *hommes réprouvés pour leur impiété*, mais encore dans le cœur de certains hommes dont la conduite les mœurs et la piété sont connues? Il y a là une situation que je crois, à bien des égards, inexplicable. »

Et l'honnête et naïf père de Ravignan sentant l'insuffisance de son apologie pour affaiblir le témoignage de l'histoire contre la morale, la politique et l'ambition de ses confrères, ne trouve rien de mieux que de les placer à l'abri derrière l'Eglise. « Qu'on l'avoue ou qu'on le nie, dit-il, il est incontestable que dans l'Institut de Saint Ignace, c'est l'Eglise elle-même qui a été attaquée avec ses droits ses libertés, ses prérogatives inaliénables. »

C'est possible. Mais les jésuites ont eu, dans l'Eglise, un caractère particulier. « Toujours dit d'Aguesseau, chez ces Pères, le religion fut tournée en politique. »

Et quelle politique ! l'espionnage, la délation, l'assassinat, la guerre civile.

Livrés tout entiers à l'intrigue, à la politique, au commerce, on les voit partout riches et puissants. Bientôt ils possédèrent des établissements dans le monde entier.

Soutenus par des rois tels que Philippe II, par les papes qui comptent s'en servir comme d'une armée contre le protestantisme et la philosophie, ils bravent le soulèvement des universités, du clergé, des hommes d'Etat, des philosophes. Soldats dévoués du despotisme politique et religieux, ils attirent à eux la jeunesse pour la former à l'obéissance et pour briser en elle le ressort du libre examen ; ils protègent tour à tour ou tyrannisent le clergé, confessent les rois et les reines et leur inspirent les plus détestables mesures.

Confesseurs des rois en Ecosse et en Espagne comme en France, ils sont en France les aumôniers de la Ligue, les inspirateurs et les apologistes de la Saint-Barthélemy, dont ils ont célébré les crimes par l'*apothéose de Charles IX*. Ils ont honoré Jacques Clément comme un saint, ils ont armé le bras de Barrière, celui de Gérard, celui de Jean Châtel, celui de Ravaillac.

Ces « habiles et vigoureux rameurs de la barque de saint Pierre » ont tout sacrifié, en religion comme en politique, à leur intérêt personnel.

Comme il importait à la Société d'attirer à elle les riches et les grands, les casuistes de la compagnie ont inventé une morale accommodante pour leur égoïsme et leur corruption.

En 1640, le clergé français se plaint de leurs casuistes, « qui tendent moins à corriger les péchés qu'à les faire commettre »

Leur dévotion, dit Montesquieu, trouve pour faire de mauvaises actions, des raisons qu'un simple honnête homme ne saurait trouver.

L'Assemblée générale du clergé de France, présidée par Bossuet condamne leur théologie, comme portant les âmes au libertinage, à la corruption des bonnes mœurs; violant l'équité naturelle, excusant les usures, les simonies et plusieurs autres péchés. »

Le procureur général de Harlay constate que, dans leurs livres, sont autorisés « l'homicide, le larcin, la simonie, l'usure, la calomnie et d'autres crimes qu'on n'ose nommer publiquement. »

Attaqués par Pascal, dans ses *Lettres à un provincial*, attaqués par le grand Arnauld et tous les austères Jansénistes, les Jésuites provoquent contre eux la bulle *Unigenitus*, ils font lancer contre leurs adversaires quatre-vingt-mille lettres de cachet et arrivent enfin à supprimer, à démolir et raser Port-Royal.

« Si les jésuites, dit Montesquieu, étaient venus avant Luther et Calvin, ils auraient été les maîtres du monde. »

« J'ai peur des jésuites, dit encore Montesquieu. Si j'offense quelque grand, il m'oubliera, je l'oublierai; je passerai dans une autre province, dans un autre royaume; mais si j'offense les Jésuites à Rome, je les trouverai à Paris, partout ils m'environnent; la coutume qu'ils ont de s'écrire sans cesse entretient leurs inimitiés. »

Constamment ils ont pratiqué l'espionnage par les domestiques, par les femmes, par la confession. Aujourd'hui ce n'est plus guère que par ces moyens qu'ils conservent encore une partie de leur empire.

Ils ont été blâmés par Benoît XIV pour leurs pratiques de dévotion puériles et superstitieuses, notamment pour leur fameuse dévotion au Sacré-Cœur qu'ils ont enfin réussi à faire prévaloir et qui maintenant domine Paris du haut de la butte Montmartre.

Le malheureux Clément XIV aurait aussi mieux fait, pour sa santé et pour sa vie, de ne pas les blâmer et surtout de ne point supprimer leur Compagnie par son bref du 21 juillet 1773.

Non seulement ce malheureux pape « mouru dans les coliques », mais les jésuites, dit le véné rable Père Theiner, prêtre de l'Oratoire, ont cher ché à flétrir tous les actes de son pontificat et à déshonorer sa mémoire.

Le P. Theiner, a défendu contre leurs calomnies la mémoire de Clément XIV ; il a montré que ce malheureux Pape a été « pur, grand, sans tache, admirable même, non-seulement dans le conclave, mais aussi et surtout dans la question des jésuites. »

Une foule de jésuites se sont mis, de leur côté, à réfuter le P. Theiner ; mais ces hommes qui ont écrit tant d'histoires n'ont jamais produit un historien. Un seul des leurs est célèbre, le Révé rend Père Loriquet dont la mauvaise foi est devenue proverbiale.

Méprisés malgré leur puissance, attaqués par les philosophes de tous les pays, ils ont été frappés de trente-neuf expulsions. Il est vrai que, chassés par la porte, ils rentrent par la cave ; ils se cachent, ils changent de nom, d'habits, aucun conspirateur n'est plus habile qu'eux à se travestir.

Malgré leurs ressources immenses, leur règne finira, — si les femmes enfin leur manquent — à cause du mépris qu'ils inspirent. Pour les hommes qui aiment la franchise, la droiture et la loyauté, leur nom est devenu la pire des injures. Pour exprimer, dit Montesquieu, une grande imposture, les Anglais disent : « Cela est jésuitiquement faux. »

Pour donner une idée de leur puissance, au moment où leur société fut condamnée et dissoute par le Pape, les jésuites comptaient vingt-deux mille cinq cent quatre-vingt-neuf religieux ; ils possédaient mille cinq cent quarante-deux églises, six cent cinquante neuf collèges, trois cent quarante maisons de campagne, soixante et un noviciats, vingt-quatre maisons professes, cent soixante et onze séminaires.

« Il ne faut point se lasser de faire connaître ces hommes déjà très connus et qui ne le sont pas encore assez.

« On aura beau les convaincre de tous les attentats dont de méchants prêtres sont capables, ils se soutiendront, comme ils l'ont fait jusqu'à présent. »

COLBERT, évêque de Montpellier (1737).

Il faut connaître ses ennemis pour les mieux combattre et pour réussir à les vaincre. Il faut analyser méthodiquement les forces qui nous sont hostiles. Il faut montrer la force cachée, l'essence nouvelle du catholicisme contemporain, l'antagonisme, tous les jours plus évident, qui existe entre les hommes libres, affranchis par la science, et les femmes qui restent soumises à l'Eglise.

Les Jésuites sont l'âme de cette réaction contre les principes et la politique de la Révolution française. On plaisante quelquefois de l'influence cachée de la Compagnie. On a tort de ne pas reconnaître qu'elle est grande. Le *16 Mai* a été une campagne dangereuse, redoutable, entièrement menée par la Congrégation. Comment nier leur puissance quand nous avons vu à l'œuvre leurs meneurs et la foule si nombreuse de leurs agents.

La politique ultramontaine a fait en France deux grands efforts, au 24 Mai 1873 et au 16 Mai 1877. Depuis la guerre c'est le Jésuitisme qui a pris la conduite et la direction de tous les partis qui nous sont hostiles. Intrigues, complots, sociétés secrètes, cercles d'étudiants et cercles d'ouvriers, pensionnats, couvents, tout a marché avec ensemble, obéi au même mot d'ordre ; non seulement dans le clergé et ceux qui, directement, en dépendent, mais l'armée immense des femmes pieuses qui sont tout entières à sa dévotion. On a pu voir que l'inspiration d'une moitié de la France n'est plus en France et qu'elle vient d'au-delà des monts.

Nous avons vu à l'œuvre les *Renards*, les *Chats-fourrés*, les *Macettes*, les *Tartuffes*, les *Baziles*, les *Père-Joseph*, les *Hommes noirs*, les *Rolin*. Nous avons vu à l'œuvre tout le *parti-prêtre*, tous ceux qui voudraient rétablir le gouvernement des évêques, des jésuites et des curés.

La lutte entre l'Université et les établissements d'éducation ecclésiastique a commencé, en France, dès la fin de l'Empire.

Au fanatisme menaçant de 1815, a succédé la tartuferie étouffante et organisée de 1827.

L'impopularité du clergé n'est pas aujourd'hui si grande qu'elle était en 1827.

Les Jésuites sont aussi puissants. Ils ont la main sur la jeunesse française, sur les femmes du monde. Et ils ont réussi à faire de la religion chrétienne une mythologie ridicule.

Avec cela, ils ont une ambition sans limites.

« *La société de Jésus*, dit Montesqieu, *regarde le plaisir de commander comme le seul bien de la vie.*

« Un sentiment exquis qu'a cette société pour tout ce qu'elle appelle honneur, son zèle pour *une religion qui humilie bien plus ceux qui l'écoutent que ceux qui la prêchent*, lui ont fait entreprendre de grandes choses et elle y a réussi.

Les Jésuites n'exaltent le Pape qu'afin de régner par lui.

En poursuivant la prééminence du Saint-Siège, la Compagnie n'a jamais poursuivi que sa propre domination. Elle a réussi, son triomphe a été assuré dans l'Eglise par la déclaration d'infaillibilité personnelle et séparée du Pape que les Jésuites, dans leur égoïsme habile, préparaient depuis si longtemps.

Ils ont agi comme les ultra-royalistes qui font du Roy un Dieu pour être ses ministres, ses favoris et surtout ses inspirateurs.

Les Jésuites, après y avoir longtemps travaillé, ont réussi à créer un Pouvoir absolu *et incontestable* dont ils sont les maîtres.

Le Concile de 1870 a été l'œuvre spéciale et chérie de la Compagnie de Jésus qui, malgré l'opposition libérale des *Vieux-Catholiques*, s'y est montrée toute-puissante.

Par ce concile, tout le monde catholique est aujourd'hui entre ses mains. Maîtres de l'Eglise, les Jésuites tournent la puissance dont ils disposent contre les sociétés modernes, contre les hommes de science et de progrès.

Vœu du Conseil général d'Eure-et-Loir.

Le Conseil général,

Considérant que la société des jésuites obéit à un chef qui n'est pas soumis aux lois de notre pays ;

Que cette société n'a cessé d'être en lutte contre tous les gouvernements qui n'ont pas accepté sa direction ;

Qu'à diverses reprises ses agissements ont nécessité son expulsion, même sous des rois dont la foi catholique ne peut être contestée ;

Que, notamment, sous la Restauration et sous le Gouvernement de Juillet, les pouvoirs publics ont dû prendre contre cette société des mesures d'exception ;

Considérant que les doctrines et les agissements des jésuites sont la négation systématique des principes de liberté et de tolérance qui sont la base des gouvernements modernes ;

Considérant que, dans l'état actuel de notre pays, il pourrait y avoir danger pour la conservation de la paix publique à permettre plus longtemps qu'une congrégation non autorisée se fasse de la liberté de l'enseignement, un moyen de propagande, afin de préparer le renversement de nos institutions et la ruine de nos libertés,

Emet le vœu :

Que, tout en sauvegardant les grands principes de la liberté de conscience et de la liberté d'enseignement, bases du droit public moderne, les Chambres édictent les mesures nécessaires pour interdire l'enseignement aux associations qui n'ont pas l'autorisation d'exister en France et qui usent de la tolérance des pouvoirs publics pour prêcher le mépris et la haine des principes de 89 et attaquer nos institutions.

Ce n'est pas en France seulement, mais en Belgique, en Suisse, en Allemagne, en Autriche, en Italie, que les relations deviennent difficiles entre les pouvoirs civils et les pouvoirs religieux.

Parce qu'il a dominé au moyen-âge, le clergé croit qu'il doit encore dominer aujourd'hui. C'est en cela qu'il se trompe.

Celui-là doit instruire les autres qui est plus éclairé et qui sait mieux.

Au moyen-âge, la supériorité morale, intellectuelle et politique du clergé lui assurait, sur les chefs ignorants et barbares, une prépondérance légitime. Aujourd'hui la science n'est plus dans l'Eglise. Nous savons lire et nous lisons les savants et les historiens.

Nous sommes, dès lors, peu disposés à croire un séminariste sur parole.

Nous jugeons les religions elles-mêmes comme des faits historiques, nous en comprenons la raison d'être, et c'est pourquoi nous voyons aussi la raison de leur fin.

L'ignorance actuelle du clergé l'empêchera de plus en plus d'avoir sur les affaires publiques aucune influence. Désormais l'opinion des hommes éclairés, rendue publique par les livres et par les journaux, forme l'opinion et le suffrage universels.

Nous avons un large esprit de tolérance pour toutes les races et pour tous les cultes. C'est au nom de cette tolérance philosophique si largement humaine que nous voulons détruire le fanatisme et les funestes superstitions cléricales.

Les gens qui croient qu'il n'y a *pas de salut hors de l'Église* ne peuvent aimer la tolérance; ils ne peuvent logiquement réclamer la liberté de conscience, puisque l'effet le plus habituel de cette liberté d'examen est de faire sortir de l'Église celui qui réfléchit de bonne foi sur les croyances qu'on lui avait tout d'abord imposées.

Nous voulons donc l'école distincte de l'église et l'enseignement de la science séparé de l'enseignement religieux.

« *Et quel temps fut jamais plus fertile en miracles.* »

Le clergé veut conserver son influence et gagner au parti des voix aux élections, en agissant, par des prodiges, sur l'imagination crédule et naïve des populations des campagnes. Les dévotes et les ruraux sont aujourd'hui sa dernière espérance. C'est pourquoi les pratiques de la plus grossière superstition, du charlatanisme le plus effronté reviennent en vogue. Les miracles les plus grotesques se multiplient. Faut-il s'en étonner? Nullement. *Partout où l'on croit aux miracles, il y a des miracles.* Partout où l'on n'y croit plus, c'est-à-dire là où ils seraient le plus nécessaires, il n'y en a plus. La Sainte Vierge fait des apparitions aux pâtres des montagnes; elle se montre à Lourdes, à la Salette; elle ne se montre pas à Paris; elle se fait voir à Bernadette et à Maximin Giraud; elle ne se fait pas voir à l'Académie des sciences. Cela prouve que le miracle appartient à un état d'esprit enfantin, à un degré de civilisation rudimentaire. L'idée que les hommes se font de la divinité change d'époque en époque, suivant le degré de leur moralité et de leurs lumières. A mesure que les hommes s'éclairent, la mythologie disparaît.

Aujourd'hui les miracles quotidiens de Lourdes et de la Salette peuvent encore grossir le bagage superstitieux des masses ignorantes, et c'est bien pour cela qu'ils sont faits, mais, chez les hommes instruits, ces jongleries cléricales, ce charlatanisme malhonnête soulèvent le dédain et provoquent nécessairement le mépris, le dégoût et la haine.

M. Veuillot, cet homme voué d'avance au mépris

de l'avenir, M. Veuillot plus que personne a contribué à pousser l'Église dans cette voie. La postérité ne voudra pas le croire, mais le fait est que M. Veuillot a été, de nos jours, une espèce de Père de l'Église, une lumière de la foi, le flambeau du Catholicisme, le docteur des Jésuites et leur porte-drapeau Il a su ranger sous sa férule presque tous les évêques qui n'osaient pas le contredire et s'abstenaient avec soin de le blâmer, de peur de s'attirer les réprimandes de Rome.

Le clergé veut dominer et dominer seul. Il voudrait que la société se reposât sur lui du soin de penser, de parler et d'écrire.

Aujourd'hui le voilà qui vante la tolérance et qui réclame la liberté. Damner les dissidents, n'est pourtant pas une preuve que l'on aime sincèrement la liberté des cultes.

Le clergé nous excède, il nous gêne; il se fourre partout. Par la confession, il pénètre nos secrets, il est le directeur de nos mères, de nos sœurs, de nos femmes et de nos filles.

Il fait sa volonté chez nous-mêmes, malgré nous.

Il nous impose le jeûne, l'abstinence, à tout le moins le maigre des quatre-temps et vendredis.

En politique, le danger est grave. Le clergé est patient, il est tenace. Il sait attendre, il profite vite des occasions. Nos désastres de 1870 ont singulièrement augmenté sa puissance. Il grandit toujours dans nos malheurs.

L'ordre social issu de la Révolution lui est resté odieux. Jamais il n'a renoncé à l'espoir de le renverser. C'est lui qui conseilla à la Restauration les mesures qui précipitèrent sa chute : la loi du sacrilège, le droit d'aînesse, les Ordonnances de Juillet.

Sous Louis-Philippe, n'étant plus le conseiller écouté d'un gouvernement despotique, il avait entrepris de se servir de la liberté et de s'emparer, au nom de cette liberté même, de l'éducation publique, but suprême de son ambition.

Le parti catholique est essentiellement traître et ingrat.

On le voit aujourd'hui qu'il abandonne les prétendants qui lui paraissent avoir peu de chances.

Il se sert de tous les pouvoirs et de tous les partis, sans en servir aucun. Il travaille, sans relâche, à la reconstruction souterraine de son ancien pouvoir.

Malgré les apparences, malgré ses déclarations républicaines, son vœu secret sera longtemps encore de rétablir, un jour, à son profit l'ancienne et funeste alliance entre le trône et l'autel.

Il y a dans la constitution des sociétés modernes et dans la science, qui ne recule pas, des principes généralement admis qui ne peuvent plus s'accorder avec ceux qu'admet l'Eglise catholique et sur lesquels elle repose.

Le célibat des Eglises latines a séparé le prêtre de la société laïque. Les défenseurs de la famille et des droits du père de famille sont eux-mêmes sans famille et sans enfants

Quant à la doctrine qu'ils enseignent et qu'ils doivent répandre, ils ne contribuent pas à la former. Ils la reçoivent du chef de l'Eglise, sans avoir la liberté personnelle d'y rien changer.

L'élection était le principe rationnel et démocratique de la primitive Eglise. Du jour où le clergé se recruta de lui-même, sans l'intervention des fidèles, l'Eglise forma une oligarchie d'où le principe électif ne tarda pas à disparaître.

Dans un Etat démocratique, le peuple délègue son autorité à des chefs librement élus. Dans l'Eglise, le Pape investit les évêques qui investissent les prêtres Le peuple des fidèles ne compte pas. Les laïques sont soumis en tout au clergé et lui doivent obéir.

« Toute la vie du chrétien laïque, dit M. Burnouf, ses pensées, ses paroles, l'emploi de ses jours et de ses nuits, ses relations avec ses semblables dans la société, dans l'Etat, dans sa profession, dans sa famille, son boire et son manger, ses amusements même sont réglés par l'autorité ecclésiastique, définis par les évêques, approuvés et censurés par le confesseur, conseillés par le directeur de conscience. »

Si le laïque accepte ces directions et se soumet en bon chrétien catholique à l'autorité que le clergé romain s'est attribuée dans la suite des temps, il perd toute initiative personnelle et tombe dans le plus entier asservissement.

Dès qu'il cesse de les accepter, il sort de l'Eglise. C'est ce qui arrive aujourd'hui Etranger à la hiérarchie ecclésiastique, sans influence sur elle, le laïque s'est accoutumé à s'en passer. De son côté, l'Eglise Romaine, en se séparant par tous les moyens et de plus en plus de la société laïque, a fini par lui devenir étrangère. Jamais cette séparation, déjà vieille, du clergé et des laïques, n'a été plus profonde.

Le recrutement du haut et bas clergé devient plus difficile tous les jours. Les classes riches et nobles ne lui fournissent plus rien. La plupart des séminaristes sont des enfants du peuple, qui ne veulent pas remplir leur devoir militaire et qui sont séduits par le rôle imposant et la vie facile du curé. Il leur paraît qu'il vaut mieux dire la messe et confesser les filles qu'aller à la charrue. De là, leurs vocations.

Les séminaires sont des couvents où le jeune campagnard qui se destine à la prêtrise est formé à l'esprit monacal et préservé de l'esprit du siècle au milieu duquel il doit vivre.

On le prépare au célibat et surtout à la crainte de la liberté d'examen, qui est la force de la science et serait la ruine de la Foi. Au temps de sa toute-puissance, l'Eglise était moins en défiance contre la raison. Elle aurait même prétendu s'en servir. Au treizième siècle Thomas reproduit Aristote. Au quatrième, saint Basile, sans souci du *paganisme dans l'éducation*, avait jugé que la lecture des auteurs profanes était une utile préparation aux études chrétiennes. Mais la science a marché depuis. Son succès a rendu l'Église plus ombrageuse. Elle a condamné la science et les auteurs profanes, parce qu'ils lui ont paru dangereux pour les dogmes et peu conformes à sa doctrine. C'est pourquoi nous avons vu le *Syllabus* anathématiser la raison, interdire la lecture et l'étude, même historique, des dogmes religieux et, pour tout dire d'un mot, rétablir, autant qu'il était possible, l'intolérance. Aussi le petit paysan que son peu d'amour de la guerre et sa paresse ont conduit au séminaire, en sort avec un ensemble d'idées qui sont le contre-pied de ce qu'admet la société moderne, la négation des faits historiques les plus avérés et des droits les mieux établis. Ordonné prêtre, notre séminariste part en guerre contre la science et contre la société moderne dont il ne connaît rien.

D'un autre côté, on n'admet plus aux fonctions ecclésiastiques que des sujets ultramontains. Le principe d'autorité et d'obéissance passive, qui fait la force des Jésuites, règne ainsi du haut en bas de l'Eglise Romaine.

La contradiction entre les principes théocratiques et ceux de la société civile est si grande que la lutte entre les Jésuites et l'Etat, entre le peuple et le clergé ne peut tarder à éclater. *Les laïques ne seront pas toujours d'humeur à se laisser conduire par les plus ignorants d'entre leurs compatriotes.* Ils voudront soustraire leur femme, leurs filles, leurs sœurs, leurs enfants à cette domination jalouse qui pénètre à leur insu, et contre leur volonté, dans leur maison.

La lutte du Sacerdoce et de l'Empire, c'est-à-dire de la théocratie romaine et de l'esprit laïque a déjà engendré bien des guerres. Ces guerres vont aujourd'hui se renouveler. Avant peu, dans toute l'Europe, prêtres et laïques vont entrer en lutte.

Les évêques aujourd'hui sont des fonctionnaires. Ils reçoivent comme tels un traitement. Le gouvernement leur concède, pour logement, des hôtels qu'il ferait mieux d'offrir aux recteurs. Portalis, rédacteur du Concordat. n'entendait pas qu'ils se révoltent. Il n'aurait pas souffert ces pétitions qui sont, de leur part, des protestations contre le gouvernement qu'ils doivent servir. Le Concordat, dont on n'exécute pas les règlements contre les prélats les plus bruyants et les moins soumis, est devenu, pour eux, comme une vaine menace, qui n'a point de sanction. Il ne sert, aujourd'hui, qu'à faire apparaître plus clairement l'hostilité de l'Eglise à l'égard de la société politique et civile. C'est pour échapper à l'autorité civile de leur pays que les évêques se réfugient dans l'obéissance passive à un

Souverain étranger qu'ils déclarent adroitement seul responsable et infaillible.

Malgré cette attitude commode, le haut clergé n'a plus d'influence, parce qu'il ne renferme aucun homme de talent, et surtout parce que les hommes de science et de progrès sont contre lui. Les évêques ont partout en France, même en Bretagne, à lutter contre l'opinion libérale, contre l'éducation républicaine, contre la liberté de penser et la tolérance qui se font accepter partout.

Ils ont cru faire une chose habile en déclarant le Pape Infaillible. Ils n'ont pas vu qu'en devenant un personnage surhumain, le Pape sortait de l'humanité qu'il prétend conduire. Il a quitté la terre pour s'établir au ciel. Son impuissance temporelle égale sa puissance céleste dont personne aujourd'hui ne se soucie.

Une marche constante vers l'affranchissement de la pensée est ce qui caractérise le plus essentiellement la société moderne. Le Pape lui-même, quoique infaillible, ne peut rien contre ce mouvement qui entraîne les hommes vers la lumière et le bien-être, vers la science et la liberté! Un jour prochain viendra où l'Europe, étonnée, pourra voir un clergé sans fidèles et un pasteur sans troupeau.

La société civile est d'autant plus hostile au clergé que le clergé, soutenu, poussé par les Jésuites, ne veut pas se soumettre à l'Etat qui le salarie.

.. Les Jésuites sont maintenant les maîtres. Ils ont

pulvérisé jusqu'aux moindres débris de l'Eglise gallicane. Dès la Réforme de Luther, ils ont vu la tendance de l'esprit moderne, et c'est cette tendance à la liberté d'examen qu'ils ont la mission de combattre par le principe contraire de la Foi aveugle et de l'obéissance passive.

La politique des Jésuites consiste à se tenir visiblement à l'écart des honneurs et à exercer secrètement une action invisible sur les hommes qui en sont revêtus.

Il y a deux sortes d'ambition : celle qui aspire à l'éclat extérieur et qui confine à la vanité; celle qui, en se cachant, veut tenir dans ses mains les fils mystérieux qui font mouvoir les hommes. Par leur désistement, leur désintéressement, les Jésuites n'éveillent aucune compétition ; ils laissent la carrière des honneurs ouverte aux ambitieux vulgaires et, tirant parti des défauts des hommes, ils font parvenir ceux desquels ils ont le plus à espérer.

Par eux, l'esprit ultramontain s'est emparé de toute l'Eglise latine. Aujourd'hui, il est bien difficile de devenir évêque ou curé, si l'on n'admet pas la politique qu'ils ont fait prévaloir. En un seul mot, ils règnent et gouvernent l'Eglise. C'est leur pensée politique qui est enseignée dans les écoles chrétiennes et dans les séminaires ; c'est elle qui examine les candidats à la prêtrise; c'est elle qui ordonne les prêtres et qui institue les curés; qui en conduit quelques-uns, des plus dévoués, à l'épiscopat ; c'est elle enfin qui parle, influence et décide dans les Conciles et qui choisit les Papes. « Nous sommes tous Jésuites, » disait, naguère, Monseigneur l'évêque de Rodez. « La cause des Jésuites, c'est la nôtre. » Je le crois bien. Et ce brave évêque ne se doute pas qu'il n'est qu'un instrument dans ces mains redoutables.

Etablie solidement sur la doctrine du *Syllabus*, cachée derrière le Pape, seul gérant responsable, l'Eglise, tout entière à l'abri derrière le Saint-Siège, se sent libre de ses mouvements contre la société moderne. « Ce n'est pas à nous qu'il faut vous adresser, disent les prêtres. Nous obéissons à l'Eglise ; adressez-vous directement au Pape qui nous commande. »

Cette situation, en apparence, si commode, nous paraît dangereuse ; l'Eglise joue ainsi son existence, car si l'abandon des laïques continue, que deviendra-t-elle ? Qu'est-ce qu'une Eglise sans laïques ? Or, les laïques commencent à manquer.

Aussi l'Eglise emploie-t-elle tous les moyens imaginables pour « retenir le monde, » les grands surtout, les riches, les nobles, ceux qu'ils appellent les *classes dirigeantes*. Dans la magistrature surtout et dans l'armée, les chefs de tous grades sont l'objet de ses constants efforts, car chacun d'eux exerce sur une partie du peuple une action qu'elle veut faire tourner à son profit.

Aujourd'hui, le clergé entreprend ses miracles de Lourdes pour stupéfier le peuple et le rendre plus docile au joug ecclésiastique.

Mais, quand la foi n'est plus, rien ne la ranime. Sous l'Empire romain, au temps de Tibère on cherchait partout des hommes providentiels pour restaurer la société, des empereurs qu'on déifiait pour en faire des *sauveurs.* C'est à ce moment que Jésus entre en lutte avec l'état social tout entier. Réformateur et Révolutionnaire, il proclame *l'avènement des classes inférieures, la guerre aux riches :* seulement il place son royaume hors de ce monde.

Le prophète Jésus mort, comme les autres prophètes, Zacharie et Jean-Baptiste, ses apôtres se dispersent pour enseigner sa doctrine.—*L'abandon de toute fortune privée était une condition pour être admis dans la confrérie.*

Les *églises primitives* formaient une *vaste association secrète*, qui, peu à peu, s'étendit dans tout l'empire. Devenue puissante par le nombre, quoique toujours cachée, cette *association attaquait* les religions nationales, *la propriété*, la famille, l'ordre public établi : de là vinrent les persécutions, poursuites judiciaires contre des ennemis de l'Etat.

Une hiérarchie de fonctionnaires se groupe pour *administrer* la communauté. Ainsi se forma dans l'Eglise l'ordre du clergé, par opposition à celui des laïques, ou gens du siècle.

Le Concile de Latran défendit le mariage aux

prêtres latins, en 1215. Les églises grecques restèrent libres ; elles calquèrent leur administration ecclésiastique sur l'administration impériale.

Après trois siècles de persévérance, de propagande secrète et de transformations intimes, les chrétiens parurent réconciliés avec la société romaine. Au quatrième siècle, ils remplissent toutes les fonctions publiques et leur règne commence le jour où un empereur chrétien, Constantin, monta sur le trône. Il ne vit pas que le premier des évêques, le pape, deviendrait bientôt le rival des empereurs.

« Vous êtes des dieux, disait Constantin, aux évêques du Concile de Nicée, et vous êtes constitués par le vrai Dieu. »

Les barbares, sans hiérarchie, se trouvèrent aisément dominés par la puissante organisation ecclésiastique. Totalement illettrés, ils furent aisément soumis à l'ascendant que donne la culture de l'intelligence sur des esprits incultes et grossiers. Le clergé entretint cette supériorité et profita habilement de l'ignorance de ces barbares pour étendre et consolider sa domination.

La papauté atteignit sous Innocent III son point culminant.

Plus tard, les ascètes ou moines s'associèrent pour vivre en commun comme *cénobites*. Pacôme en avait vu sept mille se grouper autour de lui. C'est ainsi que naquirent les couvents. Bientôt les chefs de ces couvents, les abbés, eurent rang d'évêques, portèrent la crosse et siégèrent dans les conciles.

Les institutions religieuses, comme toutes choses humaines, changent vite d'esprit et d'aspect sur la terre..

Les premiers disciples de Jésus préparaient son règne, son royaume, en croyant à la fin très prochaine du monde. Ils ne se doutaient pas que l'humble et pauvre prédication des apotres rapporterait plus tard à l'Eglise des richesses immenses, que des évêques, bardés de fer, conduiraient leurs vassaux au combat, qu'à l'égalité primitive succèderait une hiérarchie orgueilleuse, ayant à sa tête un Pape belliqueux, maître des peuples et des rois.

Les couvents devinrent des centres d'étude, où se préparaient les recrues du clergé séculier. C'est eux qui fournissaient les prêtres, les curés, la plupart des dignitaires de l'Eglise et jusqu'à des papes.

Le célibat des églises latines a séparé le prêtre de la société laïque.

Les défenseurs de la propriété et de la famille n'ont eux-mêmes ni propriétés, ni familles, et quant à leur religion, ils la reçoivent toute faite du chef de l'Eglise, sans avoir la possibilité d'y rien modifier.

Du jour où le clergé se recruta de lui-même,

sans l'intervention des fidèles, l'Eglise forma une oligarchie d'où le principe électif ne tarda pas à disparaître.

Les croisades furent une diversion qui aida la papauté à maintenir son absolutisme.

L'Eglise romaine, surtout en France, a su tirer de l'Eucharistie un moyen d'action d'une extrême puissance.

L'enfant grec communie quelques jours après sa naissance ; il n'est point confirmé : avec le baptême, il a déjà reçu le *myre* qui répond à l'extrême-onction des Latins. En accumulant ces sacrements sur une frêle créature, qui n'a aucunement conscience de ce qui lui est fait, l'Eglise grecque s'est privée d'un moyen d'influence que le clergé latin utilise merveilleusement. La splendeur qu'il donne aux premières communions éblouit les sens et attendrit les assistants, comme dans les représentations théâtrales, le décor ajoute à l'intérêt de l'action.

Par son office des morts, l'Eglise catholique cherche à inspirer la terreur et l'espérance : c'est en s'adressant au sentiment plutôt qu'à l'esprit qu'elle parvient à maintenir la foi et à consolider son empire.

L'Eglise ne se propose pas de faire des savants, des esprits éclairés, mais des fidèles.

C'est pourquoi elle s'empare des enfants et des femmes ; et, — par ses prières et ses sacrements, elle embrasse toute la vie de l'homme — jusqu'à la mort et au cimetière. La prédication des curés, vicaires, abbés et frères prêcheurs, les missions, processions, pèlerinages et miracles, où elle est fort habile, sont ses principaux moyens d'action.

Elle veut aussi l'enseignement à tous ses degrés, depuis l'asile et l'école primaire jusqu'aux collèges et facultés.

Elle a ses livres, ses revues, ses journaux, ses religieux déguisés des tiers-ordres qui vont dans le monde et qui l'espionnent à son profit.

Elle augmente journellement ses richesses par les quêtes, dons et legs qu'elle sait se faire faire par les faibles, les femmes, les malades et les mourants.

Au lieu d'une mythologie poétique et savante, elle est descendue à l'idolâtrie la plus grossière : à la Mariolâtrie, à la Josépholâtrie, aux Sacrés-Cœurs et aux miracles de Lourdes, de la Salette, etc. Rien n'égale l'inepte bassesse de ce matérialisme abject. Il n'a pour contre poids que l'ascétisme et le mysticisme qui font mépriser le travail, le progrès, l'hygiène et le corps ; et qui tendent à perpétuer la misère et l'aumône dont l'Eglise profite doublement.

Les catholiques contemporains ont sali, à plaisir, la piété populaire : ils l'ont abaissée au niveau du fétichisme des peuplades nègres, en la compliquant d'idées malpropres qui ne sauraient germer que dans des cellules de moines et de religieuses. Pour ne citer qu'un exemple. Examinons « *La Vierge Marie* » par l'abbé Maynard, ouvrage approuvé des évêques et recommandé par le cardinal Pie. Il explique la parenté de la Vierge avec les diverses personnes de la Trinité :

« *Marie, fille du Père, est aussi son épouse par leur commun Fils ; Mère du fils, elle est encore sa sœur, puisqu'ils ont un commun père ; elle est, de plus, son épouse car ils ont enfanté ensemble l'Eglise: ce qui n'empêche pas qu'elle ne soit en même temps l'épouse du Saint-Esprit, qui l'a rendue mère de Jésus.* »

Voilà les spectacles grotesques autant qu'immondes sur lesquels ils se délectent à fixer les yeux. Les trois personnes de la trinité épousant chacun à leur tour la même femme qui est leur fille ou leur sœur, quel tableau d'édification, quel exemple de mœurs dans les familles pauvres !

« Marie était d'une taille un peu au-dessus de la moyenne, sa démarche avait quelque chose d'onduleux. Son visage était d'un bel ovale, son teint couleur de froment, nuancé de rose. Elle avait les sourcils bruns, les yeux d'une teinte où se fondaient le bleu tendre et le vert pâle ; le nez droit avec des narines légèrement dilatées... Les cheveux blonds et abondants flottaient librement sur ses épaules... Son pied remplissait à peine une étroite sandale, et sa main délicate montrait, en se déployant, des doigts longs et déliés. »

— Ou a t-il vu tout cela et qu'en sait-il, l'abbé Maynard ?

Mais continuons à le citer. « C'était la nuit du 25 mars, neuf mois avant la nuit de Noël, Gabriel se présenta à Marie *sous les traits d'un adolescent*, car *Marie devant concevoir dans son corps* aussi bien que dans son âme, il était juste que *ses sens* extérieurs aussi bien qu'intérieurs *fussent ranimés* à la fois par la vision angélique. — Que va répondre Marie à la *proposition de maternité divine* ?

— Elle tient suspendue à ses lèvres la Trinité qui attendait de sa bouche un *fiat* créateur. A peine Marie avait-elle dit son *fiat* que les cieux fermés s'ouvraient pour pleuvoir leur rosée ; que *Dieu lâchait cours à ses grâces, et les faisait entrer à flots précipités dans la Vierge* plus méritante par son seul consentement que Dieu lui-même. »

Parmi les théologiens, les casuistes étant ceux dont l'imagination est particulièrement obscène, ils se sont étendu avec une pieuse délectation sur sur ce scabreux sujet. Le Révérend Père Sanchez, jésuite, soutient que la Vierge répandit de la semence dans sa copulation avec le Saint-Esprit. Aux yeux de ce savant théologien, il n'est pas douteux que le Saint-Esprit et la Vierge n'aient fait, tous deux, une émission de semence au même moment ; car, dit notre casuiste, cette rencontre des deux semences est nécessaire pour la fécondation. Mais saint Ambroise est d'un autre avis ; il émet une opinion plus étrange ; il dit que l'ange Gabriel fit à Marie un enfant par l'oreille : *Maria per aurem imprægnata est*

Le culte de la vierge épouse et mère de Dieu s'accorde avec celui de Marie Alacoque, la fondatrice du Sacré-Cœur. Marie Alacoque règne ; elle est en train de détrôner l'épouse du Saint-Esprit. Née en 1647, à Lauthecourt, près l'Autun ; sa vie a été écrite par Mgr l'évêque de Soissons. Cette sainte biographie est intéressante.

« A l'âge de *trois ans*, Marie Alacoque consacre à Dieu *sa pureté* ; elle fait vœu de chasteté perpétuelle. A dater de ce jour, la Sainte Vierge lui donna, dit le pieux évêque, des marques sensibles de sa protection » (page 6).

Cependant, « comme de très bonne heure, son naturel la portait vivement au plaisir, » Dieu lui envoya une paralysie pour la guérir de ce penchant funeste ; après quoi la Vierge vint elle même la guérir de cette paralysie. Lorsqu'elle entra en religion chez les Visitandines de Paray, « Dieu lui était apparu dix fois consécutives »

« Parfois Dieu lui faisait la grâce de la gratifier de sa divine présence d'une manière qu'elle n'avait pas encore expérimentée : elle le sentait, pour ainsi dire, près d'elle.

Une nuit, Jésus lui dit : « Apprends que si tu te retires, je te le ferai sentir et à toutes celles qui en seront cause ».

Et Jésus lui laissa, comme gage de son affection, ce quatrain céleste :

> Rien de souillé dans l'innocence,
> Rien ne se perd dans la puissance,
> Rien ne passe en ce beau séjour,
> Tout s'y consomme dans l'amour,

L'authenticité de ce quatrain de Jésus fut contestée par les compagnes de Marie Alacoque, mais le commentaire du savant évêque de Soissons dissipa tous les doutes,

Le quatrain était bien de la main de Jésus.

C'est en 1678 que Jésus révéla à la sœur Marie Alacoque le culte du Sacré-Cœur ; en même temps il lui en expliqua le sens et le symbole.

« L'amour en est l'objet, — l'amour en est la fin, — l'amour en est le motif ; or, le cœur et l'amour sont synonymes parmi les hommes. »

« Jésus-Christ, dit l'évêque, arracha son cœur de sa propre poitrine et le lui donna, et ensuite lui demanda de lui donner son cœur pour le prix du présent qu'il venait de lui faire. La sœur le lui offrit avec toute l'ardeur dont elle pouvait être capable ; le fils de Dieu le prit effectivement et le *plaça dans le sien*. »

La nouvelle religion des jésuites était ainsi révélée, aujourd'hui elle est adoptée par tout le clergé ; et l'Eglise du Sacré-Cœur s'élève à Paris même sur les hauteurs de Montmartre !

Le peintre Véréchaguine a peint Marie, mère de Jésus, entourée de ses nombreux enfants. Véréchaguine, attaqué par l'évêque de Vienne, se défend par les textes de Luc, de Marc et de Mathieu. Il a beau jeu à s'escrimer à coup de textes, contre un culte comme celui de Marie, venu si tard, si évidemment inventé après coup. Il a fallu plus d'un siècle pour qu'on fît attention à cette reine du Ciel pour laquelle les litanies ont épuisé toutes les formules de l'adoration. On sait peu de chose sur sa vie. On ne sait pas qui est son père. On ne connaît pas le lieu de sa mort ni la destinée de ses enfants. On sait que ses filles et deux de ses fils se marièrent, qu'un autre fils resta célibataire et c'est tout. (Voir Mathieu, XIII, 55 et 56; Marc, VI, 3; Jean, II, 12; Paul, Ire épitre aux Corinthiens.)

L'idiotisme religieux : V { *L'arsenal de la dévotion*, par Paul PARFAIT. *Le dossier des pèlerinages*, id. *La Foire aux reliques*, id.

Maurice DREYFOUS, éditeur.

Mérimée nous montre une jeune parisienne de mœurs légères, *Arsène Guillot,* qui brûle un cierge à je ne sais quel saint pour qu'il lui envoie des pratiques. Arsène Guillot agit conformément à la religion populaire quand elle attribue une vertu surnaturelle à l'action d'offrir un cierge. C'est une opinion profondément enracinée chez les deux tiers des catholiques pratiquants.

De nos jours, les superstitions les plus sottes ont envahi la foi chrétienne. L'eau de Lourdes et les médailles de Saint-Benoît ont plus d'importance que les sacrements. Une religion nouvelle s'élève par les soins des entrepreneurs de sanctuaires ; et la doctrine morale est remplacée par le fétichisme grossier des scapulaires, cordons et médailles. Chose étrange ! Le siècle de la critique est en même temps le siècle des pèlerinages. Notre âge voit, d'un côté, les progrès merveilleux de la science, tandis que, de l'autre, les pratiques du fétichisme le plus stupide reculent les limites de l'idiotisme religieux.

Dans la science, le matérialisme est à la base et l'idéalisme au sommet. Dans le catholicisme, c'est le contraire : le spiritualisme est l'affiche du temple et ses pratiques sont celles du plus vulgaire, du plus écœurant matérialisme.

La nouvelle Trinité : Jésus, Marie, Joseph a détrôné l'ancienne trinité du père, du Fils et de l'Esprit. On a mis la métaphysique au grenier et on a sorti le Sacré-Cœur et les idolâtries capables de séduire l'imagination des concierges et des cuisinières. Le matérialisme catholique éclate dans cette adoration stupide des organes corporels, des cœurs saignants de Jésus, de Joseph et de Marie. C'est une religion de garçons bouchers. Et il y a déjà longtemps qu'il en est ainsi. L'Eglise Sainte-Croix de Rome a le *titre* de la croix ; Trèves, un clou et une épine ; Toul, une portion d'un clou ; Trèves possède aussi la tunique, Turin le suaire, Saint-Jean-de-Latran l'éponge, le Vatican la lance, Paris la couronne dépourvue d'épines ; dans une église d'Italie, on voit la colonne où Jésus fut attaché; dans une autre, on fait voir aux fidèles les cheveux de la Vierge ; à Rome, on adore l'empreinte du pied de Jésus sur une pierre, etc., etc.

L'esprit du christianisme s'est évanoui : le matérialisme l'absorbe tout entier. Or, le matérialisme en religion, c'est l'idolâtrie. C'est par suite de cette déchéance dans les doctrines et dans le culte que le catholicisme voit toutes les âmes élevées, tous les esprits supérieurs se séparer de lui et chercher ailleurs. Les hommes éclairés sont à son égard dans les dispositions où furent les premiers chrétiens en présence des adorateurs des faux dieux.

Le clergé contemporain exploite avec impudence mais avec une grossière habileté, la crédulité et l'ignorance.

Celui qui se rend à Lourdes ou à la Salette, pour se faire miraculeusement guérir, est dans la même situation d'esprit que l'homme d'autrefois aux sources sacrées et aux veillées d'Esculape. On est revenu au point de départ et la révolution chrétienne est à recommencer.

Epidaure et Lourdes sont des preuves égales, des monuments de la même crédulité.

Le temple d'Epidaure fut pour les anciens ce que l'église de la Salette et la basilique de Lourdes sont pour les pèlerins d'aujourd'hui. On y venait de très loin La renommée des miracles que les fidèles avaient vu s'accomplir dans la ville sainte s'était répandue jusque chez les nations les plus reculées

Un prodige authentique avait sanctifié la vallée d'Epidaure.

Un petit berger, qui gardait ses troupeaux au penchant des collines avait vu l'enfant divin allaité par une chèvre L'endroit marqué par cette apparition fut signalé par un grand nombre de guérisons miraculeuses, et toute la contrée, aux environs, se couvrit de somptueux édifices. Un temple magnifique fut bâti en l'honneur de l'enfant divin. Au fond du sanctuaire, l'effigie du dieu, façonnée par un sculpteur de Paros, resplendissait d'or et de pierres précieuses.

Les pèlerins étaient si nombreux qu'il fallut construire des auberges et des hôpitaux pour les recevoir, des portiques pour les abriter, un théâtre pour les distraire Ce théâtre existe encore.

Les malades d'Epidaure ne partaient jamais sans remercier la bonté divine par l'offrande d'un ex-voto

La philosophie chrétienne repose sur l'idée du péché originel qui a fait sortir nos premiers pères du paradis. La science moderne réduit à néant cette conception de l'humanité primitive. Nous savons que l'homme, à son origine, était fort grossier, fort misérable et qu'il n'était point dans un jardin de délices quand il habitait parmi les lions les ours des cavernes, les hyènes et les mammouths.

Les savants et les philosophes savent que la matière qui existe dans l'univers est constante, que les forces se transforment, sans déperdition, les unes dans les autres; ils n'admettent donc pas une création qui tire la terre de rien et ils ont une autre idée de Dieu que les séminaristes et les bonnes femmes.

Est-il prudent de faire tant de nouveaux miracles dans un pays où l'instruction va croissant?

La science positive relègue les miracles dans les superstitions primitives des peuples crédules.

Il faut aux miracles une atmosphère générale d'ignorance pour croître et se développer.

L'Eglise a besoin de l'ignorance. La science la ruine.

Nous, hommes de progrès, nous devons prendre à l'Eglise ses meilleurs moyens d'action, la parole, les conférences et la prédication pour accélérer la marche actuelle des hommes vers la lumière, la vérité et la liberté.

Le dieu jaloux et méchant des Hébreux fait triste

figure à côté de l'idéal impersonnel, du Dieu de Renan, synonyme de beauté et de perfection.

La raison éclairée doit, désormais, remplacer la piété et la dévotion.

A mesure que l'instruction se répand dans le peuple, chacun se sent apte à s'apprécier soi-même et à juger de la valeur morale de ses actions sans avoir recours au contrôle du confesseur.

La morale catholique n'astreint pas les hommes parce qu'elle est *raisonnable*, mais parce qu'elle est *révélée*; et comme l'Eglise a le dépôt de la révélation, le bien, c'est ce que l'Eglise commande; le mal, c'est ce qu'elle défend.

Toutes les vertus sont des vices quand on n'a pas la foi.

La première condition pour bien faire est la foi, « vertu théologale qui nous porte à croire fermement ce que Dieu a révélé à son église. »

La morale humaine est naturellement supérieure à la morale chrétienne.

C'est le mobile de nos actions qui fait leur qualité. Qu'y a-t-il d'héroïque ou de méritoire à vouloir « sauver son âme », éviter les flammes de l'enfer et s'assurer les joies du Paradis ?

Craignez les personnes qui veulent *faire leur salut* et plus encore les personnes d'un zèle indiscret qui veulent, malgré vous, entreprendre de faire le vôtre.

L'Eglise veut qu'on cherche à *faire son salut*: car elle en dispose; toute personne assez bête pour vouloir « faire son salut » a besoin de l'Eglise pour réaliser son désir et devient un agent direct ou indirect, ostensible ou caché de ses desseins.

Le devoir est plus difficile que la dévotion. Les personnes pieuses obéissent; une action est bonne quand le confesseur l'ordonne, quand l'Eglise la recommande, sinon elle est mauvaise. Les commandements de l'Eglise pour les jeunes, abstinences et maigres sont arbitraires et font gagner le Paradis par une foule de pratiques niaises. Les devoirs de piété, si on les remplissait à la lettre, occuperaient tout le jour et toute l'année. Leur but est de nous retirer de la vie réelle, de nous éloigner de ce monde moderne qu'il faut abhorrer.

Aux yeux des laïques, le paradis n'existe pas, la vie présente existe seule; les devoirs qu'elle impose sont la culture de l'intelligence, la recherche de la vérité, la lutte contre les forces naturelles, l'art de les tourner à notre profit, les soins domestiques, les sacrifices de temps, de travail et d'argent que la cité et la patrie nous demandent.

La religion des Lettres enseigne la morale du progrès, la solidarité et la fraternité des citoyens d'une même patrie, le culte des grands hommes qui ont fait du bien à l'humanité.

L'Eglise a trop méprisé la chair. Le corps est la

moitié de l'homme; il est l'organe nécessaire et l'instrument de notre intelligence et de notre volonté. Dans ce temps de travaux prodigieux, rendus possibles par de grandes victoire de l'intelligence sur la nature, la société laïque n'a plus de goût pour l'ascétisme et les macérations. Le soin du corps est une nécessité, un devoir, car pour obtenir de lui un travail utile, il faut le tenir en bon état et l'alimenter en proportion de ce que l'on veut exiger de lui. Nous sommes loin des jeûnes, abstinences, et des macérations du moyen âge.

L'Eglise accoutume les hommes à se priver des choses les plus nécessaires à la vie : lumière, air, propreté du corps, des vêtements et des habitations. Elle a béatifié Benoît Labre !

Voulez-vous voir un saint, idéal et modèle de la vie chrétienne ? voulez-vous sentir « l'odeur de la sainteté ? » Voici le dernier bienheureux, tout récemment canonisé :

« Il répandait, dit M. Léon Aubineau, de l'*Uni-*
« *vers*, il répandait une odeur fétide. Sa vue seule
« donnait la nausée. Il ne se lavait point. Il gardait
« les insectes qui le dévoraient, ils pullulaient sur
« lui. Une femme qui lui parlait eut peur d'être
« envahie par la vermine qu'elle voyait grouiller
« sur ses vêtements. Carezani vit des insectes, de
« grosseur formidable, courir par troupes sur les
« habits et dans la barbe du serviteur de Dieu,
« ainsi qu'à travers les grains du chapelet passé à

« son cou. L'horreur que sa saleté excitait, la
« répugnance qu'on manifestait à l'approcher dans
« les rues et au sortir des églises *était pour lui une
« délectation*. Il portait un tel attachement à toute
« cette vermine grouillant sur lui qu'il la ramas-
« sait avec soin et la faisait entrer dans ses man-
« ches. »

Le bienheureux Labre a eu de l'avancement. Il a passé saint. Le pape l'a canonisé tout récemment. Sa paillasse infecte a été rapportée de Rome à Amettes, (Pas-de-Calais), son pays natal, et placée à l'Eglise, sous le maître autel, où les fidèles viennent dévotement et quotidiennement la baiser.

La saleté immonde de ce vagabond est un idéal ecclésiastique.

Les couvents du Nouveau-Monde sont des cloaques. La misère et l'abstinence font des populations étiolées.

La morale humaine est bien supérieure : elle tend à coordonner les instincts, les tempérer l'un par l'autre, les modérer dans l'accord d'une vie harmonique qui soit la satisfaction légitime de toutes nos tendances.

La dévotion est, à tous égards, inférieure à la morale laïque fondée, non sur la grâce, mais sur l'effort volontaire, sur le perfectionnement de soi-même et sur le travail solidairement entrepris en vue du bien général.

L'hygiène vaut mieux que l'ascétisme; il faut

plus d'intelligence et de travail pour se procurer une chose utile que pour s'en priver. Le corps, le vêtement, la maison, la rue, la ville, la contrée, la terre entière avec les eaux et l'air qui l'environnent, sont maintenant des objets d'étude et exigent des soins que l'individu, les administrations et les gouvernements se partagent. Le monde est un vaste atelier où chacun travaille en vue de tous: les théoriciens découvrent la vérité, les journalistes la font connaître, les ingénieurs appliquent les découvertes. Les industriels fournissent aux ingénieurs les moyens matériels des travaux. Les ouvriers les exécutent. Chacun travaille pour tous et tous pour un Le résultat de tous ces travaux théoriques et pratiques, intellectuels ou matériels, c'est la civilisation même.

Les catholiques, les jésuites surtout, savent bien que, sans argent, une association religieuse est impuissante. Partout le riche l'emporte toujours sur le pauvre ; le moine domine le prêtre, parce que celui-ci est pauvre, tandis que l'autre a derrière lui tout l'or de sa communauté.

Le prêtre tient au budget des cultes, comme tout fonctionnaire à son traitement.

L'Etat peut, sans danger pour lui, continuer à payer curés et vicaires et à les maintenir ainsi dans sa dépendance: mais il doit se défendre énergiquement contre les ordres religieux, dont l'esprit communiste et anti-social lui est si dangereux et si funeste.

Les dons faits au clergé par les fidèles sont nombreux, importants, quotidiens et insaisissables ; c'est par millions que s'est chiffrée naguère la souscription en faveur des universités catholiques.

L'Eglise s'enrichit continuellement de donations déguisées. Ses richesses immenses s'accroissent chaque jour ; les communautés belges possèdent, dès maintenant, le tiers du sol de la Belgique. Comment connaître, comment constater leurs richesses mobilières en actions au porteur et en obligations en titres anonymes et réalisables en tous pays ? Leurs épargnes annuelles sont considérables ; et leurs propriétés foncières sont exemptes du droit de mutation qui ne saurait atteindre des communautés immortelles.

A ces privilèges, joignez toutes les superstitions lucratives, les eaux miraculeuses, les reliques, les troncs, quêtes, qui rapportent de faciles bénéfices à ceux qui imaginent sans cesse de nouveaux moyens d'exploiter la crédulité publique.

Toutes ces ressources augmentent sans cesse les revenus des congrégations et les moyens d'action de ces communautés clandestines.

L'Eglise est occupée d'un côté à gagner les âmes à ses doctrines, de l'autre à acquérir le pouvoir par la richesse. Ses moyens de puissance sont redoutables et cachés, mais la science et la vérité sont contre elle. Si l'instruction continue à se répandre, la grande majorité se retirera d'elle, et malgré sa richesse, l'Eglise ne sera plus rien, car qu'est-ce qu'une Eglise sans les laïques ?

La société n'est pas sans moyens de défense : Elle peut supprimer le budget des cultes, proclamer la liberté des religions, favoriser la formation d'églises nationales, autoriser le mariage des prêtres, supprimer les communautés religieuses et les remplacer par des collèges, des académies, des communautés laïques d'hommes de lettres et de savants.

D'un autre côté, la société laïque peut emprunter à la société religieuse tous ses moyens d'action.

La Ligue de l'Enseignement commence ; elle peut s'étendre et se développer en tous sens, organiser des cours, des conférences, des prédications, de façon à mettre en présence, dans toute la France, même dans les villages, la science laborieuse et la foi.

L'esprit théocratique, personnifié dans la papauté, s'organise par les moines et les religieux, qui sont bien plus à craindre que les prêtres, curés et vicaires du clergé séculier.

La théocratie est l'ennemie de la République, le puissant adversaire de l'esprit moderne. La théocratie a organisé, comme une armée, les ressources immenses dont elle dispose, son clergé docile, ses religieux fanatisés, ses couvents des deux sexes, ses tiers-ordres, ses congrégations et confréries laïques et ses affiliés mondains. C'est la plus puissante des sociétés secrètes et qui possède, dans le confessionnal, une arme terrible. Là est l'ennemi qu'il faut combattre et qui ne pourra être vaincu que si l'on réussit à lui prendre une partie de ses propres armes. Il faut organiser l'instruction publique avec la forte hiérarchie si complexe de la théocratie. L'université est loin de suffire ; il faut que l'initiative de chacun lui vienne en aide ; que les citoyens s'associent, se liguent, se groupent pour combattre et pour répandre, par la plume et par la parole, la religion des lettres, de l'art et du progrès.

Ne pourrait-on, peut-être, rendre le prêtre laïque par le mariage, rendre les églises nationales par l'élection de leurs évêques, supprimer l'ingérence de la cour de Rome dans les affaires intérieures de notre pays, rétablir, sous une autre forme, quand l'opinion publique y sera prête, la constitution civile du clergé.

La liberté de conscience commence à peine d'exister ; elle doit aboutir à supprimer tout vestige de théocratie ; elle doit remplacer tous les dogmes par le culte de la civilisation et des lettres ; toutes les religions positives doivent aboutir à la philosophie morale, à la religion libre et individuelle qui n'aura d'autre culte que celui de la science, des lettres, des arts et des grands hommes.

Toute association littéraire ou scientifique doit être permise ; car souvent un homme a besoin de communiquer à ses semblables ce qu'il pense sur des matières qui l'intéressent et de se confirmer dans son opinion en la voyant partagée. L'avancement scientifique gagnera à cette liberté d'association, car la science est bien incomplète quand elle n'est pas couronnée par les hautes spéculations de l'esprit. Libres discussions; plus de dogmes, plus d'orthodoxie : le grand diocèse des hommes éclairés, des âmes cultivées. Alors créations de groupes ou églises libres formés de citoyens s'unissant pour s'occuper ensemble des idées religieuses ou philosophiques qui leur plaisent et de tout ce qui compose aujourd'hui la partie morale, vivante et pratique des religions.

Faire le vide dans le temple. Qu'importe alors l'absolutisme et l'infaillibilité du pasteur? Qu'importe les commandements les plus autoritaires, les plus arbitraires, s'il n'y a plus de fidèles, plus de croyants pour y obéir?

La politique ecclésiastique est aujourd'hui, de tous côtés, en lutte contre la civilisation. Elle n'admet que des croyants, des fidèles également soumis, des esclaves dans l'ordre moral et spirituel, tandis que la civilisation réclame des citoyens libres, instruits et libres-penseurs.

Puisque sans laïques, il n'y a point d'Eglise, le catholicisme périra par abandon. Pour le remplacer, il faut donner un aliment au sentiment religieux. Cet aliment doit être littéraire, moral, philosophique, scientifique : il sera donné par le livre, le journal, le théâtre, la musique, les fêtes nationales. Il faut que des cadres infiniment variés soient prêts à admettre tous ceux que des sentiments élevés ou des malheurs particuliers poussent aujourd'hui dans les couvents. Pourquoi n'y aurait-il pas des couvents laïques ? Tant que l'on n'aura pas remplacé les institutions chrétiennes et pourvu autrement aux mêmes besoins, celles-ci continueront d'exister. Les détruire n'est rien. Il faut prendre leur place et satisfaire les besoins mêmes qui font qu'elles existent encore.

Pour combattre le catholicisme, on peut lui emprunter son organisation savante ; on ne peut le détruire qu'en faisant mieux. La religion des lettres peut avoir ses apôtres, ses prédicateurs, ses missionnaires et propager par eux la science à tous les degrés.

L'Eglise catholique est partout en lutte avec les tendances de la société laïque. L'esprit moderne, qui est l'esprit scientifique, sera plus fort que l'Eglise ; il croît, et elle diminue ; il se fortifie de ses inventions quotidiennes, tandis qu'elle s'affaiblit en défendant pied à pied de vieux remparts qui ne la protègent plus.

Nous n'avons aucune idée quelconque de Dieu. Tous les éléments de la connaissance de Dieu sont puisés dans la connaissance de l'homme. Plus l'idée de Dieu est vulgaire, plus elle a de chance d'être accessible au vulgaire et de lui plaire. Mais quand l'homme éc'airé vaut mieux que les dieux qu'on lui présente, on peut dire que ces dieux s'en vont.

Dans l'armée sacerdotale, le clergé séculier est au dernier rang Les simples prêtres, qui ne font point de vœu de pauvreté et d'obéissance, qui sont chez eux dans leur presbytère, et qui vivent en somme d'une vie humaine, cultivant leur jardin, cueillant les fruits de leur treille et se chauffant à leurs foyers, ces honnêtes ecclésiastiques se lassent d'être placés dans la sainte milice au rang des voltigeurs de la garde nationale. Ce sont les moines qui sont la troupe d'élite, qu'on vante et qu'on enrichit ; on charge les moines de prêcher toutes les grandes circonstances ; on livre aux moines l'enseignement des séminaires ; on célèbre leur mérite sur tous les tons ; c'est en leur faveur que testent les dévots ; c'est pour les défendre que nos belliqueux prélats rompent des lances.

Pendant ce temps, les plébéiens du clergé restent dans l'ombre. Parmi les membres de ce bas clergé, beaucoup ne demanderaient qu'à vivre en paix avec leur siècle, qu'à se concilier, par une sage réserve, l'affection et l'estime de leurs paroissiens. Ils savent qu'avant que les Jésuites eussent envahi le gouvernement de l'Eglise, les curés de campagne jouissaient d'une existence plus tranquille et plus honorée, d'une influence mieux acceptée. On les force à faire la guerre à leurs dépens. On les fait marcher au combat comme au régiment, selon le mot fameux de M. de Bonnechose, et cela sans consulter leurs goûts. Les évêques sont des généraux, entourés d'une coterie qui forme un brillant état-major ; les ordres religieux sont des gardes du corps de la papauté, les mousquetaires de l'Eglise. Les curés sont la chair à canon de cette campagne, si follement entreprise contre la société moderne. Ils luttent souvent malgré eux, mais non pour eux ; c'est à d'autres qu'on réserve la gloire et les lauriers.

Ajoutons que parmi ces obscurs combattants que la fumée des batailles incommode sans les enivrer, il en est qui ne sont pas dupes, qui ne confondent pas Jésus-Christ avec Ignace de Loyola, qui ne prennent pas la religion du Sacré-Cœur pour la religion de l'Evangile, qui ne se soucient pas de servir la cause d'un prétendant, et qui n'ont point de haine pour la démocratie, étant eux-mêmes sortis des rangs de ce peuple qu'on veut ramener à l'antique servitude.

Ces braves curés doivent supporter avec impatience la domination tyrannique des prélats et la prépondérance croissante des moines. Sous les ordres de leurs colonels mitrés, il sont forcés de faire la guerre à la société moderne.

Le haut clergé français s'est entièrement livré aux Jésuites.

Napoléon Ier mit le bas clergé dans la main des évêques, parce qu'il se flattait de faire marcher ses évêques comme ses colonels. Il obligeait d'un mot un évêque à donner sa démission. Aussi voulait il que la hiérarchie fût rigoureuse, parce qu'il comptait sur une forte discipline.

Il n'en est plus de même aujourd'hui. Le haut clergé, loin d'être docile, est hostile au gouvernement. C'est pourquoi le gouvernement devrait soustraire les curés à la domination absolue des prélats qui sont ses ennemis.

Il pourrait les rendre inamovibles dans leur paroisse ; faire agréer ses candidats aux cures et faire en sorte que l'avancement dans les fonctions ecclésiastiques ne soit pas, comme aujourd'hui, le prix du zèle réactionnaire et ultramontain. Enfin choisir les évêques avec plus de discernement, sans tenir compte des préférences et des répugnances de la Cour de Rome, qui n'a pas le droit d'intervenir, comme elle fait aujourd'hui, dans les nominations. (Résumé d'après Raoul Frary.)

L'Etat pourrait soutenir le bas clergé, le mieux payer, le soustraire à la tyrannie ultra-montaine; le réconcilier avec les idées modernes, lui faire enseigner la religion libérale de Th. Parker, de Channing, Athanase Coquerel, ou du moins tendre à ce but et expulser les congrégations.

Il n'est point de passion plus impérieuse que l'ambition ecclésiastique. Le désir de jouer un rôle dans l'État s'est saisi des évêques; la course au chapeau les a mis dans la main du Vatican et ils se sont étroitement alliés aux Jésuites qui sont les janissaires de la réaction politique.

Le clergé a aussi subi l'influence des zélateurs laïques, qui sont les élèves et les instruments de la grande Compagnie.

De là vient que l'épiscopat français, jadis gallican et relativement libéral, est aujourd'hui ultramontain.

Mais il y a encore des prêtres modérés, qui lisent l'Évangile aussi souvent que les articles de l'*Univers*, qui aiment le peuple, dont ils sont issus, et qui souffrent de voir le catholicisme livré en proie aux fureurs politiques, au charlatanisme des miracles, aux superstitions nouvelles.

Ces humbles desservants de campagne n'osent

rompre en visière à ces hauts et puisssants barons à qui l'on donne de l'Éminence, de la Grandeur, de la Béatitude et de la Révérence... Au moyen du Concordat, l'État pourrait venir à leur secours, afin que les prêtres qui ne se sentent pas animés d'un saint zèle contre la République et la liberté puissent se dispenser de prendre part à la croisade du jour.

Extraits de l'allocution synodale de S. Eminence le cardinal-archevêque de Cambrai prononcée le 12 septembre 1879.

Le cardinal-archevêque de Cambrai a cru devoir entretenir son clergé des hostilités qu'il rencontre. Nos ennemis, a-t-il dit, veulent détruire le catholicisme ; ils vont lentement, pour aller sûrement ; ils travaillent à affaiblir le clergé en le divisant ; ils le séparent des populations en leur montrant qu'il est étranger à son temps et à son pays. Ils voudraient aussi séparer les prêtres des évêques et le clergé séculier des ordres religieux. A ceux qui « *reverentiam et obedientiam promiserunt* », ils dénoncent l'autorité épiscopale comme oppresive et tyrannique.

Le cardinal-archevêque dénonce, à son tour, deux *monstres d'erreurs* : 1° le positivisme ; 2° la morale indépendante.

« Quant à la société laïque, nous la servirons en

pratiquant *nous-mêmes* l'obéissance à ses lois, *pourvu qu'elles ne soient pas contraires à la loi de Dieu.* »

On se plaint qu'il se forme en France, par le fait de l'éducation qui se donne dans nos maisons congréganistes, deux nations étrangères l'une à l'autre, et à la veille de devenir hostiles entre elles.

« Nous déplorons ce dualisme, mais il ne vient pas de nous. Nous sommes restés ce que nous étions et *nous resterons ce que nous sommes...* L'unité ne pourra se refaire et se maintenir que par le *retour à nos divines et immuables doctrines*.

....

« Le temps actuel est dur sans doute et menaçant pour la religion ; mais nous avons vu dans le cours de ce siècle même des jours plus mauvais.

« Sous le premier Empire... les missions paroissiales étaient défendues, les prêtres ne pouvaient se réunir pour assister ensemble à de pieuses retraites, les écoles ecclésiastiques étaient condamnées à subir l'enseignement des lycées, les Sulpiciens étaient expulsés des grands séminaires, le Pape était prisonnier à Fontainebleau. L'homme qui était alors le maître de presque toute l'Europe convoquait un Concile national dans un but schismatique, et jetait en prison les évêques qui lui opposaient une plus énergique résistance.

« En 1830, l'indifférence en matière de religion

était dominante. Dans les classes qu'on appelle dirigeantes, pour les philosophes, les littérateurs et les savants, les questions religieuses étaient l'objet d'un dédain général et profond ; on regardait l'action du sacerdoce catholique comme épuisée et réduite à néant ; on annonçait comme imminentes *les funérailles d'un grand culte*, c'est-à-dire la fin de l'Église catholique.

« Nous n'en sommes plus là, Messieurs et chers Coopérateurs. Aujourd'hui, les questions religieuses priment toutes les autres, notre active vitalité étonne et irrite nos ennemis, nos progrès leur font peur, et, à leur point de vue, l'influence que nous avons reconquise est devenue un péril social.

« Mieux vaut la guerre actuelle que la dédaigneuse et morte indifférence d'autrefois.

« Nos différentes maisons de Jésuites, de Dominicains, de Récollets, de Rédemptoristes, de Lazaristes, de Maristes, de Pères de la Compagnie de Marie, ont mis à la disposition de MM. les curés tout leur personnel valide. »

Les prêtres se plaignent de la décadence progressive de l'esprit religieux. S'ils perdent le *high-life*, que leur restera-t-il? Le peuple. Mais, au lieu de le moraliser par son enseignement et de l'édifier par son exemple, le clergé lui donne le spectacle de préoccupations absolument étrangères à son caractère et à sa mission. C'est là qu'il faut chercher la raison de l'affaiblissement des croyances, et non pas dans la franc-maçonnerie, qui n'est plus qu'une curiosité archéologique bonne tout au plus à faire faire le signe de la croix à quelques niais.

L'Eglise est finie comme puissance temporelle; sa renaissance spirituelle dépend désormais de sa résignation au fait accompli.

Si les chefs de l'Eglise se séparent des chefs de l'Etat, ceux-ci déchargeront l'Etat du budget de l'Eglise.

En 1816 et 1818, au commencement de la Restauration, un royaliste catholique, M de Montlosier, écrivait à M. de Barante, également catholique et royaliste, ce qui suit :

11 janvier 1816 : « Les prêtres se regardent comme Dieu... Est il convenable que des prétentions semblables s'élèvent en ce temps-ci. Ils périront et ils feront périr la nation et le roi avec eux. Je désire que ce peuple-ci revienne à Dieu ! mais il se donnera plutôt au diable que de se donner aux prêtres...

Le peuple français peut subir toute espèce de servitude, il ne subira pas celle-là.

14 avril 1818: Les missionnaires continuent à faire foule ; j'ai été les entendre. Aucune espèce de talent; en revanche, insolents et dominateurs

au delà de ce que vous pourriez croire. Il y a parmi eux M. Fayet, très couru par les dames.

2 juin 1818 : Nos missionnaires ont mis le feu partout. Qu'on nous envoie la peste de Marseille si l'on veut, mais qu'on ne nous envoie plus de missionnaires !...

Nous tolérons volontiers que les gens d'Eglise menacent de nous faire brûler dans l'autre vie, mais nous voulons, du moins, qu'ils nous laissent en paix dans celle-ci, et qu'ils ne se mêlent point de politique. Leur royaume n'est point de ce monde.

Fille de la Révolution, la République Française est laïque.

Les catholiques qui s'y rallient et ceux qui se disent « ralliés » veulent une république cléricale.

N'ayant pu renverser la République, les cléricaux essaieront de la séduire, de tirer d'elle tout ce qu'il sera possible d'en tirer.

Une république, après tout, peut être cléricale aussi bien qu'une monarchie. Les jésuites ont bien établi une république modèle au Paraguay, et Garcia Moreno, « vengeur du droit chrétien, » a gouverné théocratiquement la République de l'Équateur jusqu'en 1875.

Puisque c'est la majorité qui fait les lois, si l'on a la majorité pour soi, pourquoi ne ferait-on pas celles que l'on désire ?

Pourquoi n'exploiterait-on pas à son profit les institutions républicaines aussi bien que les institutions monarchiques ? Il suffit pour cela d'être en nombre dans le Parlement et dans le corps électoral.

Au lieu de s'acharner dans l'Opposition, il est bien plus raisonnable de s'appliquer à devenir le gouvernement et de manier alors le balai par le manche.

Quelle monarchie, dit Charles Bigot, eût fait pour le parti clérical ce qu'a fait l'Assemblée nationale de 1871, depuis la loi des aumôniers militaires, jusqu'à la loi sur l'enseignement supérieur ?

« Dans le gouvernement républicain, la difficulté est de tenir en main la majorité parlementaire ; mais quand, par fortune, on l'a conquise, sous quel gouvernement un parti peut-il disposer plus absolument d'un pays ? »

Les préjugés religieux ont fait longtemps obstacle à la République ; mais n'ayant pu la renverser, les cléricaux *chercheront à s'y introduire afin de la confisquer à leur profit.*

« Telle sera dans un prochain avenir, à n'en pas

douter, la tactique du parti catholique. » Voilà, textuellemment, ce qu'écrivait Charles Bigot, il y a plus de quinze ans, en 1878.

Il avait bien prévu la manœuvre des soi-disant ralliés; il avait même prévu que le mot d'ordre de cette nouvelle tactique, de ce mouvement d'ensemble stratégique viendrait de Rome.

En 1878, parmi les évêques, les plus habiles calmaient la violence des sincères et songeaient déjà à faire leur paix avec la République en répétant que « la religion ne peut lier son sort à celui de telle ou telle forme de gouvernement, *étant supérieure à toutes.* »

« On verra, écrivait alors Charles Bigot, le nombre de ces habiles politiques s'accroître peu à peu, et *bientôt c'est de Rome que le mot d'ordre viendra* à tous de tenir un langage fort différent du langage à la mode aujourd'hui (1878).

Pour conquérir la majorité qui fait les lois, c'est le suffrage universel chargé d'élire les législateurs qu'il est d'abord essentiel de conquérir. Déjà à cette époque on avait commencé et l'on ne s'y épargnait pas.

« Pèlerinages, sermons, conférences, cercles ouvriers, sociétés de bienfaisance, syndicats agricoles, tous les moyens sont mis en œuvre pour propager, parmi les classes pauvres qui font la majorité au jour du vote, l'influence catholique.

« Prédicateurs en soutane, en uniforme, en

habit noir, luttent de zèle et d'éloquence. La campagne est menée avec la discipline et la persévérance qu'y peut employer un parti habitué à l'action et qui connaît de longue date par quels ressorts on mène les hommes.

« Depuis la chope de bière et le jeu de dominos offerts aux ouvriers qui veulent se distraire, tout est mis en œuvre jusqu'aux pratiques de dévotion par lesquelles on surexcite les mystiques.

« Hommes, femmes, enfants, jeunes filles sont enrôlés dans l'entreprise qui doit, au bout de quelques vingt ou trente ans, mettre la France entière entre les mains des bons pères.

« Ce serait, en vérité, dit Charles Bigot, une étrange République que la République cléricale; *elle serait une machine d'oppression plus redoutable pour la liberté que n'importe quelle monarchie*; car nul contrepoids ne viendrait résister à l'oppression de la théocratie, s'exerçant au nom même de la volonté populaire toute puissante.

« Il est permis d'espérer que cette tentative théocratique, si habile qu'elle soit, ne réussira pas plus en France que les précédentes.

« Ce pays, dans la majorité de ses habitants, constatait Charles Bigot, n'a jamais été clérical; il est moins que jamais disposé à le devenir.

« Il faut compter, pour défendre le vieux bon sens français contre une nouvelle attaque, sur les institutions de la liberté, sur le tempérament national, et surtout sur le développement du progrès scientifique, le plus redoutable adversaire que la théocratie puisse rencontrer sur sa route.

« Mais ce que l'on peut sûrement affirmer, c'est que l'*entreprise sera tentée*. Les luttes de l'esprit de liberté contre l'esprit du *Syllabus* sont destinées à remplir les vingt dernières années du siècle. »

Bien qu'elle émarge encore au budget, l'Église étant, en droit, séparée de l'État qui reconnaît la liberté des cultes, la religion catholique n'a plus en France le caractère national qu'elle avait autrefois dans l'ancien régime, quand la religion catholique était la religion de l'État.

L'Église enseigne à gagner le ciel, et par là, elle exerce sur la vie privée, même sur la vie privée des libres penseurs qui vivent dans une famille où les femmes continuent à croire, un empire très étendu.

Mais la religion qu'elle enseigne doit avoir désormais un caractère purement individuel. Elle ne doit plus, comme elle l'a été sous Louis XIV et sous Louis XV, à l'époque de la révocation de l'Édit de Nantes, être une cause permanente d'oppression et d'injustice.

Pour se rendre compte de la situation politique actuelle, il faut faire la revue des trois principaux partis existant en France : d'abord le parti qui gouverne, c'est-à-dire le parti républicain libéral démocratique; puis les deux partis d'opposition, savoir le parti républicain socialiste, et le parti catholique qui, depuis les élections de 1893, se dit républicain catholique. Voyons rapidement ce qui les distingue.

De même que le parti socialiste a une tendance fâcheuse à sacrifier la liberté individuelle à l'égalité, lorsque l'égalité se trouve en conflit avec la liberté, le parti catholique met avant tout « le droit chrétien », ce qu'il appelle « les droits de Dieu » opposés aux droits de l'homme, et subordonne autant qu'il le peut les questions politiques aux questions religieuses.

Le parti qui se dit « conservateur » est secrètement monarchique; il veut le renversement de la République, puisqu'il a deux *prétendants* qui ne peuvent arriver au trône qu'après sa chute.

Le parti républicain démocratique, qui a la majorité, veut maintenir les lois scolaires, préserver les droits de la société laïque par la sécularisation de tous les services publics et par le retour à la nation des biens de main-morte indûment retenus par les congrégations.

On sait que les doctrines ultramontaines sont la négation même du libéralisme. Sans parler du *Syllabus*, nous avons vu la guerre contre la République libérale et laïque déclarée deux fois, le 24 mai, puis le 16 mai.

Tous les partis hostiles, monarchiques et religieux, se sont alors groupés sous la bannière des jésuites. La défense contre eux, au moment de la discussion de l'article 7, a été la conséquence naturelle de cette guerre furieuse entreprise par eux. La lutte est restée indécise puisque les jésuites, malgré les décrets, se dissimulent à peine et continuent à enseigner.

L'enjeu de cette lutte était considérable. Il s'agissait alors de conserver ou de perdre les plus précieuses conquêtes de la Révolution, les droits les plus essentiels et les plus nobles de l'individu : les franchises de l'esprit, la liberté d'examen, la liberté de la parole et celle de la presse sans laquelle la liberté d'examen ne serait pas entière, car il ne suffit pas de pouvoir cultiver sa pensée en cachette, il faut encore pouvoir dire tout haut ce qu'on pense.

Les « honnêtes gens » de *l'ordre moral* ne l'entendaient pas ainsi. C'est pourquoi ils s'étaient tous groupés, quelle que fût leur couleur monarchique, sous la direction occulte des jésuites.

Malgré cette coalition formidable, la République, ayant triomphé, il fallut changer de tactique.

Depuis, nous avons encore vu la coalition monarchique et religieuse se reformer autour du général Boulanger.

Elle fut une troisième fois vaincue, et cette fois ce fut un désastre.

En France, le clergé, les évêques, les principaux journaux et les chefs catholiques tels que MM. de Mun, Veuillot et d'Hulst, etc., voulurent alors constituer un parti, secrètement monarchique, mais ouvertement catholique.

A Rome, au Vatican, le pape, poursuivant un but à lointaine échance, prétendit organiser, sous le nom de *ralliés*, un nouveau parti conservateur exclusivement catholique.

En conséquence, il ordonna aux clériraux de se travestir en républicains. Au lieu de vouloir « étrangler la gueuse », les mêmes personnages eurent l'air de la caresser.

La consigne du Vatican fut généralement obéie, grâce à la puissante hiérarchie de l'Église, à la discipline parfaite du clergé. Les journaux religieux secondèrent la pensée du Pape. Les cercles chrétiens se mirent à étudier, — non point bien entendu les questions dogmatiques dont il n'est jamais permis à personne de douter, — mais l'utilité politique et les dangers possibles des nouvelles alliances et des nouvelles tendances de l'Église au point de vue social. C'est alors qu'on put voir les socialistes chrétiens de l'abbé Lemire, et les cercles ouvriers de M. de Mun, marcher à l'extrême gauche du parti catholique, tout en demeurant intimement unis aux réactionnaires.

La politique du pape et des *ralliés* parut à quelques républicains naïfs très efficace pour amener à la République un certain nombre d'électeurs nouveaux. C'est pour leur faire accueil que fut inventé « l'esprit nouveau. » Et, en effet, si l'on ne considère que les chiffres, aux élections de 1893, la majorité «républicaine» fut plus grosse que jamais et leur résultat parut une défaite pour les monarchistes.

Mais les partis en France ont la vie dure et si la tactique change suivant les circonstances, les idées et les cœurs ne changent pas.

Ces nouvelles recrues, républicaines en apparence, sont des catholiques.

Ralliés sur l'injonction du pape, ils entrent dans la République afin de la rendre cléricale. Cessant de combattre du dehors le régime républicain, ils l'acceptent et cherchent à s'en emparer.

Les esprits attentifs avaient remarqué que, dès 1878, le Pape avait orienté ses directions dans ce sens. Au fond, le clergé se moque des prétendants et ne pense jamais qu'à lui-même. Le *Moniteur de Rome* soutint cette politique. Il montra les «intérêts religieux» en péril par l'opposition monarchique. Depuis il n'a cessé de développer la politique tout ecclésiastique du pape, à tel point que des catholiques fervents, mais royalistes fidèles, ont vu avec douleur qu'ils n'avaient plus dorénavant rien à décider par eux-mêmes dans les affaires de leur patrie. Leur rôle est désormais de lire les instructions de Rome et de les observer aussi rigoureusement que les mandements de leurs évêques relatives au carême.

L'infaillibilité du pape, décrétée sous le pontificat de Pie IX, est maintenant étendue par Léon XIII à l'ordre politique.

Les fidèles royalistes de la *Gazette de France*, catholiques zélés, s'étant permis quelques humbles remontrances à cet égard, furent anathématisés par *la Croix*, par *le Monde* et par le *Moniteur de Rome*.

« Certains conservateurs français, dit le *Moniteur de Rome*, se plaignent de ce que les instructions du Pape aient eu un *caractère impératif*. Elles avaient été données si longtemps sous forme de conseils ! Il a bien fallu que *Sa Sainteté*, qu'on n'écoutait pas, s'exprimât enfin de façon à être entendue. »

L'*Univers* plus habile et plus jésuite encore que son confrère de Rome, pour consoler les royalistes, leur fit voir qu'en se ralliant à la République, ils étaient en réalité « plus libres de chercher *partout* des alliés » pour entreprendre la conquête du pouvoir.

D'ailleurs, les niais seuls ont pu croire que le pape désirait consolider la République Française, fille de la Révolution, et cela pour le plus grand plaisir des républicains français. Le pape n'est pas français, ni républicain. Les *droits de l'homme* lui font horreur. Il représente Dieu sur la terre ;

étant Pape, il fait son métier. Ce n'est que dans l'intérêt exclusif de l'Église qu'il travaille et c'est pour essayer de lui rendre sa puissance que lui, chef de l'Église, il a commandé à ses fidèles d'adhérer à la forme républicaine.

En cessant d'être catholique et ultramontaine pour revenir gallicane, c'est-à dire française; et laïque, c'est-à-dire humaine, la société civile, le gouvernement républicain n'a violé le droit de personne.

Mais, dès qu'elle ne domine pas, l'Eglise crie à la persécution.

Elle veut conserver par l'éducation des jeunes âmes son prestige et son influence. Quand on a remplacé dans les écoles laïques et dans les lycées l'enseignement religieux par l'enseignement de la science et des humanités, les ennemis de la République laïque ont tous crié à la persécution. Ils ont encore crié plus fort quand le conseil municipal de Paris a entrepris de laïciser l'assistance publique. A les entendre, on croirait que les laïques ne sont pas des hommes, qu'ils sont des incapables ou des scélérats comme M. l'abbé Bruneau; mais nous sommes tous laïques, tous les médecins et leurs aides dans les hôpitaux sont aussi laïques. Les laïques sont des hommes indépendants du clergé, des esprits émancipés, dégagés du surnaturel et des superstitions, des gens qui disent avec le poète :

Je suis seulement homme et ne veux pas moins être ni tenter davantage... et qui se maintiennent capables de penser librement sur tous sujets. Voilà ce que le clergé ne peut souffrir, puisque toute sa puissance est établie sur l'ignorance et la crédulité.

Dans la France contemporaine sont laïques tous ceux qui ne sont pas jésuites, capucins ou affiliés à quelque tiers-ordre. La société civile est naturellement laïque, le mariage est un contrat civil qui peut se passer du sacrement. Longtemps dominée par l'Église la société civile peut aujourd'hui, dans les hôpitaux. dans les écoles comme partout, se suffire à elle-même et c'est pourquoi elle tend à écarter le concours de la société religieuse.

Le parti catholique voit ce danger et il met tout en œuvre pour assurer le triomphe définitif de l'Église. Le clergé ne peut pas changer; il a toujours combattu ce qu'on appelle aujourd'hui l'esprit moderne, il a toujours lutté contre les libertés humaines, parce qu'il ne peut admettre, sous peine de suicide, la première de toutes qui est la liberté d'écrire et de penser.

La société du moyen-âge, du cinquième au seizième siècle, a été gouvernée par l'Église; les prêtres et les moines régnaient. Aujourd'hui nous ne voulons plus du « gouvernement des curés » et comme le cléricalisme est, dans toutes les institutions civiles, un élément disparate et hétérogène, il convient de l'en écarter.

On nous dit que le pape Léon XIII a rendu un très grand service à la France par la politique des *ralliés*, mais les affaires politiques de la France ne regardent point le pape, et si l'on admet comme légitime son intervention dans le sens républicain, son successeur pourra tenir une conduite contraire et donner aux électeurs catholiques de tout autres conseils, alors qu'il sera constaté que les premiers n'ont pas réussi.

Qu'on ne s'y trompe pas. Les *ralliés* sont des soldats du pape des catholiques dévoués à Rome « au nom du Sacré-Cœur »; leur étiquette républicaine est une étiquette menteuse puisque la République française, fille de la Révolution, c'est avant tout la sécularisation de la morale et la liberté de penser, alors que le clergé tient pour l'Autorité dogmatique et pour « les droits de Dieu » qu'il oppose aux droits de l'homme.

Soumis et docile comme un enfant, M. de Mun s'est rallié du jour au lendemain à la République, sans une hésitation, sans réflexion, bien qu'il ait été jusque là un fervent royaliste, un légitimiste très zélé; mais son faux nez républicain ne trompera personne. Celui dont le mot d'ordre a été si longtemps *la contre-révolution*, ne peut pas avoir réellement rencontré subitement son chemin de Damas. Ce serait un miracle laïque.

M. de Mun combattra comme devant les principes républicains qui sont ceux de 1789. Depuis l'intervention du pape le parti catholique a changé sa tactique et son attitude, il n'a point changé sa doctrine. Il accepte la République, mais c'est pour attaquer plus commodément toutes ses institutions. Quel avantage voyez-vous donc à ce que le parti catholique paraisse adhérer à une forme de gouvernement dont il entend supprimer toutes les lois ? Le clergé entend rétablir les prières publiques, il veut rétablir la loi de 1824 sur l'observation du dimanche, l'aumônerie militaire et les bourses dans les séminaires, — il veut exempter les séminaristes du service dans l'armée, — il prétend conférer lui-même les grades universitaires, en revanche il supprimera la gratuité, l'obligation et la laïcité de l'enseignement ; il rétablira les billets de confession, supprimera la loi du divorce, multipliera les œuvres congréganistes, organisera à Lourdes, à La Salette, à Rome, des pèlerinages politiques et reconsacrera la France au Sacré-Cœur.

Le pape est en tout cela d'accord avec le parti catholique dont il est le chef naturel et infaillible; quel avantage les républicains véritables qui, eux, sont des laïques et des libres-penseurs hostiles aux pèlerinages, etc., peuvent-ils voir dans cette adhésion des *ralliés* à la forme républicaine puisque, je le répète, les ralliés n'adhèrent à la République que pour en supprimer les lois ?

Tandis que l'excellent Spuller se félicite de voir M. de Mun devenu un bon républicain, et donne à *l'Esprit nouveau* d'Edgar Quinet un sens inattendu, l'archevêque d'Avignon et ses quatre évêques suffragants de Nîmes, de Montpellier, Viviers et Valence, dans une lettre pastorale collective, commentant l'Encyclique du pape, ont expliqué qu'on peut se dire républicain, — en apparence rallié au gouvernement, — et cependant *garder toutes ses espérances et ses convictions royalistes*. Il faut citer ici ; voici leur texte :

« Parmi les catholiques, plusieurs se sont émus en voyant le Pape *conseiller*, DEMANDER, IMPOSER l'acceptation de la République. *Ils peuvent se rassurer ; ils ne sont point mis en demeure de rompre* dans le secret de leurs pensées, avec l'*attachement* intime par lequel beaucoup d'entre eux *tiennent* aux souvenirs du passé »

On voit qu'*il est avec le ciel des accommodements*, que ceux que vous croyez ralliés n'ont point du tout rompu avec leurs attaches royalistes et que la direction d'intention qu'on croyait particulière aux jésuites est conseillée aux conservateurs catholiques par leurs Seigneurs les évêques.

On a beaucoup vanté la dextérité de Léon XIII et, en effet, c'est un politique habile beaucoup plus qu'un théologien. Il ne s'amuse pas, comme son prédécesseur Pie IX, à formuler des dogmes nouveaux ; il n'a point réédité le *Syllabus* qu'il n'a d'ailleurs pas dénoncé non plus, mais s'il arrivait à triompher, sa politique serait plus dangereuse et plus néfaste.

Pie IX s'est fait déclarer Infaillible ; donc ses successeurs le seront ; il a proclamé les anathèmes du *Syllabus* et décrété l'Immaculée-Conception, mais en agissant ainsi il n'empiétait pas sur les affaires intérieures et la vie politique de la France.

Il bornait son autorité aux questions ecclésiastiques de religion, de morale et de théologie ; Léon XIII va plus loin, il empiète sur la conscience de tous les catholiques français et prétend leur dicter leur conduite politique et leurs votes dans nos élections. A sa suite, les évêques, ont créé, de ce chef, de nouveaux *péchés mortels*.

Dans le manifeste de l'archevêque d'Avignon, signé par lui et par ses quatre suffragants, se trouve textuellement ce paragraphe :

« Parmi les intérêts supérieurs du pays, la religion tient le premier rang. Aussi les théologiens estiment que quand l'abstention peut entraîner *la nomination d'un candidat hostile* à la foi chrétienne, les électeurs commettent, en ne votant pas, un *péché mortel*.

« Nous sommes obligés de rappeler aux catholiques le grand devoir qui leur est imposé *par la loi divine*.

« Partout où il y a des comités créés pour la défense des intérêts religieux et *politiques*, il faut demander à ces comités un conseil et une direction. Là où il n'en existe pas, *il faut en créer.* »

Il serait difficile peut-être de trouver cette obligation-là dans l'Évangile. Grâce à Léon XIII, avant peu nous verrons frapper d'excommunication, comme ils sont déjà punis de péché mortel, ceux qui ne voteront pas pour les candidats des évêques

Les royalistes se sont soumis, la mort dans l'âme ; leur consolation a été de savoir que personne ne croirait leur soumission sincère. « Les électeurs, dit M. Edouard Hervé dans le *Soleil*, les électeurs ne se sont pas laissé tromper et en votant pour M. de Mun, pour M. de la Rochejaquelein, pour M. de Ramel, pour le prince de Broglie, etc., c'est à dire pour *des monarchistes avérés*, les électeurs ont su ce qu'ils faisaient et n'ont pas cru donner leurs suffrages à la République. »

Voilà l'interprétation royaliste ; mais l'interprétation catholique est la vraie, les catholiques qui se rallient à la République peuvent ne pas être des royalistes, mais ils sont, ils restent des cléricaux, puisqu'ils obéissent docilement au pape ; ils savent que la République Française, c'est la laïcité, et ils veulent au contraire une république cléricale. Ils veulent établir en France la République de Garcia Moreno « vengeur du droit chrétien » ; ils veulent aider le clergé, les jésuites et les évêques à rétablir « les droits de Dieu » sur la défaite des droits de l'homme et substituer la théocratie chrétienne au régime de la liberté.

On ne peut logiquement persécuter les hommes au nom de la liberté de penser; tandis qu'on peut et on doit, — quand on le peut, — les brûler au nom du Salut éternel, de l'autorité Infaillible de Dieu et de son Église et de l'obligation absolue d'y croire.

Les libres penseurs ne veulent point taquiner les gens que leurs habitudes d'enfance, leur pieuse éducation ont soumis au clergé; mais ils veulent fournir aux générations nouvelles, par la lecture, par la science, surtout par l'habitude du libre examen, un moyen de s'émanciper et de ne pas rester toute leur vie des enfants dociles.

Leur devise est toujours celle de Renan, celle de Voltaire, de Montaigne et de Montesquieu; celle que conseillait Sainte-Beuve dans sa célèbre lettre de 1867 : Instruction, tolérance et liberté d'examen.

Nous ne voulons point « d'esprit nouveau » entendu autrement que dans son vrai sens, qui est celui d'esprit moderne, comme l'entendait Edgar Quinet; nous pensons qu'au point de vue religieux, le gouvernement de la République laïque doit maintenir la tolérance actuelle dans l'exercice des cultes, mais qu'il doit en même temps répandre le plus possible la lumière par l'instruction laïque des générations nouvelles et encourager les libres efforts de tous ceux qui pratiquent le libre examen, l'habitude de la réflexion personnelle, la recherche honnête, scientifique et loyale de la vérité.

Des différentes parties de la philosophie, la morale est celle qui a le plus d'intérêt pour chacun de nous, parce qu'on peut fort bien se passer de religion et de métaphysique, mais non pas de règles de conduite. Tout le monde est intéressé à être heureux et à bien vivre ; or, la morale est précisément la théorie de l art de vivre, la science de la vertu et du bonheur.

Un musicien de talent, écrivain distingué et poète à ses heures, sentant en soi l'homme dans l'artiste, et voyant bien que la partie morale de la philosophie regarde tout le monde et ne regarde pas plus les pasteurs et les prêtres que les autres hommes, M. Camille Saint-Saëns, vient de publier, à Paris, sur le sujet qui nous occupe, un petit livre intéressant : *Problèmes et Mystères*.

M. Camille Saint-Saëns reconnaît la tendance naturelle de l'esprit humain à la recherche de la vie idéale et du bonheur durable.

Pour satisfaire cette tendance, n'avons-nous pas la science qui cherche sans cesse à résoudre les curieux problèmes de la nature et l'art qui élève la vie à l'idéal ? Que voulez-vous de mieux ? « En fait de mystère, qu'y a-t-il de plus profond que la nature ?

« En fait d'idéal, qu'y a-t-il de plus élevé que l'art ? »

Résignons-nous à ne pas connaître l'inconnaissable.

« Si nous sommes emprisonnés dans le temps comme dans l'espace, tâchons de nous accommoder de notre prison ; quoi qu'on dise, elle est assez vaste pour nous. »

L'humanité est un corps dont nous faisons partie ; les anciens philosophes et les poètes revivent en nous ; le vœu de la nature est que nous vivions les uns pour les autres.

« Profitons de l'héritage de nos aînés ; travaillons pour ceux qui nous suivront, afin qu'ils soient plus heureux que nous ; ils nous seront reconnaissants de l'existence que nous leur aurons préparée.

« Nous verrons alors que la vie est bonne, et le moment venu, nous nous endormirons avec le calme et la satisfaction de l'ouvrier qui a fini sa tâche et bien employé sa journée.

Combattons la théologie, séparons-la, du moins, de ce sentiment littéraire et religieux que nous entendons conserver parcequ'il relie, par les livres, par les émotions des beaux-arts, toutes les générations les unes aux autres.

A celui qui aime l'art et la vie, à quoi bon tous ces dogmes ridicules : Trinité, Incarnation, Rédemption, baptême des petits enfants, régénération par le baptême. Tout cela ne sert qu'à donner de l'occupation et de l'importance au clergé. Assez et trop longtemps, les prêtres ont été nos maîtres, la philosophie, l'esclave de la théologie et la raison opprimée par la foi.

On paraît regretter la vieille chanson qui berçait la souffrance humaine ; mais l'influence du christianisme serait funeste si la religion du Christ était mieux pratiquée. Fort heureusement pour nous, l'Evangile est une lettre morte. Ceux-là surtout l'ignorent qui se disent chrétiens.

« La *famille*, le *travail*, l'*épargne*, qui sont la base de la société moderne, rien de cela n'existe dans l'Evangile. »

Les préceptes de l'Evangile sont tout autres ; ils sont contraires.

« Suppression du travail, affaiblissement des caractères, *partage des biens* sous peine de mort, voilà ce que nous donne l'Evangile comme base de la société. A la bombe près, cela ressemble singulièrement à l'anarchisme, qui se pique aussi de charité à l'occasion. »

Laissons donc l'Evangile dans la bibliothèque du genre humain ; lisons-le de temps en temps, comme nous relisons Epictète, Marc Aurèle l'*Imitation*, etc., relisons plus souvent Spinoza, qui préfère la méditation stimulante de la vie, à la stérile méditation de la mort. Constatons que les doctrines anarchistes de Jésus, de la secte des Esséniens dont il faisait partie, seraient impraticables dans une grande et fière nation. Sachons vivre heureux comme des hommes, et non pas comme des moines qui méditent constamment la mort, les uns parce qu'ils la désirent et, les autres parce qu'ils en ont peur.

Nous-mêmes attendons-la de pied ferme, sans la désirer ni la craindre.

« Les joies que la nature nous donne, qu'elle ne refuse pas complétement aux plus déshérités d'entre nous, celle que procure la découverte de vérités nouvelles, les jouissances esthétiques de l'art, le spectacle des douleurs soulagées et les efforts pour les supprimer dans la mesure du possible, tout cela peut suffire au bonheur de la vie.

« D'ailleurs, il est à craindre que tout le reste ne soit folie et chimère. »

Ceux, dit un moraliste contemporain qui ne se flattent pas de revivre dans un autre monde, et qui cependant ne se résignent pas à enfermer leur pensée dans le cercle étroit de leur existence personnelle, reportent volontiers sur la patrie et sur l'humanité ce besoin d'expansion et d'affection qui est au fond de notre nature, et auquel le temps présent ne suffit pas.

Tout le monde est d'accord que le bien rend heureux et le mal malheureux. Ce principe suffit à l'éducation.

C'est une erreur théologique d'avoir fait du travail une punition pour l'homme déchu ; rien n'est meilleur que le travail quand il s'y mêle l'idée d'être, par lui, utile aux autres et de rendre par lui à la postérité un peu du bonheur que nous ont préparé nos ancêtres.

Comme le disait récemment un rédacteur du *Figaro*, auteur dramatique applaudi, qui s'est révélé subitement moraliste, la vie est bonne, l'homme est l'artisan de sa destinée ; et il dépend de chacun de rendre sa vie meilleure, quelles que soient sa condition, sa fortune, son intelligence.

L'esprit conservateur et rétrograde a régné sur la terre presque jusqu'à nos jours.

Bacon a inauguré une ère de découvertes qui ont amélioré la condition humaine.

Descartes estimait qu'il ne serait pas impossible à la science de prolonger indéfiniment notre vie par la connaissance approfondie de notre machine.

Mais ce n'est qu'au dix-huitième siècle que l'idée du progrès devint puissante, ce n'est qu'au dix-neuvième siècle qu'elle devient toute-puissante et que « notre espèce a décidément conscience de l'évolution qui la mène d'un passé obscur et misérable vers un avenir dont les perspectives nous éblouissent. »

Les religions du passé ont réussi parce qu'elles avaient une réponse à tout et qu'elles promettaient aux malheureux un bonheur éternel. Ce bonheur chimérique n'existe, — comme les miracles, — qu'autant qu'on y croit.

En promettant le Paradis aux pauvres, la compensation était belle. Aujourd'hui que la majorité des pauvres ne croit plus au Paradis, il va falloir leur rendre la terre habitable, et cela sera une des meilleures conséquences du déclin de la foi.

Quand les hommes n'auront plus de religion, ils s'en passeront et n'en vivront que mieux.

Quand les religions positives auront disparu, elles ne laisseront aucun vide, puisqu'en s'évanouissant, une croyance fausse fait place à la connaissance de la vérité.

Parmi ces religions positives, une des plus funestes aura été le catholicisme qui — aussi longtemps qu'il a dominé, — s'est montré cruel, persécuteur, et qui a, toujours et partout, fait appel au bras séculier.

Les théologiens catholiques ne sont pas de ceux qui estiment que leurs vérités soient capables de vaincre sans le secours des juges et des gendarmes.

Ils ont toujours et partout, cherché à établir un savant espionnage, une police, une gendarmerie autour de leur culte.

Parmi les gens instruits, parmi les hommes éclairés, qui regrettera le temps de l'inquisition, des auto-da-fé et des dragonnades?

Pourquoi s'effrayer de voir la morale civique remplacer dans les écoles le catéchisme romain?

N'y a-t-il point parmi nous des hommes qui n'admettent ni la Révélation, ni l'existence d'un Dieu personnel, ni la vie future; sont-ils tristes? sont-ils méchants?

« Une société de libres penseurs vivra comme vivent les libres penseurs isolés.

» La société actuelle est déjà, à beaucoup d'égards, une société de libres penseurs. Les libres penseurs, en effet, sont la majorité parmi les personnes instruites, et même parmi les citoyens, — comme on en peut juger par le résultat des élections législatives. »

A mesure que la religion baisse, la civilisation s'élève.

Le but de la vie est moins le bonheur que le perfectionnement intellectuel et moral.

Le dévouement nous est tout aussi naturel que l'égoïsme.

A l'exemple de Montesquieu, de Montaigne, de Voltaire et de Vauvenargues, séparons la morale de la religion.

Vauvenargues, comme Spinoza, oppose son idéal de vie active aux doctrines débilitantes de mortification chrétienne. En présentant sans cesse à l'homme le spectacle de sa misère et de sa faiblesse, les moralistes chrétiens le découragent et l'affaiblissent. Pour les jansénistes de Port-Royal, s'humilier et s'abstenir, voilà la seule règle de la vie ; pour Vauvenargues, au contraire, on doit « employer toute l'activité de son âme dans une carrière sans bornes » et vivre laborieusement comme si l'on ne devait jamais mourir.

Il faut, comme Spinoza, conserver la joie d'être, le plaisir d'une vie tranquille, occupée à lire, à penser, à écrire, à voyager et à voir de belles choses. Il faut entretenir en soi la volonté de vivre et d'être heureux.

Le bonheur n'est pas difficile, c'est le dévouement à ce qu'on aime et le travail assidu pour le réaliser.

Il faut, dit Vauvenargues, être humain par dessus toutes choses ; il faut tâcher d'être bon, de calmer ses passions, de posséder son âme, d'écarter les haines injustes et d'attendrir son humeur autant que cela est en nous.

Les perfectionnements de l'industrie importent peu au progrès moral de l'humanité ; mais le perfectionnement individuel contribue à la civilisation.

La morale a été transformée par cette doctrine qui ramène les sentiments les plus spontanés, les plus instinctifs, à des habitudes d'esprit que le besoin a fait naître et que l'hérédité a transmises.

L'intelligence et la tolérance des idées résulte de la diversité même des livres et des systèmes comparés entre eux par un esprit philosophique.

Au contraire, l'homme d'un seul livre est nécessairement fanatique, à la façon d'Omar, qui croyait sage de faire brûler tous les livres de la bibliothèque d'Alexandrie, les jugeant inutiles si leur enseignement ressemblait à celui de sa *Bible*, et dangereuse s'ils en différaient.

Un seul livre rend fanatique parce qu'il est pour le théologien qui y croit comme un écran rapproché de ses yeux qui suffit à lui cacher l'univers.

En lisant de trop près la Bible, en se la mettant sur les yeux, comme s'il était myope, Bossuet s'est empêché de voir dans le vaste monde et dans la science, dans la nature et dans l'histoire tout ce qui n'était pas sa Bible, de laquelle seule il a tiré sa morale et sa politique ; en sorte qu'il dut, par là même, s'efforcer d'appliquer à la France du dix-septième siècle les maximes étroites et la courte expérience qui avaient pu suffire aux anciens Hébreux, aux contemporains de Salomon, de David, de Moïse et de Josué.

La religion de l'avenir sera la religion des lettres, de la science et du progrès Cette idée commence à devenir cosmopolite.

« L'inspiration de la Bible, dit M. Richard Le Galienne (*The Religion of a literay man*), était autrefois le point capital de la controverse religieuse. Cette difficulté n'existe plus. Nous sommes libres aujourd'hui d'accepter ou de rejeter l'inspiration d'une centaine de Bibles, et il ne s'agit plus de l'inspiration d'un livre, mais de l'inspiration de l'âme humaine qui a dicté tous les livres. »

La religion des livres vaut infiniment mieux que la religion d'un seul livre, ce seul livre fût-il la Bible du peuple juif, la Bible elle même ou le Coran.

La vie littéraire est la vie religieuse des peuples civilisés; la morale délicate de l'honnête homme est la vraie religion; même aux époques de foi, même au dix-septième siècle, on n'était pas, sans la culture des lettres, ce que nos pères appelaient « un honnête homme. »

A Rome, comme à Athènes, la philosophie était la religion des esprits éclairés. Cicéron pouvait être le grand chef des Augures, mais il n'en avait point les superstitions; il remplissait cette fonction civile comme il avait été administrateur, général, commandant de la flotte, consul et proconsul ; il pouvait remplir cette fonction religieuse sans rompre avec la vie politique, sans cesser d'être libre penseur et philosophe. La philosophie, c'était la civilisation même, c'était la morale et la moralité.

Affinée par la littérature, résultat de la science, la morale a toujours été supérieure aux religions, et c'est la vie morale qui est la vie vraiment religieuse.

Que peut gagner la morale au contact d'absurdes croyances, à des dogmes bizarres qui ne sont plus en rapport avec la science de notre temps ? Ceux qui veulent accorder la critique scientifique avec l'orthodoxie romaine, tentent une entreprise impossible.

La morale suffit quand elle est affinée au contact de la littérature, quand la vie littéraire la pénètre et la fait fleurir en mille délicatesses charmantes.

Le sentiment religieux se satisfait mieux dans les humanités que dans le catéchisme des évêques catholiques ou dans la Bible des protestants. La religion des lettres est la plus tolérante et la plus belle qui ait jamais existé.

La religion des lettres a commencé avec les poèmes d'Homère et les sentences dorées des premiers sages ; elle durera toujours, les esprits éclairés n'en ont jamais eu d'autre.

La religion des lettres n'exclut point la Bible,

car la littérature renferme tous les chefs-d'œuvre ; elle offre à nos méditations toutes les bonnes et belles pensées, vraies et pratiques ; elle offre à notre imitation la biographie de tous les hommes utiles ou illustres. Voilà l'idéal qui nous élève à lui quand nous l'aimons.

Tant qu'il subsistera, le catholicisme qui se propose d'être éternel, — parce qu'il repose sur un calembourg, — le catholicisme sera un obstacle au bonheur des hommes, parce qu'il est un danger pour la liberté de l'esprit.

Jésus pouvait vouloir l'adoration de Dieu en esprit, sans intermédiaires. Il n'était pas théologien, il n'avait, en effet, établi aucun dogme, aucun sacrement, l'Eucharistie n'était pour lui qu'une métaphore ; mais les théologiens l'ont suivi qui ont réduit l'homme au plus dur esclavage et la théocratie, telle que nous l'a léguée le moyen âge, ne ressemble plus guère aux idées de Jésus.

S'ils ne sont pas dans l'Evangile, comme c'est facile à voir, la monarchie chrétienne et le pouvoir des Papes sont devenus pour nous de dangereuses réalités.

Il faut donc essayer de réduire le Catholicisme et toutes les religions dogmatiques au pur sentiment religieux. Le doute, pour les croyants, est, dit-on, pénible. M. l'abbé Bougaud, aujourd'hui évêque, a écrit tout un livre sur *le Doute et ses victimes* dans le temps actuel ; mais si le doute est pénible pour ceux qui sortent du séminaire, le philosophe peut connaître impunément tous les doutes, il n'en est jamais tourmenté.

Ammonius enseignait à Alexandrie l'éternité du monde.

L'éternité du monde, dont nous faisons partie, n'est pas plus inconcevable que l'éternité d'un esprit.

Le monisme est très ancien.

La plupart des philosophes grecs, Athénagore, Diagoras, etc., sont monistes, comme on dit aujourd'hui.

Schopenhauer et Spinosa sont, tout comme eux, monistes.

La nature est une et l'homme fait partie de l'évolution générale de l'univers.

Que peut-on regretter des époques de foi, autre chose que leur ignorance et que la domination absolue du clergé ?

La moralité pratique des sociétés et des hommes dépend fort peu de leurs croyances théologiques. La croyance à la Trinité a-t-elle empêché l'abbé

Bruneau d'assassiner son vieux curé pour lui voler ses économies ? La morale a toujours existé au dessus et en dehors des théologies.

Les prescriptions morales ayant perdu l'autorité qu'elles devaient à leur prétendue origine sacrée, la sécularisation de la morale s'impose.

Dans l'*irréligion de l'avenir*, Guyau montre que les hommes s'élèvent de plusieurs degrés sur l'échelle de la vertu, à mesure qu'ils se dégagent des superstitions religieuses.

Si la tendance mystique de l'homme ne peut entièrement disparaître, elle peut du moins changer de nature et de direction. La religion est de la science qui commence, de la science enfantine et diffuse ; la science est de la religion qui reprend sa direction normale et qui se retourne à la réalité. L'idéal esthétique s'ajoute à cette réalité. Le sentiment religieux, nourri et satisfait par les lettres et par l'art, ne s'oppose pas au sentiment scientifique et philosophique, il la complète. « Nous aimerons Dieu dans l'homme, dit Guyau, le futur dans le présent, l'idéal dans le réel. »

Duquel de leurs dogmes, les théologiens catholiques prétendent-ils faire dépendre la morale qui est née naturellement des relations sociales des hommes entre eux ? Comment, de la Trinité ou de l'Incarnation, l'idée de justice peut-elle naître ? Depuis la *Somme* de saint Thomas jusqu'aux casuistes des *Provinciales*, qu'ont ajouté les théologiens à la moralité humaine, à la morale naturelle qui fait l'honnête homme, comme le furent Marc-Aurèle, Socrate, Cicéron ?

Tous les Pères de l'Eglise, qu'ont-ils donc ajouté à la morale d'Aristote, sinon des choses qu'ils nous obligent à croire sans preuves, uniquement parce qu'ils les affirment.

Le fils de Dieu est mort, dit Tertullien ; cela est croyable précisément parce que c'est inepte.

Enseveli, il est ressuscité ; cela est certain parce que c'est impossible. Telle est leur manière de raisonner.

« *Mortuus est Dei filius : prorsus credibile est quia ineptum est. Et sepultus resurrexit : certum est quia impossibile est.* »

Et le dogme de la présence réelle affirmée dans la religion catholique, dogme qu'il faut accepter sous peine de damnation éternelle, est-il beaucoup plus raisonnable ?

S'il faut entendre à la lettre *hoc est corpus meum*, Jésus se donnait à ses apôtres de ses propres mains, ce qui est aussi absurde que de dire que saint Denis baisa sa tête après qu'on la lui eût coupée.

Mais les croyants n'y regardent pas de si près ; on ne leur a pas appris à réfléchir, à examiner, mais à croire l'enseignement infaillible d'une Eglise qui ne peut se tromper ni nous tromper.

Après qu'on eut raisonné de la sorte pendant tout le cours du moyen-âge, il était bien nécessaire qu'on revînt à l'antiquité par la Renaissance et que Montaigne, Bayle et Voltaire vinssent enseigner le respect de la vérité et l'horreur de tout ce qui violente la raison. Car s'il ne faut aucune rigueur pour faire accepter l'évidence, il en faut pour imposer aux hommes des absurdités. Les jésuites eux-mêmes doivent à Voltaire un beau cierge, car en fondant la tolérance, en combattant l'Inquisition, il a empêché quelques-uns des leurs d'être « cuits tout vifs », — comme disait Montaigne, — ainsi que leur excellent père Malagrida.

On sait que le Révérend Père Malagrida est l'auteur d'un pieux livre : la *Vie héroïque et admirable de la très glorieuse sainte Anne.*

C'est pour avoir écrit ce livre que le malheureux père Malagrida fut condamné comme hérétique et brûlé par l'Inquisition.

Son arrêt, qui est du 20 septembre 1761, reste un monument de ce qu'était l'institution catholique à la fin du dix-huitième siècle.

Voici cet arrêt mémorable. Le père Malagrida fut brûlé pour avoir émis, dans son livre intitulé : *Vie héroïque et admirable de la très glorieuse sainte Anne*, les propositions suivantes :

« *Que sainte Anne, dans le ventre de sa mère, connaissait, aimait et servait Dieu ;*

« *Que sainte Anne, toujours dans le ventre de sa mère, pleurait et faisait pleurer par compassion les chérubins et les séraphins ;*

« *Que sainte Anne, encore dans le ventre de sa mère, avait fait ses vœux ;*

« *Que lui,* (R. P. Malagrida) *avait entendu causer le Père éternel avec le Fils et le Saint-Esprit.*

« *Que le corps du Christ avait été formé d'une goutte de sang du cœur de la Vierge.* »

(Extrait de l'arrêt du 20 septembre 1761).

Conformément aux règles en usage, le Père Malagrida, en exécution de cet arrêt, fut brûlé dans un auto-da-fé solennel, en compagnie d'une demi-dou-douzaine de juifs. L'adoucissement qu'il dut à sa qualité de prêtre et de révérend père jésuite fut d'être étranglé avant d'être brûlé.

Ce qui faisait, aux yeux de Gœthe, la grandeur et la beauté des écoles philosophiques de la Grèce et, en particulier, de l'école socratique, c'est qu'elles se proposaient pour but la sagesse pratique, le principe rationnel de la vie, la règle expérimentale de la conduite humaine ; elles ne s'attachaient pas à de vaines spéculations métaphysiques, mais à l'action.

L'Eglise se dit en possession de la Vérité absolue ; il n'y a point de salut hors d'elle ; il faut exactement réciter son *Credo* ; et c'est pourquoi, pour être conséquents, les catholiques sont obligés d'être persécuteurs.

Toute liberté critique est radicalement impossible dans l'Eglise, puisque, dans l'Eglise, il faut être orthodoxe.

Les contemporains du malheureux Père Malagrida devaient regretter la religion des anciens Romains, car la religion romaine était tout le contraire d'une théocratie.

Heureux les anciens qui n'avaient point d'inquisition, point de sacro-sainte congrégation de l'Index ; point de pape Infaillible ni de *Syllabus*.

On chercherait vainement dans le recueil des lois romaines un texte contre la liberté de penser. Jamais, dans l'antiquité, aucun savant ne fut inquiété. Des hommes que le moyen âge eût brûlés, tels que Galien, Lucien, Plotin, vécurent tranquilles protégés par les lois.

Le Père Malagrida lui-même eût pu tout à son aise débiter toutes ses jésuitiques inepties.

La culture grecque ne demande aucun sacrifice à la raison ; le culte originaire d'Orient en demande parce qu'il est établi sur une prétendue *Révélation*.

Plein d'idées incompréhensibles, le catéchisme trinitaire est la seule science de l'ignorant ; mais ce catéchisme est inutile à l'homme lettré, parce qu'il a l'âme et l'esprit élevés par les humanités grecques et romaines.

L'idéal de la Grèce est la raison cultivée, la vie humaine, tout entière honorée, embellie par l'art, ennoblie par la pratique des actions courageuses et utiles.

La religion des lettres consiste à aimer le beau, comme l'aimait Phidias, à connaître le vrai comme Aristote, à mettre son plaisir comme Socrate et Platon, à bien parler, à bien écrire, à bien penser pour bien agir, avec tolérance et bonne humeur.

La religion des lettres, que nous finirons bien par faire prévaloir sur le culte de Bernadette Soubirous et de saint Labre, c'est la religion de l'esprit dégagée de tout jésuitisme, de tout sacerdoce et de toute observance, n'ayant d'autre pratique que l'habitude de l'effort moral vers le bien, ni d'autre culte que celui de l'art, de la vertu, du beau idéal, de l'amour des grands hommes et de la vérité.

Les lettres sont la source paisible, charmante et féconde, d'où dérivent le bon style et la bonne vie, le bien dire et le bien agir, l'éloquence, l'art et l'héroïsme.

Pour la rendre meilleure, plus aimable, plus bienveillante, plus spirituelle, la littérature pénètre jusque dans l'âme ceux qui l'aiment. Faites, dit Madame de Lambert, que vos idées descendent dans votre conduite et que tout le profit de vos lectures se tourne en vertus.

N'est-ce pas ainsi que comprenaient l'influence

des livres Montaigne, Bayle, Vauvenargues, Voltaire, d'Alembert et Diderot.

Entre l'homme et l'idée de Dieu, le clergé s'est interposé pour dominer ainsi l'individu dans toute la durée de sa vie ; il s'est fait le représentant de Dieu, il s'est dit le dispensateur nécessaire de toutes ses grâces ; il s'est fait le courtier du Ciel, l'intermédiaire indispensable entre le Christ et les fidèles comme le maquignon juif est, en Alsace, l'intermédiaire indispensable entre le vendeur et l'acheteur.

C'est un très bon métier. Il ne faut pas un bien gros capital pour vendre des prières et le plus habile des banquiers ne va pas à la cheville de celui qui a inventé le Purgatoire. C'est ainsi que l'Eglise domine l'individu et l'enserre d'un réseau de liens entrecroisés. L'obéissance à Dieu, c'est-à-dire au prêtre qui le représente, est un premier devoir. Dieu n'apparaît plus comme il faisait à Moïse, dans un buisson ardent ou sur le Sinaï, au milieu des éclairs, mais il envoie à sa place, sa mère, l'épouse de son frère le Saint-Esprit. Cela est du même ordre que les faits et gestes de sainte Anne dans le ventre de sa mère. Pourquoi s'occuper de cela, nous dit on, personne ne croit plus de pareilles inepties. Mais le pape Léon XIII ne vient il pas d'écrire à Monseigneur Ricard, pour le féliciter de son livre sur Bernadette Soubirous qui a vu la Vierge descendre du

Ciel pour lui dire : « *Je suis l'Immaculée Conception !* »

Le parti catholique existe, il exploite les pèlerinages et, par eux, comme par les cercles ouvriers de M. de Mun, il espère bien, aux élections prochaines, avoir la majorité aux élections. Nous verrons alors ce que deviendront la liberté d'écrire et la liberté de penser.

L'obéissance au prêtre, la déférence aux évêques, sont les premiers devoirs des catholiques fidèles. L'examen philosophique est toujours pour l'Église le plus grand danger, car la pensée libre conduit aux convictions personnelles et particulières, et l'hérésie demeure le plus grand des crimes. La religion des lettres et la science supportent le régime viril de la liberté ; le catholicisme ne le supporte pas et si le parti catholique triomphe, comme il s'en flatte, c'en est fait de la liberté.

Le Surnaturel n'étant pas connu — car s'il était connu, il ne serait plus surnaturel, — tout dogmatisme qui l'affirme est un fanatisme, une superstition dangereuse, une étroitesse d'esprit inacceptable à la pensée moderne qui est faite de toutes les essences des philosophies antérieures.

Pour les libres penseurs, il n'y a pas eu de Révélation définitive ; il y a eu, dans le monde moral, depuis les premiers siècles de civilisation littéraire, beaucoup de découvertes successives résultant des efforts qu'ont fait les hommes pour découvrir les vrais rapports des choses et améliorer ainsi leur destinée.

Ceux-là ont eu de l'influence sur l'humanité qui l'ont aimée, comme Voltaire, d'un amour large et libéral. La civilisation contemporaine est l'œuvre de quelques grands esprits. Montaigne et Montesquieu, Bayle et Spinoza, Vauvenargues et Diderot sont nos bienfaiteurs. Soyons leurs héritiers et, par reconnaissance, continuons hardiment leur œuvre.

Sachant que la liberté est le meilleur dissolvant de tous les fanatismes, soyons bienveillants et tolérants pour tous, pour ceux-là mêmes qui, s'ils arrivaient au pouvoir, ne le seraient pas pour nous. Mais luttons pour la liberté de conscience, pour la liberté d'écrire, pour la liberté de penser. La liberté d'examen emporte le droit d'exprimer ce qu'on pense. Nulle inquisition n'a le droit de mettre à l'index un livre sérieusement et loyalement fait.

Ce n'est point être intolérant, ce n'est point persécuter une doctrine religieuse, une secte ou une Eglise que de les soumettre, dans un livre, à l'examen loyal et à la discussion. Ce n'est point par de mesquines vexations administratives, mais par la libre discussion, que les libres penseurs doivent attaquer dans les esprits la force des habitudes d'enfance et continuer à combattre le fanatisme catholique avec la même persévérance que celui-ci met à renaître et à durer.

Après Lessing, avec Littré, Havet, Sainte-Beuve, Taine et Renan, il faut ne point se lasser de faire voir à tous ceux qui pensent, l'intolérance nécessaire du christianisme judaïque, l'immoralité historique de la morale jésuitiques et convaincre les protestants eux-mêmes, plus libéraux, moins fanatiques, que ce qu'il y a de vrai dans le christianisme n'est pas nouveau et que ce qu'il y a de nouveau n'est pas vrai.

On ne peut, dit Ernest Havet dans son beau livre sur *Le Christianisme et ses origines*, tome III, on ne peut s'empêcher de regretter que la philosophie grecque et romaine n'ait pu poursuivre paisiblement son œuvre et ses progrès. Il serait arrivé un moment où ce progrès se serait fait rapide et irrésistible.

Quand l'idée a achevé d'éclairer, il est inévitable qu'elle échauffe et qu'elle développe un enthousiasme qui vient à bout de tout.

Ernest Havet pense que le monde, pour s'être fait chrétien, est demeuré plus superstitieux, plus intolérant, plus stupide qu'il ne le serait si l'hellénisme en était demeuré le maître.

La fièvre des judaïsants leur donna le délire du surnaturel. Ils attendirent, ils promirent comme prochaine la fin du monde

Avec le règne du dieu des Juifs s'est établie, depuis dix huit siècles, l'intolérance religieuse. C'est à partir de là que le monde a été partagé en élus et en réprouvés et que les élus ont accablé les réprouvés de leur haine.

Cette malfaisante haine a toujours été dangereuse chaque fois et tout le temps qu'elle a eu la puissance qu'elle prétend encore resaisir. Elle a fait l'inquisition, ses cachots et ses bûchers. Cet esprit subsiste aujourd'hui encore et divise la France en deux camps absolument irréconciliables : l'un, d'esprits libres, qui ne peuvent sacrifier leur liberté, car elle est leur vie ; l'autre, de croyants ou de soumis qui voudraient exterminer cette liberté.

Le judaïsme, transformé en christianisme, a apporté avec lui un autre mal : il a donné pour règle aux esprits un livre immobile et une tradition sacrée ; il a mis sur la raison et sur la science un joug plus lourd que tout ce qui avait jusque-là pesé sur elles ; il a condamné absolument la liberté de la pensée. Depuis Constantin nul ne put échapper à la superstition et à la folie du surnaturel, dans le monde soumis au dieu des Juifs, et l'humanité a été plongée pour des siècles en un songe ou un cauchemar plein de chimères. Elle ne s'est sauvée qu'en redevenant païenne, c'est à-dire en se dégageant de l'autorité des livres juifs.

Mais l'Eglise continue de protester contre cet affranchissement dû à la Renaissance, à la Réforme, à la Révolution ; elle persévère à tenir la libre pensée et la science pour suspectes et ennemies.

M. Havet a démontré que la philosophie chrétienne, loin d'avoir pour source, comme elle le prétend, une révélation particulière, était tout entière contenue dans les livres des sages, dans les traités des penseurs grecs et tout spécialement dans les œuvres platoniciennes de l'école d'Alexandrie.

Si le catholicisme n'avait eu pour lui que les dogmes qu'il a inventés, que la Trinité, la mythologie des anges et des nouvelles superstitions qui composent la Mariolâtrie, il n'aurait pas autant duré, mais il y a dans le christianisme une philosophie platonicienne ; plus tard, saint Augustin a dépouillé Platon ; de même que saint Thomas a fait entrer dans la *Somme* la philosophie d'Aristote : ce sont ces idées raisonnables mêlées aux rêveries juives qui les ont fait vivre, et c'est ce mélange informe dont il faudrait faire l'analyse et la séparation aujourd'hui.

Réduit à ce qu'il a de particulier, le catholicisme serait tellement mince et tellement absurde qu'il ne pourrait se soutenir.

L'Hellénisme, comme le dit Havet, est, de tous points, supérieur au Christianisme.

« Dans les parties essentielles, le Christianisme n'est qu'un *viatique composé d'idées grecques*, savamment préparé pour la triste nuit de mille ans à laquelle l'aurore de la Renaissance a mis fin.

La passion de la recherche philosophique et les goûts d'artiste sont des traits de l'esprit athénien qu'on ne retrouve pas chez les Hébreux.

Esprits fins et pénétrants, particulièrement doués pour observer et comparer, les philosophes grecs, sans se désintéresser de la vie publique, se sont appliqués avec succès à toutes les spéculations philosophiques sur la nature des choses. Ce sont eux qui ont fondé le naturalisme, qui dure, et qui progresse encore tous les jours

Les Grecs cherchaient la vérité avec la même ardeur qu'ils aimaient le beau dans la vie et dans l'art. Tandis que les Israélites vivaient dans l'ignorance et les mœurs cruelles exposées dans l'*Histoire d'Israël* et dans le *Christianisme et ses origines*, par Havet et Renan, les Thalès, les Anaximandre, les Parménide, les Pythagore, les Démocrite et les Anaxagore considéraient en philosophes l'éternité du monde, la conservation de la force et sa transformation dans l'indestructibilité de la matière, la génération spontanée, l'évolution des espèces, la sélection des êtres par la lutte pour l'existence, idées fécondes auxquelles l'esprit moderne revient avec Diderot, Lamarck, Gœthe, Hœckel et Darwin.

A mesure que les hommes sont devenus plus parfaits, dit Fontenelle, dans son traité *de l'origine des fables*, les Dieux le sont devenus aussi davantage. Les premiers hommes sont fort brutaux, et ils donnent tout à la force; les Dieux seront presque aussi brutaux et seulement un peu plus puissants; voilà les Dieux du temps d'Homère.

Les hommes commencent à avoir des idées de la sagesse et de la justice; les Dieux y gagnent, ils commencent à être sages et justes et le sont toujours de plus en plus à proportion que ces idées se perfectionnent parmi les hommes.

Voilà les Dieux du temps de Cicéron, et ils valaient bien mieux que ceux du temps d'Homère, parce que de bien meilleurs philosophes y avaient mis la main.

Nous commençons enfin à voir poindre le jour prochain où l'histoire des religions, publiquement enseignée à tous, ne paraîtra plus à tous les esprits éclairés qu'un accident passager, une maladie de croissance dans la suite de la vie du genre humain; de même que les croyances superstitieuses d'un enfant ne sont plus aujourd'hui qu'un moment assez court de crédulité dans le cours de sa première éducation religieuse.

Renan a démontré comment les religions sont une production spontanée de l'ignorance et de la **crédulité humaines.**

L'œuvre de Jésus était fondée sur la croyance à la fin du monde, et malgré la surprise des chrétiens de l'an mil, cette croyance persévéra pendant plusieurs siècles, chaque génération craignant d'être celle qui devait assister au jugement dernier.

La crédulité des foules a fait la légende chrétienne, de même qu'elle fait aujourd'hui les miracles de Lourdes ; de même que l'hallucination de quelques femmes l'avait commencée. Mais à mesure que l'inexpliqué diminue et que la science augmente, le surnaturel s'en va. L'enthousiasme religieux a créé l'objet de sa croyance, comme la foi au miracle fait le miracle. Il n'y a jamais de miracles que pour ceux qui y croient.

Le progrès remplace aujourd'hui dans les esprits l'attente décevante du royaume de Dieu. Ce royaume de Dieu, dans la saine religion des lettres, c'est la civilisation, qui résulte du dévouement de tous, savants, philosophes, écrivains, poètes, romanciers, journalistes et moralistes, au bien moral, à l'art et à la vérité.

Est-il nécessaire d'insister ? La morale est d'origine humaine. Elle s'est formée lentement par les rapports quotidiens des hommes en société, par les observations physiques des savants et les réflexions synthétiques des penseurs. L'esprit humain ne peut refuser son assentiment au vrai quand il le perçoit avec évidence; il aime naturellement le beau; et, cherchant toujours son plaisir, l'homme, quand il réfléchit, voit qu'il doit être sage et bon dans l'intérêt de son bonheur, car le mal, à la longue, rend toujours malheureux.

En s'éclairant ainsi mutuellement par les résultats réciproques de leur expérience, les hommes se sont formé une morale progressive. Les meilleurs d'entre eux sont ceux qui la font avancer davantage vers leur idéal de justice, de vertu généreuse et d'active bonté. Les autres doivent chercher à les suivre, s'appliquer à les bien comprendre et à s'assimiler leurs idées pratiques.

C'est ainsi que s'est élevée lentement la moralité humaine; il n'y a jamais eu d'autre révélation.

La culture littéraire est une religion naturelle une religion sans dogmes, sans mystères, sans miracles, sans prêtres et sans superstitions. C'est la seule religion qui puisse, sans fanatisme et sans intolérance, relier entre eux tous les hommes et devenir universelle.

Comme cet homme distrait, dont parle La Bruyère, qui cherchait partout son chapeau placé sur sa tête, tel se plaint aujourd'hui de l'absence des sentiments religieux sans les reconnaître là où ils se trouvent, sans voir que l'antique religion des lettres n'a jamais été plus cultivée et plus florissante.

Depuis Homère jusqu'à Epicure et Lucrèce; depuis Cicéron jusqu'à Gœthe, Littré et Sainte-Beuve, cette antique religion des lettres est la seule qui ait continuellement civilisé les hommes sans jamais leur nuire, c'est la seule qui n'ait jamais fait naître parmi eux aucune guerre, aucune persécution.

La Bible a sa Genèse et sa morale; mais le monde a marché depuis Moïse et les savants modernes ont aussi la leur.

Ils nous apprennent tout ce qu'on peut actuellement savoir de l'univers, de la morale, de l'origine de l'homme et de ses pénibles commencements. Ils nous montrent, à travers les âges, les lents progrès de la civilisation.

L'homme fait partie de la nature qui prend en lui conscience d'elle-même. Il s'élève, par de lents efforts, de l'instinct brutal à la moralité réfléchie.

Cherchant toujours son plus grand bien, il le trouva d'abord à la façon des animaux auxquels il ressemblait beaucoup avant l'invention des arts; puis il le comprit peu à peu, d'une façon plus humaine, plus idéale, à l'exemple des sages, des héros et des saints.

La destinée de l'homme est de vivre en harmonie avec la nature dont il est la personnalité consciente. L'homme éclairé seul jouit de son âme, peut triompher de ses convoitises, respecter la justice et les droits des autres. Mais l'instruction est indispensable. Prenez garde, disait Mirabeau, vous qui voulez tenir le peuple dans l'ignorance; c'est vous qui êtes les plus menacés; ne voyez-vous pas avec quelle facilité d'une bête brute on fait une bête féroce? Par la culture littéraire, la religion des lettres apprend à l'homme à se connaître lui-même et à comprendre aussi le monde extérieur qui l'entoure; ce monde dont il est à la fois une partie et un produit.

L'homme éclairé par la science, par une éducation philosophique, connaît la nature en soi et voit sa place dans la nature.

Au lieu d'une seule Révélation faite miraculeusement à une seule peuplade, la religion des lettres nous montre autant de révélations successives que de peuples et de sages qui s'y sont, l'un à l'autre, transmis le flambeau de la vérité. Ce sont ces premiers philosophes, ces poètes, ces législateurs primitifs, tels que Confucius, Pythagore, Moïse, Lycurgue, Solon, qui ont établi les premiers fondements de la justice et de la moralité humaine.

Après eux, Socrate apprit aux hommes à se connaître et à mieux chercher leur bonheur. Il célébra la félicité de ceux qui contemplent le beau et le bon, dans la nature, dans l'amour, dans les arts, et dans leur principe idéal.

Aristote, Platon, Xénophon, recueillirent cette

philosophie naturelle et répandirent dans le monde, chacun à sa manière, les vues morales de Socrate.

Personne, pensait Socrate, ne se porte volontairement au mal, ni à ce qu'il prend pour le mal. La volonté humaine se porte toujours vers son plus grand bien.

Cette idée de Socrate est la même que, plus tard, Virgile, après Lucrèce, a exprimée en disant : *trahit sua quemque voluptas.* En effet, il n'est pas du tout dans la nature des hommes de courir au mal au lieu de courir au bien ; forcé de choisir entre deux maux, il n'est personne qui choisisse le plus grand, s'il dépend de lui de prendre le moindre. Par conséquent, disait Socrate, lorsque l'homme fait le mal, c'est par ignorance qu'il le fait, par son ignorance du vrai bien.

Par conséquent, le devoir des philosophes et des hommes de lettres est d'éclairer les hommes sur leur bien véritable. Le bien étant une fois connu comme tel, il est impossible que la volonté ne s'y porte pas et, entre deux biens de valeur inégale, la volonté se déterminera nécessairement vers celui que l'intelligence, plus ou moins éclairée, lui aura montré, avec plus ou moins d'évidence, comme étant le plus grand.

Ce déterminisme moral explique la grande importance accordée par Socrate à la science de l'homme, à la connaissance de soi-même. Il explique aussi la puissance de l'éducation par laquelle on instruit les jeunes gens sur leur véritable intérêt.

Socrate n'étant qu'un homme, un philosophe, un sage, n'a enseigné que la science de l'homme. Les théologiens, plus habiles sans doute ou plus ambitieux, ont fait des multitudes de traités obscurs pour nous faire connaître Dieu qu'ils ne connaissaient pas.

Ces théologiens, ayant rencontré dans leur *Bible* la théorie du péché originel, ont prétendu nous y asservir. Ils ont dit que notre destinée, notre salut éternel dépendaient exclusivement de la volonté divine. Ils ont ainsi, ruiné les bases mêmes de la morale. Car s'il en est ainsi que pouvez-vous faire d'utile et d'efficace sans la *Grâce* ?

Ne pouvant modifier en rien votre destinée, vous serez quiétiste avec Fénelon, ou fataliste comme les *Mahométans* et direz avec eux : mon sort est écrit ; si je suis dans les *élus*, je serai sauvé quoi qu'il arrive ; si je suis dans les *réprouvés*, rien ne peut empêcher ma perte. Les œuvres sans la *Grâce* sont inutiles ; je n'ai donc qu'à attendre, dans une indifférence parfaite, les résultats inéluctables des décrets divins.

Cette doctrine immorale de la prédestination est celle de *Saint Paul.*

C'est pourquoi elle est aussi bien celle des catholiques comme Bossuet que celle des *réformés* comme Calvin. C'est aussi dans la *Bible* que

Mahomet l'a prise, tout comme saint Augustin, pour la placer dans le *Coran*.

La doctrine de Socrate, comme celle d'Aristote, de Descartes et de Spinoza, consiste à éclairer la conscience pour lui faire ensuite choisir nécessairement le plus grand bonheur. Car l'homme veut être heureux ; il ne peut pas ne pas le vouloir ; c'est sa nature même. Il s'agit donc pour bien vivre, d'avoir une saine et complète idée du bonheur ; et, pour vivre le mieux possible, il suffirait d'avoir la meilleure idée possible du bonheur.

C'est parce que nous jugeons tel plaisir plus vrai, plus noble, plus durable qu'un autre que nous le choisissons.

Ce choix n'implique pas qu'il soit actuellement le plus vif ou le plus entraînant de sa nature, mais qu'il nous a paru le meilleur, le plus digne de nous.

Le résultat de l'éducation littéraire et de nos efforts est de nous mettre en état de choisir, en chaque circonstance de la vie, ce qui nous paraît être le meilleur parti à prendre, comme devant nous procurer le plaisir le plus durable, le plus grand bonheur.

Suivant la méthode de Socrate, le travail des philosophes est de nous montrer les conséquences lointaines de nos actes et d'établir en conséquence toute la théorie des obligations morales et la graduation esthétique des plaisirs.

La difficulté paraît être de décider l'homme à sortir de son naturel égoïsme ; mais l'amour de nous-mêmes peut naturellement nous conduire à nous aimer mieux, à nous aimer davantage, à agrandir notre être tant par la sympathie, par l'amour, l'amitié, les affections de famille, que par l'amour de l'art, de la science, par notre dévouement affectueux aux lettres et à la patrie.

Rien n'est plus imbécile que l'égoïsme étroit.

Plus il y a de choses à quoi l'homme est indifférent et demeure étranger, moins il est homme ; en renonçant aux affections de famille ou à l'amour des lettres, des arts, de la patrie, il s'affaiblit et s'anéantit lui-même.

Notre bonheur est moins dans les satisfactions de la journée présente que dans nos espérances et nos perspective d'avenir ; il est moins dans la réalité actuelle que dans l'espérance.

Celui là est vraiment heureux qui peut raisonnablement espérer ce qu'il désire.

Dans la recherche du bonheur, ce que l'homme éclairé considère, c'est la durée. Telle chose vous flatte dans le moment actuel qui, dans ses suites, nuirait ; la sagesse humaine commande alors de s'abstenir. Au contraire, il faut accomplir, sans différer, une action difficile ou qui répugne à faire, ou que la paresse négligerait volontiers, quand cette action doit nous apporter plus tard un contentement durable. Malheur à ceux qui n'ont de culte ni pour leur passé, ni pour leur avenir et qui font du moment présent leur seul dieu.

C'est là précisément en quoi consiste la religion des lettres que Socrate, Platon, Aristote, Epicure, Lucrèce, Virgile, Horace, Sénèque, Epictète, Marc-Aurèle, Spinosa ont pratiquée ainsi que Montaigne, Bayle, Voltaire, Goethe, Littré, Renan, Taine et Sainte-Beuve.

Le savant qui cherche et découvre une importante vérité sacrifie son sommeil et s'oublie lui-même; il est, comme un chasseur, tout entier à la poursuite ou dans la joie de cette vérité.

L'artiste s'oublie de même dans son œuvre, comme le père dans ses enfants, comme Jeanne d'Arc s'oubliait dans son dévouement à la patrie.

Loin de l'égoïsme brutal des hommes primitifs, les hommes cultivés qui vivent selon leur nature supérieure jouissent noblement de cet oubli d'eux-mêmes.

Et leur bonheur étant causé par une cause plus belle est aussi plus grande, tel est, dans la religion des lettres l'attrait de l'activité intelligente et la théorie de la vertu.

Comme l'indique son nom, la vertu, c'est la force. Eclairée par l'intelligence, cette force se compose d'amour et de volonté. C'est la passion qui détermine l'effort de la volonté. C'est l'amour qui fait le dévouement de la mère à ses enfants, du savant à la science, du patriote à sa patrie.

Il faut donc démontrer aux hommes, qui, tous, veulent être heureux, que la vertu est réellement le vrai bonheur et que ce bonheur est d'autant plus réel, d'autant plus grand que la vertu est plus grande.

Il faut leur démontrer que la sagesse apporte avec elle le seul vrai plaisir.

A la différence de l'ivresse ou des autres voluptés trompeuses, ce n'est pas avant leur triomphe que la sagesse et la vertu font sentir leur charme. Au contraire, c'est après avoir lutté, après avoir pris l'habitude de combattre et de vaincre les funestes entraînements, qu'elles apportent avec elles la paix de la conscience et la joie.

Au début, c'est-à-dire avant l'éducation qui la forme par l'habitude et par l'exemple, la vertu paraît pénible à l'enfant, mais en tout les débuts sont lents et difficiles.

Aujourd'hui, tous les philosophes peuvent démontrer que la perfection morale est la source du plus grand bonheur. Mais combien fut pénible la sagesse, à l'enfance de l'humanité. Historiens, anthropologistes, philosophes sont d'accord pour établir que les hommes ont dû commencer par obéir aveuglément à leurs instincts les plus grossiers. Quand on pense au chemin qu'il a fallu faire pour que, du régime d'extermination réciproque, qui était la loi du monde primitif, émergeât la notion de l'impératif catégorique de Kant, on est vraiment surpris, dit Renan, des progrès réalisés par les hommes. Dans un dénuement radical, il leur fallait combattre tous les jours dans cette lutte implacable et féroce pour l'existence. Ils obéissent, dès lors, à leurs besoins Leur vertu la plus nécessaire était alors le courage, l'activité, l'adresse qui leur permettaient de satisfaire leur faim. Ils découvrirent des tavernes, ils taillèrent des pierres ou trouvèrent des silex aiguisés qui devinrent pour eux des armes, emmanchés dans un bâton.

Puis, les siècles s'écoulèrent, et, lentement par eux-mêmes et par une tradition morale grandissante, ils arrivèrent lentement à la moralité.

L'expérience leur apprit peu à peu à résister à l'entraînement naturel de leurs sens, elle leur apprit que certaines choses sont nuisibles qui, cependant, paraissent agréables; que la colère aveugle, et par conséquent diminue la présence d'esprit nécessaire dans tous les combats; que l'eau froide, si délicieuse à celui qui s'en rafraîchit, peut tuer qui la boit ou qui s'y plonge échauffé et tout en sueur; c'est ainsi qu'il s'établit peu à peu, parmi ces barbares, une hygiène et une morale élémentaires.

Une sympathie naturelle les portant les uns

vers les autres, ils obéirent instinctivement à la bienveillance réciproque, à la pitié.

C'est de cette double source, l'intérêt personnel et la sympathie, qu'est née la morale.

Les hommes primitifs s'habituèrent peu à peu à s'abstenir de certaines actions, à rechercher leurs semblables, à vivre en groupes, à approuver ou à blâmer réciproquement leurs actes suivant qu'ils étaient conformes ou contraires à la sympathie ou à l'intérêt

« Étant doués de la faculté d'abstraire et de généraliser, puis de fixer leurs abstractions dans le langage, les hommes se sont fait certaines maximes générales, certaines règles auxquelles ils ont pris l'habitude d'obéir ; et comme tous les hommes, ou la plupart d'entre eux, avaient fait, ou à peu près les mêmes expériences, ils se communiquaient les uns les autres les mêmes pratiques ; ils formaient ainsi *des maximes de plus en plus générales*; — et ces règles, perdant de plus en plus le caractère personnel et individuel qu'elles avaient eues à l'origine, prenaient la forme des lois, de principes universels et impersonnels. »

Le monde en s'éclairant s'élève à l'unité. L'union des esprits est l'idéal de l'avenir. Cette unité viendra de la vérité scientifique rendue visible et accessible à tous, et non de la récitation machinale d'un *Credo* incompréhensible.

A mesure que les peuples s'élèvent à un même niveau de civilisation, ils se forment à eux-mêmes une morale de plus en plus semblable, qu'elles que soient, d'ailleurs, les différences extérieures de races, de langage et de climat.

C'est de la connaissance plus approfondie de la dignité humaine qu'ils tirent une morale plus fraternelle.

Au début, comme nous l'avons vu, dans les temps préhistoriques, avant l'invention des arts et des littératures, les hommes, poussés par la faim, ont dû se dévorer les uns les autres.

Mais l'animal humain est perfectible ; la tradition permit aux hommes de conserver les résultats de leur expérience.

Ce sont les sages, les poètes, les premiers hommes de lettres qui ont ainsi fait la civilisation.

Devenus moins sauvages, grâce à eux, les hommes découvrent leurs devoirs réciproques ; malgré l'antagonisme de leurs intérêts, ils ont des sentiments communs, ils établissent des lois, et, par la culture des lettres, ils s'élèvent enfin vers l'unité morale de leur nature.

La révélation naturelle des vérités nécessaires, s'est faite successivement, par l'intermédiaire des philosophes. Il n'y a pas eu d'autres créateurs de morale et d'équité publique que quelques grandes âmes isolées dans leur temps, tels que le Bouddha, Socrate, Jésus, Epictète, Epicure, Marc-Aurèle, Spinoza, Kant, Renan.

Comme les poètes (vatès) ont été les premiers prophètes, inventeurs de la morale et des religions, les écrivains moralistes et philosophes sont, encore aujourd'hui, — bien mieux que les ministres des différents cultes, — les prêtres de la civilisation et du progrès.

Le devoir des philosophes est d'apprendre, pour le dire aux hommes, ce qu'ils désirent connaître ; ils doivent le leur apprendre avant qu'ils aient pu eux-mêmes le formuler. Une hiérarchie intellectuelle est nécessaire, mais elle s'établit d'elle-même, sans intervention de l'Etat et sans aucun signe extérieur. Chacun sait que les maîtres de la pensée moderne ne prêchent point dans les Eglises, qu'ils n'écrivent point dans « l'*Univers religieux* » ou dans « *La Croix*, » qu'ils ne se nomment point Louis Veuillot ou Père Loriquet, mais, au contraire, Sainte-Beuve, Renan, Taine, Littré.

Celui qui sait, celui qui pense, celui qui voit et vit mieux, devine et comprend celui qui voit moins. Elever celui qui vit moins bien que soi, c'est lui faire sentir qu'on a en soi la puissance de le développer selon le progrès qu'il désire. L'homme qui découvre vers quel but se dirige instinctivement un autre homme et qui le lui révèle clairement, exerce sur lui une puissance d'attraction, d'entraînement, de séduction très grande.

La religion des lettres se propagera par des prêtres et des prédicateurs laïques, par des conférenciers et par des écrivains. Cette religion n'est pas une nouveauté. Elle existe depuis longtemps pour tous les lettrés qui connaissent les chefs-d'œuvre de l'esprit humain et qui aiment à les lire.

Les religions ont été une phase nécessaire à l'évolution de l'espèce humaine et de l'individu.

Elles sont comme la petite vérole de l'esprit : il faut une vaccine. Le catéchisme absurde est, pour l'enfant, cette vaccine qui l'empêchera d'être plus tard fanatique et superstitieux.

C'est ainsi qu'il faut être croyant au début de la vie, comme il faut être vacciné.

L'enfant doit *passer par la religion*, pour en sortir plus tard définitivement.

Ces idées, qui paraissent profanes, ne sont pas loin d'être acceptées par le P. H. Didon. « Quand la religion, a-t-il écrit, ne serait, comme disent les positivistes, *qu'une forme transitoire de l'humanité*, ne correspondant qu'à l'une des phases de son évolution, il faudrait encore la maintenir dans l'école.

« La loi de l'individu, dans son évolution particulière, — c'est la science la plus éclairée qui l'affirme, — n'est et ne doit être que la reproduction de la loi de l'espèce. Si donc, l'espèce passe par une phase déterminée, l'individu doit y passer aussi, sous peine de violer une des lois de la vie. Or, l'histoire est là pour le prouver, l'espèce humaine, universellement, au début de son expansion à travers les siècles, est religieuse, (fétichiste et idolâtre) : donc, au nom de la science même, l'individu, au début de sa courte existence, doit être religieux. »

La religion des lettres a pour culte la lecture des livres.

Ce sont les livres qui nous éclairent et qui nous donnent les meilleurs plaisirs. En nous rendant sages ils nous rendent heureux ; ils nous moralisent et nous perfectionnent ; ils nous consolent des hommes et nous enseignent à les supporter, à les aimer ; à ne jamais leur nuire et à leur faire du bien.

Chacun se fait des devoirs selon sa nature, son caractère, ses idées, suivant la pénétration de son intelligence et la portée de son esprit.

Tous les hommes n'ayant pas la même culture morale, la même élévation d'âme, la même délicatesse de cœur, il ne viendra pas à tous les mêmes idées dans les mêmes circonstances.

Il y a de l'invention en morale aussi bien que dans les arts ; l'histoire de la morale serait le écit des inventions et découvertes faites dans le pays de la vertu. Les héros, les grands citoyens, voilà les maîtres dans l'art de vivre.

Quand de beaux exemples ont été donnés par un grand homme, dit un philosophe contemporain, ils deviennent des devoirs pour les caractères généreux qui leur ressemblent.

Comme il est impossible d'établir pour toutes les intelligences la régularité infaillible d'un même *Credo*, la tolérance est nécessaire.

Etant donnée la différence d'intelligence, d'instruction, de lumières, d'intérêts et d'éducation qui existe entre les hommes, il est ridicule de se mettre en colère parce qu'on n'est pas de notre avis.

Autrefois, dit Arvède Barine, on était brûlé si l'on tombait dans l'hérésie. Il était dangereux d'avoir une opinion personnelle pour la résurrection des corps ou l'efficacité de la prière.

Aujourd'hui chacun croit ce qu'il lui plaît, non seulement parce que les mœurs sont devenues douces et tolérantes, mais parce qu'un progrès immense a été réalisé : « la *séparation de la religion et de la théologie* (1) »

Les dogmes n'ont plus aucune importance, ils appartiennent au passé, à un état d'esprit disparu.

L'inégalité la plus forte étant celle des intelligences, il est bien impossible qu'elles arrivent à se

---

(1). *The Religion of a literary man.*

mettre d'accord sur aucun dogme ; mais la diversité des opinions et des croyances n'exclut ni la droiture, ni l'estime réciproque, partout où il y a sincérité.

La morale de *Moïse*, celle du *Décalogue* a été dépassée et ne nous suffit plus. Scientifiquement fondée sur une expérience trop courte, dans des mœurs cruelles et grossières, cette morale primitive manque trop de délicatesse. La dignité de notre âme exige à présent des nuances plus fines avec un idéal plus vrai.

L'égoïsme et la haine résument le passé de l'histoire sous l'empire des religions.

L'idéal de l'avenir est dans la justice.

L'humanité se dépouille peu à peu de ses anciennes erreurs et les remplace par des idées plus conformes à la nature des choses.

Les croyances irrationnelles, irréfléchies, traditionnelles, aveugles, font place à de plus raisonnables convictions.

La science, et la littérature qui la fait connaître, l'emporteront elles sur la religion du passé ? C'est au temps de répondre, parce que c'est une question de lutte pour l'existence, une question de supériorité intellectuelle et numérique entre les cléricaux, les jésuites et le *Vatican* d'une part, et de l'autre les hommes de bonne foi, libéraux, philosophes, lettrés et savants,

Si la doctrine catholique était *raisonnable*, elle s'imposerait à la raison comme les vérités de la science qui n'ont aucun besoin de missionnaires, et la religion Catholique n'aurait eu aucun besoin de se faire persécutrice pour se faire accepter.

Si les *vérités* catholiques étaient évidentes, on n'aurait jamais eu besoin de *contraindre* les hérétiques à les admettre. L'évidence ne rencontre jamais d'incrédules ; et l'évidence est le seul caractère du vrai.

Si tous les philosophes libres penseurs, depuis Celse et Arien jusqu'à Voltaire, Gœthe, Taine, Renan et Littré, ont passé leur vie à combattre, directement ou indirectement, la doctrine catholique, c'est qu'ils l'ont reconnue funeste pour la bonne discipline de l'esprit.

Si la religion catholique avait été une religion aimable et raisonnable, comme la religion des lettres de Cicéron, jamais aucune persécution pour l'établir et pour la faire durer n'aurait été nécessaire.

Mais « *in necessariis unitas* ».

Sainte-Beuve compare le christianisme à un grand arbre dont le tronc antique, à demi creusé, ne se soutient plus qu'à l'aide de supports. Dans cet arbre vénérable, les abeilles ont déposé leur miel, mais il s'y mêle aussi des frelons ; entre les racines, bien des renards y ont aussi établi leurs terriers.

Quelles sont, demande Sainte-Beuve, les branches mortes, quelles sont celles qui ne demandent qu'à être délivrées et à vivre ? Qui fera le partage du bois vert et du bois sec ? de ce qui est caduc et de ce qui reverdira ? Le moment paraît venu où la séparation du mort et du vif ne tardera pas à se faire, et si ce n'est l'homme, ajoute Sainte-Beuve, — assez de craquements nous l'indiquent, — les seuls vents du ciel le feront.

Il n'y a rien de moins conforme à l'esprit de l'Evangile que le travail, l'épargne, l'économie et toutes les humbles et nécessaires vertus bourgeoises.

Le Christ prêche l'imprévoyance ; il reste étranger à toute sage prévision de l'avenir.

« Nul, dit-il, ne peut servir deux maîtres ; car ou il haïra l'un il aimera l'autre, ou il se soumettra à l'un il méprisera l'autre. Vous ne pouvez servir Dieu et les richesses.

« C'est pourquoi je vous dis : Ne vous inquiétez point où vous trouverez de quoi manger pour le soutien de votre vie, ni d'où vous aurez des vêtements pour couvrir votre corps.

« Considérez les oiseaux du ciel : ils ne sèment point ; ils ne moissonnent point et ils n'amassent rien dans des greniers : mais votre Père céleste les nourrit : n'êtes-vous pas beaucoup plus qu'eux ?

« Pourquoi vous inquiétez-vous pour le vêtement ? Considérez comment croissent les lis des champs..., etc.

Le dédain de la culture agraire, le mépris des greniers d'abondance, voilà ce qui est nouveau dans l'Evangile ; voilà ce qui n'est dans aucun des anciens sages et moralistes, ni chez Hésiode, ni dans les gnomiques de la Grèce, pas plus que dans Confucius ; ce qui n'est ni dans Cicéron, ni dans Aristote, ni même dans Socrate, pas plus que dans le moderne Franklin, et ce qui a contribué aux famines et à l'affreuse misère du moyen âge.

Si les jésuites revenaient au pouvoir, ils feraient abattre, à Paris, la statue de Voltaire qui orne la rue des Ecoles, celle du quai Voltaire devant l'Institut, celle de Rousseau devant le Panthéon consacré aux grands hommes ; ils les détruiraient pour élever à leur place les images sculptées d'Escobar, de Marie Alacoque et du Père Loriquet.

Les jansénistes, avec une rigueur plus grande que les autres chrétiens, considéraient l'homme, non comme un être progressif, mais comme une créature déchue. « Le péché originel le souille et le diffame devant Dieu, dit Saint-Cyran. »

Les prêtres veulent, comme eux, humilier le

pécheur, pour lui faire sentir la nécessité de leur ministère, l'impérieux besoin d'une grâce surnaturelle.

Les prêtres, dit Montesquieu, sont intéressés à maintenir les peuples dans l'ignorance ; sans cela, comme l'Evangile est simple, on leur dirait ; Nous savons tout cela comme vous.

En effet, l'Evangile est simple, comme la morale elle-même ; en revanche, la théologie est fort mystérieuse et les théologiens, jésuites et autres, ont bien compliqué, torturé et sali la morale dans leur casuistique.

L'Evangile est simple ; il ne renferme pas la moindre trace de Mariolatrie, de Josépholatrie, ni de l'idolâtrie répugnante du Sacré-Cœur, récemment inventée et propagée par les jésuites.

Comme l'Evangile est simple, les chrétiens n'avaient pas besoin des ecclésiastiques pour l'interpréter ; ils pouvaient se passer de cette lourde hiérarchie qui les exploite et les domine ; hiérarchie constituée au-dessus et en dehors d'eux ; ils pouvaient parfaitement se passer d'un clergé à l'élection duquel ils n'ont aucune part. Y a-t-il un clergé dans la religion des lettres, dans la religion d'Aristote, de Socrate, de Cicéron, de Sénèque, d'Epictèle et de Marc-Aurèle ?

A en croire le clergé, le *salut* est pour le chrétien

la chose importante, essentielle, unique. Il n'a pas trop de tous les instants de sa vie pour songer à la mort qui doit être sa continuelle et constante préoccupation.

La sagesse humaine, au contraire, nous fait considérer la mort comme un accident, afin de ne penser qu'à agir.

« La pensée de la mort nous trompe, dit le généreux Vauvenargues ; elle nous trompe, car elle nous fait oublier de vivre ; *il faut vivre comme si on ne devait jamais mourir.* » C'est aussi la pensée de Littré et de Spinoza.

Les choses humaines ont une valeur morale qui suffit.

La vie suffit à la vertu.

L'intolérance de Bossuet condamnait sévèrement le théâtre et la lecture des romans. La religion des lettres est tellement dans l'air qu'elle paraît encouragée, de nos jours, par certains prélats.

Un publiciste belge ayant demandé à Mgr Ireland son avis sur cette question, d'une importance quotidienne, du théâtre et du roman, a reçu de Mgr Ireland la lettre suivante où il donne cette solution inattendue.

« Saint-Paul, 29 juin 1894.

« Dans notre sainte guerre, il importe d'occuper toutes les avenues menant à l'esprit et au cœur de nos contemporains. Pourquoi ne nous servirions-nous pas du roman et du théâtre ? Il y a des millions d'hommes qui ne connaissent que le roman et le théâtre, et si nous voulons qu'ils nous écoutent, ils faut bien que nous allions à leur rencontre.

« Les gens de lettres peuvent faire un bien immense. Le monde n'écoute guère qu'eux, aujourd'hui : ils sont les rois de la pensée. »

En effet, les écrivains anciens et modernes, les philosophes, les moralistes, et même les poètes, les auteurs dramatiques, les orateurs, les romanciers, voilà les seuls prêtres de la religion de l'avenir.

La religion des lettres résume l'enseignement moral des sages. Pour un être intelligent, le vrai bonheur est dans la vue et dans la possession de la vérité.

Chercher à bien connaître l'homme et la nature, à comprendre les relations des hommes et les rapports des choses, voilà la plus haute occupation de l'esprit et la plus utile. Il est indispensable de bien penser pour bien agir.

La grande curiosité fait la science de laquelle dépendent tous les progrès mécaniques et économiques ; mais la science de la nature s'élève jusqu'à la connaissance de la nature humaine et c'est sur cette science philosophique et morale que la vertu se fonde.

L'homme voulant être heureux, la raison établit une échelle entre les plaisirs, et la sagesse consiste à choisir les meilleurs et les plus durables. La joie qui passe vite n'est point la vraie. Le contentement qui dure lui est supérieur par sa durée même. Le bonheur de l'homme est inséparable de sa perfection. Le bonheur humain se trouve dans l'état où l'homme est le plus selon sa nature, où il est le plus lui-même dans sa plénitude, dans le contentement de sa raison et de ses meilleurs désirs. La joie d'un être intelligent réside dans la vie intérieure, dans l'attention active et dans la raison satisfaite.

Travailler à bien penser; voilà le principe de la morale.

La vertu et le vice, le bien et le mal sont, en tous pays, ce qui est utile ou nuisible à la société.

Le bien de l'humanité, le bonheur des hommes, voilà le dernier criterium, le souverain juge du bien et du mal, du juste et de l'injuste, du vice et de la vertu.

La moralité est indépendante des croyances. La croyance est distincte de la vérité. Epicure, Spinoza, Condillac, Helvétius, Kant, Littré étaient les plus honnêtes gens du monde. Or, Epicure était athée, Spinoza panthéiste, Condillac sensationniste, ou, (comme l'appellent Cousin et M. l'abbé Combalot), sensualiste, Helvétius matérialiste, Kant sceptique, Emile Littré positiviste à la manière d'Auguste Comte.

La religion des lettres est si bien aujourd'hui une idée mûre que, tandis qu'en Amérique Mgr Ireland voit dans les hommes de lettres les rois de la pensée, les prêtres de l'avenir, il vient de paraître en Angleterre un livre intéressant sur la Religion d'un homme de lettres (1).

« Nous avons accompli, dit l'auteur, M. Richard de Galienne, l'inestimable séparation de la théologie et de la religion.

« La Trinité, l'expiation, le baptême des petits enfants, la régénération par le baptême, l'immortalité de l'âme, la vie future, — on reconnaît à présent que ces dogmes et beaucoup d'autres sont des questions de symbolisme ou d'intuition personnelle. »

Autrefois, dit Arvède Barive, on était brûlé si l'on tombait dans l'hérésie. Il était dangereux d'avoir une opinion personnelle sur la résurrection des corps ou l'efficacité de la prière. A présent chacun croit ce qu'il lui plaît ; non seulement parce que les mœurs sont devenues douces et tolérantes, mais parce qu'on a séparé la théologie de la religion.

---

(1) The Religion of a literary man.

Pour être exact, il faut dire que Voltaire et les philosophes du XVIII⁹ siècle ont séparé la théologie de la religion des lettres, car les théologiens n'admettent point, pour la religion catholique, cette séparation.

Pour vous en convaincre lisez *L'Empire du Diable*, par le T. R. P. Monsabré, « maître en Sacrée Théologie », extrait de la *Revue Thomiste* du 15 juillet 1894, et vous verrez l'état d'esprit des théologiens modernes, vous verrez que ce n'est point du tout selon la raison, la science, la douceur et la tolérance qu'ils prétendent résoudre cette « question providentielle », et qu'ils ne songent pas le moins du monde à séparer la théologie du libre sentiment religieux.

Selon ces modernes « maîtres en Sacrée Théologie », selon l'Église et selon l'ordre de saint Dominique, la lutte continue entre le Ciel et l'enfer, entre Dieu et « son *immortel* ennemi » Satan.

Et ces théologiens enragés se demandent avec inquiétude : « quelle sera finalement l'issue du combat entre Dieu et son Adversaire. »

. . . .

« Il est de mode, dans un certain monde de penseurs et de savants, de ne plus croire à l'existence du Démon et à sa puissance, dit le P. Monsabré, et d'honnêtes chrétiens se permettent de penser et de dire que mêler les esprits d'un autre monde aux choses humaines, c'est compromettre la gravité de nos dogmes et les mettre dans une fausse situation en regard de l'incrédulité contemporaine. »

Les sceptiques modernes tendent à « isoler l'homme des influences surnaturelles que vénéraient et que redoutaient nos pères. »

Mais le T. R. P. Monsabré maintient, au nom de la Sacrée Théologie, « l'universelle tradition des peuples, qui affirme l'existence et l'action des mauvais Esprits dans la nature et dans les événements de la vie humaine. »

Il ne renonce pas à « l'enseignement si précis de l'Écriture, de l'Église et des saints Docteurs qui nous racontent les orgueilleuses prétentions de Lucifer et qui nous dictent les prières que nous devons faire pour déjouer ses tentatives. »

Le vrai chrétien doit croire « que le Diable et ses anges, ne pouvant plus trouver le bonheur dans la paix, cherchent à se procurer les fausses et cruelles joies de la vengeance et qu'il y déploient toutes les forces de leur admirable nature. »

Ainsi le Diable et ses anges existent toujours pour le P. Monsabré. Il est vrai que « le diable est un ennemi intelligent » et que, « dans certains milieux, il juge à propos de *se faire oublier* pour tromper plus sûrement et mieux affermir son pouvoir. »

Arvède Barine et M. Richard Le Galienne vivent, à n'en pas douter, dans ces milieux où le Diable juge à propos de se faire oublier.

Mais de qui se vengent le Diable et ses anges ?

— Ils se vengent de Dieu d'abord, puis de l'homme, « qui leur fut préféré dans l'ineffable mystère de l'union de Dieu avec la création, de l'homme qui doit remplir les vides qu'ils ont laissés au Ciel. »

Aujourd'hui, comme au moyen-âge, le vrai chrétien doit croire que nous avons à lutter « contre les Principautés et les Puissances, contre les rois invisibles de ce siècle ténébreux, contre les Esprits de Malice répandus dans l'air. »

Le P. Monsabré met les chrétiens en garde contre la redoutable puissance de ces mauvais esprits.

Appelant à son aide la *Somme théologique*, il nous cite du latin de saint Thomas : « *Dicitur officium proprium diaboli tentare* », l'office propre du Diable est, vous le voyez bien, de nous tenter. Thomas l'affirme et l'on sait que, pour les rédacteurs de la *Revue Thomiste*, toutes les paroles de saint Thomas sont d'une vérité infaillible,

Satan règne donc encore parmi nous, il règne « sur des centaines de millions d'âmes », et en particulier *sur les âmes des sages et des lettrés* qui font reculer en un vague lointain l'idée de Dieu, Père, Fils et Saint-Esprit.

Les sages et les lettrés l'ignorent, mais le P. Monsabré sait, lui, que « Satan a ses pèlerins et ses ascètes condamnés pour lui plaire aux longs voyages, aux interminables jeûnes, aux crucifiantes immobilités. »

Il paraît qu'on s'est bien relâché dans l'ordre de saint Dominique, qu'il ne s'y trouve plus aujourd'hui beaucoup d'ascètes se condamnant aux jeûnes et aux crucifiantes immobilités.

Ce n'est pas tout. Satan qui a ses moines, possède aussi ses fanatiques et ses martyrs. Il fait plus de miracles que le R. P. Picard et ses confrères de l'Assomption. « Satan a ses miracles, orgueilleuses contrefaçons » des miracles de Lourdes qui sont tous faits par le vrai Dieu.

Il a ses fakirs qui, morts, font enfermer leur cadavre dans un sépulcre de pierre dont le couvercle est fixé par des écrous et qui ressuscitent au bout de cent jours, dépassant ainsi de beaucoup la petite résurrection du Christ, qui n'a été mort que trois jours.

C'est ainsi, dit le T. R. Maître en Sacrée Théologie, que Satan, non content de régner sur des centaines de millions d'âmes, veut encore en séduire et gagner beaucoup d'autres; c'est ainsi qu'il rappelle et sa présence et son pouvoir.

On voit que la Théologie du P. Monsabré n'est pas seulement la science de Dieu et des choses divines, mais aussi la sience des Principautés et des Puissances, la science du Diable et des innombrables Démons.

Dans l'*Empire du Diable*, qui nous fait aujourd'hui

l'effet d'un titre de féerie pour le théâtre de la Gaîté, on voit que l'ancien Serpent de la Bible, celui qui parlait à la mère Eve dans le Paradis, — en lui cueillant des pommes, — ce Serpent vit toujours ; il a même avancé en grade ; il est devenu Satan, Prince de l'air et Prince de ce monde.

C'est ce Prince du monde qui fait les possédés, les sorciers et les démoniaques que l'évêque de Versailles fait exorciser, (1893), à l'exemple de ce démoniaque de Gadara dont parlent les Apôtres.

Il était possédé par une Légion de deux mille démons ; Jésus les fit entrer dans un troupeau de deux mille porcs qui allèrent se précipiter dans le lac de Génésareth, au grand chagrin sans doute de leur propriétaire. Les éleveurs, comme M. le comte de Falloux, M. le duc de Broglie, ne doivent pas être grands partisans de ce genre de miracles qui ne respecte point la propriété.

Laissons ces inepties à tous ceux qu'elles font vivre.

Quand on veut dominer les hommes, sans les convaincre par l'évidence, sans s'adresser à leur raison, chacun sait que pour s'imposer à eux, un peu de charlatanisme est nécessaire. C'est quand la foi aux anciens dieux commençait à faiblir, que les prêtres du paganisme multiplièrent leurs miracles à Épidaure, qui était le Lourdes de leur temps.

Aux simples esprits que le surnaturel émerveille sans que leur raison le repousse, il paraîtra toujours plus facile et plus simple de croire ce qui est enseigné par des prêtres et des moines revêtus d'un habit particulier, que de lire les savants et les philosophes et d'entrer dans des explications naturelles, scientifiques et historiques qui seraient pour leur simplicité d'esprit et leur paresse beaucoup trop laborieuses.

Le R. P. dom Prosper Guéranger, celui qui fut si dur au P. Gratry dans ses trois *Défenses de l'Église Romaine*, celui qui démontra l'infaillibilité du Pape parce que le « Souverain Pontife est la présence visible de Jésus-Christ parmi nous », parce que *le Pape c'est la voie, la vérité et la vie*, dom Guéranger, l'illustre abbé de Solesmes, celui qui a rétabli en France le savant ordre des Bénédictins, dom Guéranger, le grand ami du Pape Pie IX et de Mgr Pie, évêque de Poitiers, nous donne, mieux encore que le P. Monsabré qui croit aux diables, l'exact état d'esprit des catholiques, des moines et des ordres religieux contemporains. Pour savoir ce que pensent ces pieux congréganistes, qui se disent éclairés, non par la science moderne, mais par les lumières surnaturelles du Saint-Esprit, il faut les lire et les citer. Voici le miracle que dom Prosper Guéranger a vu, de ses yeux, s'accomplir et qu'il rapporte ainsi lui-même : « Depuis le mois de septembre 1868, une vingtaine de poules, parfaitement installées, nourries et soignées de toutes les manières, n'avaient pas pondu un seul œuf. Six ou sept d'entre elles furent tuées et ouvertes *sans que l'on trouvât en elles le moindre indice de fécondité.*

Le 20 février 1869, on en tuait encore une sans plus de succès. L'idée vint d'attacher *une médail'e de Saint-Benoît* à l'une des murailles du poulailler. Quatre jours après, on recueille un œuf; le lendemain deux; *tous les jours, depuis, une pondaison régulière et abondante s'établit.*»

Revenons à M. Richard Le Gallienne et à sa *Religion d'un homme de lettres.*

Son opinion sur la théologie est partagée par tous les esprits éclairés. Un certain nombre d'ecclésiastiques commencent même a en avoir honte.

« Il suffit pour s'en convaincre, dit Arvède Barine, d'aller au sermon. Les questions sociales envahissent de plus en plus la chaire, aux dépens de la doctrine, considérée par un grand nombre de prédicateurs comme une relique vénérable, mais d'une utilité secondaire au point de vue pratique. Il leur semble plus urgent, par le temps qui court, de réconcilier leurs ouailles avec la vie et la société, que de redresser leurs idées sur la résurrection des corps, ou même sur les mystères de la Trinité. »

« Notre religion, dit M. Richard Le Gallienne,

ne dépend plus, pour son existence, de la Bible hébraïque.

« L'inspiration de la Bible était autrefois le point capital de la controverse religieuse. Cette difficulté n'existe plus.

« Nous sommes libres aujourd'hui d'accepter ou de rejeter l'inspiration d'une centaine de Bibles et il ne s'agit plus de l'inspiration d'un livre, mais *de l'inspiration de l'âme humaine qui a dicté tous les livres.*

« Il y avait jadis la question des miracles ; mais nous voyons maintenant que l'authenticité de tel ou tel miracle particulier est de peu d'importance, dans un monde qui est lui-même un miracle glorieux et impénétrable. »

Pour M. Richard Le Gallienne, le courage est la première élégance d'une âme noble.

Une âme noble se passe très bien de l'idée chimérique d'une vie future.

M. Le Gallienne démontre aux illusionnés qu'ils ne seraient pas mieux dans l'autre monde, s'il y en avait un, qu'ils ne l'ont été dans celui-ci, vu que leurs défauts les suivraient, produisant éternellement les mêmes conséquences désastreuses.

« Il est impossible de concevoir un ciel joujou, où tout s'arrangera bien. Celui qui a été faible dans ce monde sera-t-il fort dans l'autre ? »

Chacun, dit M. Le Gallienne, est libre de croire ou non à l'immortalité de l'âme, selon « ses besoins individuels ». Quoi qu'il en soit, « ça n'a vraiment pas beaucoup d'importance. »

En effet, une vie sans corps, sans tête, sans cerveau, sans mémoire, une vie sans sommeil et sans activité, une vie sans boire ni manger, sans pensée, sans action, différerait tant de notre présente vie humaine qu'il n'y aurait entre elles aucun rapport possible.

Qu'est-ce donc qui a de l'importance ? Vivre selon notre « Nature supérieure », et non pas selon notre « Nature inférieure. » Tout est là. C'est la grande règle de vie.

Quant à la douleur, l'homme est un apprenti formé par la souffrance noblement supportée.

« Il est d'usage, di M. Le Gallienne, de regarder les rhumatismes comme un mal. Cependant ils peuvent être un bien pour ceux à qui ils apprennent la patience et l'empire sur soi-même. *Le corps n'a pas de souffrance dont l'âme ne puisse profiter.* S'il est établi que le rhumatisme me rend meilleur, puis-je dire qu'il est une mauvaise chose.
« Le rhumatisme n'a pas une existence impersonnelle. Il n'existe que par rapport à certains individus, très à plaindre, et si quelques-uns de ceux-ci viennent nous dire qu'il leur a été plus bienfaisant encore que nuisible, le témoignage du brave vaut certes autant que celui du poltron. Pourquoi tenir compte exclusivement des appréciations du poltron sur la vie ? »

C'est là précisément le sentiment des stoïciens quand ils disaient que, pour le sage habile à perfectionner son âme par la douleur même, la douleur n'était pas un mal.

Le goût des choses idéales ne manque point aux esprits sensés et critiques, épris tout à la fois de la science et de l'art.

Si la croyance aux dogmes catholiques s'en va, la morale reste et se perfectionne tous les jours. Si le naturalisme est à la base, l'esthétique, l'idéal se trouvent au sommet.

La sanction de la morale naturelle, c'est le bonheur que tous désirent, ou le malheur que tous veulent éviter. La vie humaine se règle par ses conséquences nécessaires. Or, le malheur naît toujours du vice et le bonheur, dans toute sa fleur et sa beauté charmante, n'est obtenu que par le désintéressement des choses vulgaires, par le travail et le dévouement à la famille et à la patrie.

Le chrétien parfait, l'inquisiteur cessent d'être hommes ; leurs fausses idées de la vie et du monde les rendent intraitables et intolérants. On a fait croire aux fidèles que la nature est si mauvaise qu'il faut la détruire, parce qu'elle incline au mal partout et toujours ; mais, avant Herbert Spencer, Vauvenargues a montré que l'honnête homme fait le bien naturellement et avec un sentiment de plaisir.

« Le bien où je me plais change-t-il de nature ; cesse-t-il d'être le bien ? »

Le sentiment de la perfection morale est l'essence même du plaisir, le bonheur est la joie durable ; par conséquent c'est dans la vie parfaite qu'il les faut chercher.

Pour l'homme qui lit et qui pense, la vie humaine est la vie raisonnable, ce n'est point la vie d'une bête brute.

Dès qu'il réfléchit, le jeune homme trouve dans la pratique de la vie littéraire des jouissances variées et puissantes qui lui font mépriser les plaisirs grossiers ; l'expérience, éclairée par la réflexion, lui prouve que le bonheur qu'il cherche ne se trouve que dans la Justice, dans la bonté, la bienveillance, l'amour et la vertu.

La lecture réfléchie de quelques philosophes, d'Aristote, de Cicéron, de Voltaire et de Montaigne, sans parler de nos contemporains d'un accès encore plus facile, suffit à l'éloigner de l'ignorance première et de la brutalité primitive. La culture de l'âme adoucit l'égoïsme, qui se transforme en amour de soi, et l'amour éclairé de soi-même perfectionne l'âme par l'habitude de réfléchir, par la pratique des actions utiles et par la religion des lettres.

L'idée chrétienne de la décadence est diamétralement contraire à l'idée moderne du progrès.

L'homme n'est pas un être déchu ; c'est un être qui monte, qui s'élève vers la perfection. Il n'est pas, comme l'enseignaient à Lamartine enfant, au collège de Belley en Bugey, les Pères de la Foi, — (un des pseudonymes des Jésuites), — l'homme n'est pas *un dieu tombé qui se souvient des cieux*, il est un animal longtemps sauvage, brute, farouche et barbare, qui s'élève lentement, par la science et par la conscience, à la justice, au bien, à la moralité.

Ce que nous appelons l'antiquité fut précisément la jeunesse du monde.

L'homme primitif, dit Taine, ne fut point un être supérieur, éclairé d'en haut, mais un sauvage grossier, nu, misérable, lent dans sa croissance, tardif dans son progrès, le plus dépourvu et le plus nécessiteux de tous les animaux, à cause de cela sociable, né comme l'abeille et le castor avec l'instinct de vivre en troupe, outre cela imitateur comme le singe, mais plus intelligent et capable de tous les progrès.

Quand je me reporte en idée aux débuts de l'espèce humaine sur cette terre, à cette longue vie sauvage dans les forêts, à ces siècles de misère et de dureté de l'âge de *pierre*, qui précéda l'âge de *bronze* et l'âge même de fer ; quand je vois, dit Sainte-Beuve, avant l'arrivée même des Celtes, les habitants des Gaules, nos ancêtres les plus anciens, rabougris, affamés et antropophages à leurs jours de fête le long des fleuves, dans le creux des rochers ou dans les rares clairières ; et quand j'entends parler, dans les salons spiritualistes comme si l'on était descendu de la race des Anges, je me dis : L'humanité n'est qu'une parvenue qui rougit de ses origines et qui les renie. Je voudrais que, tout en conservant sa dignité acquise, elle se souvînt tout bas quelquefois du point d'où elle est partie. Ne renions pas nos parents pauvres, dit Sainte-Beuve. — N'étalons pas nos origines, soit ; recouvrons-les même, à condition de ne les oublier jamais.

L'homme primitif affamé et anthropophage ne connaissait que la peur et la faim.

Il ressemblait à une bête. « Son front était déprimé. Ses muscles et ses sourcils formaient en se contractant de hideuses rides ; ses mâchoires faisaient sur sa face une énorme saillie, ses dents avançaient hors de sa bouche. »

Telle fut la première humnanité. Mais insensiblement, par de lents et magnifiques efforts, les hommes, devenus moins misérables, devinrent moins féroces ; leurs organes se modifièrent par l'usage. L'habitude de la pensée développa le cerveau et le front s'agrandit. Les dents qui ne s'exerçaient plus à déchirer la chair crue, poussèrent moins longues dans la mâchoire moins forte. La face humaine prit une beauté sublime et le sourire naquit sur les lèvres de la femme...

Représentons-nous ces malheureux ancêtres qui vivaient au temps du mammouth, pendant l'âge des glaces, dans une caverne nue et désolée où ils n'entendaient que les cris des tigres, « ces hommes ne pensaient point à l'avenir ; une faible lueur d'intelligence vacillait dans leur âme obscure ; ils ne pouvaient songer qu'à se nourrir et à se cacher. Ils étaient hommes pourtant. Un idéal confus les poussait vers ce qui est beau et bon aux hommes. Ils vécurent misérables ; mais ils ne vécurent pas en vain, et la vie qu'ils avaient reçue si affreuse, ils la transmirent un peu moins mauvaise à leurs enfants. Ceux-ci travaillèrent à leur tour à la rendre meilleure. Tous, ils ont mis la main aux arts : l'un inventa la meule, l'autre la roue. Ils se sont tous ingéniés, et l'effort continu de tant d'esprits à travers les âges a produit ces merveilles qui maintenant embellissent la vie. »

Nous serions, dit Anatole France, moins généreux que les hommes des cavernes si, notre tour étant venu, nous ne travaillions pas à rendre à nos enfants la vie plus sûre et meilleure qu'elle n'est pour nous-mêmes. Ils est deux secrets pour cela : aimer et connaître.

Avec la science et l'amour, on fait le monde. L'homme qui veut parce qu'il aime, réussit parce qu'il veut. Aimer, connaître et vouloir, on n'a pas encore trouvé de meilleure solution au problème moral de la vie.

Sainte-Beuve a dit que tous les écrits du XVII⁰ siècle, Pascal excepté, on peut retrancher presque la moitié sans leur faire perdre quant au sens et en aidant beaucoup à l'agrément, que le goût de la parfaite sobriété ne passa à tous les gens d'esprit qu'au XVIII⁰ siècle, et que Voltaire y donna la mesure.

Au point de vue de la philosophie et des idées, le grand siècle n'est pas celui de Louis XIV,

Siècle de grands talents bien plus que de lumières,

mais celui de Voltaire, de Diderot et de Montesquieu.

Dans son ensemble, comme dans son élite, le dix-huitième siècle, écrit Sainte-Beuve, est incomparablement supérieur à la seconde moitié du dix-septième par les lumières et par la connaissance de l'homme vrai, de l'homme moderne en société.

Quelle puissance de raison dans l'esprit de Voltaire, quelle clarté concise dans sa parole, quel admirable force de sens commun! que de faits et d'idées dans l'*Essai sur les mœurs*! quelle *Correspondance* charmante! quels *Contes* spirituels! Pour un homme qui pense, le *Dictionnaire philosophique* est ravissant.

A l'article croire, Voltaire montre que croire, c'est très souvent douter. Tant vaut le doute d'un homme, tant vaut sa foi. Qu'importe la croyance des enfants et des femmes qui gobent tout ce qu'on leur présente? Qu'importe la croyance de ceux qui ignorent l'histoire de l'humanité? Mais que dirons-nous de ceux qui veulent persuader aux autres ce qu'ils ne croient point?

Un jour, dit Voltaire, le prince Pic de la Mirandole rencontra le pape Alexandre VI chez la courtisane Emilia, pendant que Lucrèce, fille du saint-père, était en couches, et qu'on ne savait pas dans Rome si l'enfant était du pape ou de son fils le duc de Valentinois, ou du mari de Lucrèce, Alphonse d'Aragon, qui passait pour impuissant. La conversation fut d'abord fort enjouée. Le cardinal Bembo en rapporte une partie. Petit Pic, dit le pape, qui crois-tu le père de mon petit-fils? — Je crois que c'est votre gendre, répondit Pic. — Eh! comment peux-tu croire cette sottise? — Je la crois par la foi. — Mais ne sais-tu pas bien qu'un impuissant ne fait point d'enfants? — La foi consiste, répartit Pic, à croire les choses parce qu'elles sont impossibles; et de plus, l'honneur de votre maison exige que le fils de Lucrèce ne passe point pour être le fils d'un inceste. Vous me faites croire des mystères plus incompréhensibles. Ne faut-il pas que je sois convaincu qu'un serpent a parlé, que depuis ce temps tous les hommes furent damnés, que l'ânesse de Balaam parla aussi fort éloquemment, et que les murs de Jéricho tombèrent au son des trompettes? Pic enfila tout de suite une kyrielle de toutes les choses admirables qu'il croyait. Alexandre tomba sur un sopha à force de rire.

Je crois tout cela comme vous, disait-il, car je sens bien que je ne peux être sauvé que par la foi, et que je ne le serais point par mes œuvres.

L'évêque Dupanloup, ce passant tapageur qui aimait tant le bruit, ce «fougueux prélat», ce brouillon qui a tant écrit et dont personne n'a et n'aura jamais l'idée de relire une ligne depuis qu'il est enterré, ce «passant», comme l'appelle Veuillot, a passé son temps à dénoncer Voltaire comme il a dénoncé Littré. Il dénonçait toujours. Il dénonçait, d'un coup, tout le dix-huitième siècle. Il recommandait constamment d'éviter ces *mauvaises lectures* : «l'odieuse licence de Voltaire, la honte des *Lettres persanes*, l'insupportable sophisme de Rousseau.»

Il avait fabriqué lui-même ou fait fabriquer par ses aides, sur l'*Education*, trois lourds volumes dans lesquels il se flatte d'aimer la littérature et d'être hostile aux théories barbares du *Ver Rongeur* (1). Mais l'éducation d'un lettré français, obligé de se voiler la face devant Montesquieu, Voltaire et Jean-Jacques Rousseau, n'aura-t-elle pas quelque lacune?

(1) Par Mgr Gaume.

Et que d'autres faudrait-il joindre à Rousseau, Voltaire et Montesquieu? Depuis Lamennais jusqu'à Littré, en passant par Taine, Renan, Michelet, Quinet, George Sand, Louis Blanc, Thiers, Proudhon, Sainte-Beuve, etc.

Les lectures permises à un élève du petit séminaire d'Orléans se réduisaient insensiblement à la collection Mame de Tours, à la *Semaine religieuse*, au lourd fratras de M. Dupanloup.

L'alerte et forte langue de Louis Veuillot lui-même, ce rude polémiste, était une lecture interdite dans tout le diocèse d'Orléans.

Monseigneur frappait d'interdit ceux-là même qui n'étaient point à l'*index* de Rome; il défendait de lire ceux qui n'admiraient point son style et son visage, ceux qui remarquaient qu'il portait sur sa figure le rouge dont il aurait tant voulu recouvrir son chapeau. Monseigneur défendait de lire tous les écrivains du dix-huitième siècle : Fontenelle, Duclos, Montesquieu, Voltaire, Vauvenargues, Buffon, Jean-Jacques Rousseau, Grimm, d'Holbach, Diderot, Helvétius, Condillac, Maupertuis, Mably, l'abbé Raynal, l'abbé Morellet, d'Alembert, Saint-Lambert, Chamfort, Mirabeau, Cabanis, Volney, Condorcet.

Il ne pouvait, depuis la mort de Louis XIV jusqu'à la Révolution, faire exception que pour les pauvres rimes, vides et sacrées, de Louis Racine, Jean-Baptiste Rousseau, Le Franc de Pompignan, et pour la misérable prose de Fréron, Patouillet et Nonnotte.

C'est par un pareil choix de lectures viriles que l'évêque Dupanloup se croyait un éducateur !

La qualité de la nourriture intellectuelle influe cependant sur la qualité des esprits. On trouve, dans le monde, une différence entre celui qui a lu et compris Taine, Stendhal, Montesquieu et celui qui, dès sa jeunesse, s'est débilité l'estomac par tous ces bêtes de livres dévots, dits moraux, approuvés par quelque archevêque.

Quand on relit le dix-huitième siècle, sous les moqueries légères on trouve des idées profondes ; sous l'ironie perpétuelle, on trouve la générosité habituelle.

Vauvenargues avait encore contre la vie littéraire et la noble profession d'homme de lettres quelques-uns des préjugés de l'aristocratie illettrée de son temps.

Il pouvait avoir remarqué que la parole seule mène les hommes et conduit le monde. Dans leurs conversations, Voltaire avait pu lui faire voir que tout l'univers connu n'est gouverné que par des livres, excepté les peuplades sauvages ; mais il ne pouvait savoir que c'était précisément Voltaire qui allait donner son nom à son siècle, que Montesquieu, Jean-Jacques et Diderot seraient avec lui les maîtres du dix-huitième siècle et que « les plus grands faits de l'ordre politique paraîtraient de bien modestes événements, comparés aux *Lettres philosophiques*, à *l'Esprit des Lois*, au *Contrat social* » (1), à *l'Encyclopédie*; c'est à-dire à ces ouvrages mêmes d'où sont nés l'esprit moderne, la civilisation contemporaine et que, sans doute pour ce motif, l'évêque Dupanloup défend de lire.

Ardent et constant au service de ses idées, Voltaire a l'esprit juste Rien de plus sain pour le goût que la lecture de ses œuvres; elle nous ramène au sentiment de la mesure, de la convenance, du naturel, de la clarté. Jamais écrivain ne porta plus loin l'horreur de l'emphase Robuste et hardi dans les idées, il est toujours resté simple et naturel dans son langage.

Homme du monde, homme de goût, Voltaire ne déclame jamais. Plaire est un besoin pour lui, mais il ne veut plaire qu'en éclairant. Il éclaire en signalant un préjugé, un abus, une injustice. La variété des formes qu'il emploie est merveilleuse. Epîtres satires, mémoires, romans, contes en vers, dictionnaire, tragédies, dialogues, correspondance, un même esprit circule partout.

Il explique l'énigme du monde par le climat, le gouvernement, la religion, trois choses qui influent sans cesse sur l'esprit des hommes.

Philosophe savant à idées générales, Voltaire a constamment travaillé à une même œuvre, à l'éman-

---

(1) M. Paléologue.

cipation de l'esprit. Taine a su lui faire sa grande part dans les origines de la France contemporaine.

Quel attrait, écrit-il, pour des Français, qu'un livre où tout le savoir humain est rassemblé en mots piquants. Car c'est bien tout le savoir humain et je ne vois pas, dit Taine, quelle idée importante manquerait à un homme qui aurait pour bréviaire les *Dialogues*, le *Dictionnaire* et les *Romans*. Relisez-les cinq ou six fois, et alors seulement vous vous rendrez compte de tout ce qu'ils contiennent. Non seulement les vues sur le monde et sur l'homme, les idées générales de toute espèce y abondent, mais encore les renseignements positifs et même techniques y fourmillent, petits faits semés par milliers, détails multipliés et précis sur l'astronomie, la physique, la géographie, la physiologie, la statistique, l'histoire de tous les peuples, expériences innombrables et personnelles d'un homme qui, par lui-même, a lu des textes, manié les instruments, visité les pays, touché les industries, pratiqué les hommes, et qui, par la netteté de sa merveilleuse mémoire, par la vivacité de son imagination, revoit ou voit, comme avec les yeux de la tête, tout ce qu'il dit à mesure qu'il le dit.

Relisez le *Traité sur la tolérance*, le *Commentaire sur le livre de Beccaria*, le *Prix de la justice et de l'humanité*.

Ces pages-là vivent encore, quoique les abus que

combat Voltaire aient été redressés. Elles vivent par ces vérités supérieures qui, après avoir servi à réformer la société, servent encore à la perfectionner, parce qu'elles montrent l'idéal de ce qui reste à faire pour améliorer la société.

Relisez l'*Essai sur les mœurs et l'esprit des nations*, c'est la guerre déclarée au christianisme par l'histoire.

C'est le premier modèle de la critique historique, l'histoire fondée sur le témoignage des contemporains. En relisant l'*Essai*, on fait plus que s'intéresser à la guerre contre l'injustice, la violence, le meurtre juridique, on y prend parti.

On devient, comme Voltaire un ami passionné de l'humanité, de la tolérance, de la justice et du progrès.

« Si les hommes, y dit-il, étaient raisonnables, ils ne voudraient d'histoires que celles qui mettraient sous leurs yeux les droits des peuples, les événements qui intéressent toute une nation, les progrès des arts utiles, les abus qui exposent le grand nombre à la tyrannie du petit; mais cette manière d'écrire l'histoire est aussi difficile que dangereuse. »

Une philosophie est une façon de comprendre la vie et les choses. Voltaire n'a pas fait de système comme Descartes; mais Voltaire a un esprit, une façon de prendre les choses qui résulte de tout un ensemble d'habitudes intellectuelles.

Evêque du « grand diocèse », précurseur de Sainte-Beuve, dont il avait déjà le savoir encyclopédique, ayant réussi à faire voir que la vraie religion, c'est la morale, que tous les grands esprits sont de la même Eglise, Voltaire pouvait écrire au marquis de Villevieille, en décembre 1768 : « Je mourrai consolé en voyant la véritable religion, c'est-à-dire celle du cœur, s'établir sur les ruines des simagrées. Je n'ai jamais prêché que l'adoration d'un seul Dieu, la bienfaisance et l'indulgence.

« Avec ces sentiments, je brave le diable qui n'existe point et les vrais diables fanatiques qui n'existent que trop. »

L'empire des opinions sur la vie est un fait nouveau qui nous vient de Voltaire et du XVIIIe siècle, du triomphe de la liberté de penser. Jusque là les hommes avaient des croyances, la religion leur donnait des solutions toutes faites sur l'origine du monde, la destinée humaine, le but final de la vie et sur toutes les questions de l'ordre moral ; quant à la politique, La Bruyère fait observer qu'il était presque interdit d'y penser. A partir de Voltaire, nul homme éclairé ne put se dispenser d'examiner ses idées et de choisir ses principes. Grâce à lui, le progrès continue et la foi elle-même tend à devenir de nos jours une opinion, dans ce sens au moins qu'un esprit éclairé la raisonne et veut se la faire soi-même.

Voltaire et ses amis, Diderot, d'Alembert, tous les autres philosophes du XVIIIe siècle, ont introduit dans le monde un sentiment nouveau, une vertu ignorée pendant toute la durée du moyen-âge, l'*humanité*. Car quiconque trouve tout simple qu'on brûle un hérétique, qu'on torture un coupable, qu'on asservisse une conscience, qu'on envoie un homme aux galères pour délit de sel, de chasse, de pêche ou de loi, peut être un fort théologien, un inquisiteur modèle, un Père de l'Église, il n'est pas *humain*.

Il a fallu, aux libres penseurs philosophes, faire bien des efforts, s'exposer à bien des dangers pour que les notions de liberté, d'égalité et de justice arrivassent jusqu'au législateur. Cette tâche humanitaire, l'Eglise ne pouvait la remplir, parce qu'en lui en supposant gratuitement le désir, elle se serait mise en contradiction avec les puissances despotiques qui régnaient par l'arbitraire et le privilège et qui la traitaient en alliée.

Les philosophes du XVIIIe siècle furent humains; l'apostolat de la tolérance les trouva infatigables. Comme l'examen personnel divise tandis que la foi réunit, ils furent divisés, mais unanimes dans leur guerre en faveur de la tolérance et contre la superstition.

A la tête de ce mouvement philosophique, si dangereux alors, il fallait des penseurs d'une rare souplesse d'intelligence; des chefs de parti à la fois opiniâtres et prudents. Ils eurent Voltaire, chef des philosophes, qui fit triompher le rationalisme; Montesquieu, chef des politiques; Turgot, chef des économistes; Diderot, général en chef de la grande armée encyclopédique.

Il s'agissait de reprendre l'œuvre de la Renaissance, l'œuvre de Montaigne et de Rabelais, interrompue par les dragons de Louis XIV et par l'intolérance de Bossuet.

Il fallait briser nettement avec la Sorbonne théologique, avec l'autorité aveugle de la scolastique. Descartes n'avait, en philosophie, reconnu d'autre criterium de la vérité que l'évidence, il fallait arriver à n'admettre d'autre juge du droit que la raison. Il fallait substituer la volonté de tous au bon plaisir d'un seul et remplacer partout l'artificiel et l'arbitraire par la nature des choses et la justice.

Avant son accident de Neuilly, avant le miracle de la sainte Epine et le mysticisme où il tomba, Pascal avait montré que la vertu n'a rien de commun avec la théologie et que, travailler à bien penser, voilà le principe de la morale.

Sous Louis XIV et sous Bossuet, on distinguait peu la morale de la religion, et l'ordre social de la puissance du trône.

Au XVIII° siècle Duclos, Helvétius, Vauvenargues, l'abbé Arnaud, Suard, tous les philosophes moralistes, depuis Fontenelle jusqu'à Chamfort montrent qu'aucun des sujets traités avec talent ne peut avoir autant de charme que la morale, fondée avec clarté sur la nature de l'homme et de la société.

En même temps qu'il sépare la morale de la religion, Jean-Jacques Rousseau démontre que la loi doit être l'expression de la volonté générale.

Tous ils avaient conscience de la grande révolution politique et sociale que leurs théories morales et philosophiques et leurs idées religieuses, préparaient. Le prudent d'Alembert cherchait à calmer son ami Diderot, et lui disait : « C'est au temps à fixer l'objet, la nature et les limites de cette révolution, dont notre postérité connaîtra mieux que nous les inconvénients et les avantages. En vain l'homme vertueux aspire à faire le bien, s'il n'a pas cette patience éclairée qui sait en attendre le moment. Avec les intentions les plus louables, on peut nuire à la vérité en se pressant de la montrer avant le temps. »

Il y avait dans le génie lucide et patient de d'Alembert un peu trop de la prudence excessive de Fontenelle.

Eminemment analytique, le XVIIIe siècle, après avoir agrandi les sciences mathématiques, étendu et renouvelé les sciences naturelles, refait les sciences physiques, aspira de plus à fonder les sciences morales. Il eut la haute prétention de juger selon la raison et de tout arranger selon la justice.

Voltaire, Vauvenargues, Helvétius, d'Holbach, Maupertuis cherchèrent le fondement terrestre de la morale. Ils proclamèrent l'indépendance entière de la raison. Ils fondèrent l'ordre social sur l'utilité réciproque. Rousseau consacra l'égalité civile. Turgot et Condorcet soutinrent le progrès successif de l'espèce humaine qui avance toujours, même en paraissant s'arrêter quelquefois.

Quel siècle dans l'histoire! quel admirable siècle comparé à celui qui révoqua l'Edit de Nantes et qui fut occupé, presque exclusivement, par les querelles théologiques. Que de grands philosophes et d'hommes de progrès au XVIIIe siècle. Voltaire, la raison armée de l'esprit le plus net qui fut jamais ; Montesquieu, la raison tempérée par le sens historique le plus pénétrant et le plus sagace; Jean-Jacques Rousseau, représentant l'idée de l'égalité et de la souveraineté du peuple ; Diderot et d'Alembert, représentant avec Voltaire, la lutte contre la superstition et le fanatisme; Buffon, Condillac, Mably, Helvétius, d'Holbach, Maupertuis, Raynal, Morellet, Suard, etc.

A côté d'eux, les publicistes remarquables, qui concourent avec eux à préparer la Révolution française; des économistes tels que Turgot, Quesnay, Morelli ; des hommes politiques, des savants tels que Mirabeau, Bailly et Condorcet. Tous, ils poursuivent le même but, le développement de l'esprit humain, l'affranchissement des malheureux, le perfectionnement de l'humanité. Pendant ce temps, l'Eglise est occupée à rouer Calas et Labarre.

Ce que les écrivains du XVIII° siècle poursuivent tous, par toutes les voies de l'intelligence, c'est la conquête des esprits, le renversement des préjugés, les réformes sociales et politiques réalisées par la Révolution.

Au milieu de leurs divergences de sentiments et d'opinions, tous nos philosophes restent unis pour faire prévaloir la liberté de la presse, la tolérance religieuse, tous ils veulent écraser le fanatisme, l'infâme superstition.

Citons encore l'abbé de Saint-Pierre, l'auteur du *Projet de paix perpétuelle* (1713), commenté par Jean-Jacques Rousseau; Quesnay, le père de l'économie politique et le collaborateur de l'*Encyclopédie*; d'Argenson qui publia en 1767 ses *Considérations sur le gouvernement de la France*; Mirabeau père, l'ami de Vauvenargues, l'auteur de l'*Ami des hommes* (1757); Mably, l'auteur des *Entretiens de Phocion* (1763); Raynal, traçant le tableau de l'Europe dans son *Histoire philosophique et politique des établissements et du commerce des Européens dans les deux Indes*, condamnée par le Parlement en 1781; l'abbé Morellet, revendiquant la liberté d'écrire sur les matières d'administration (1764-1775); Thomas, avec ses *Eloges* de Sully et de Descartes (1763-1765); Marmontel, avec le chapitre de son *Bélisaire* sur la tolérance (1763) ; Turgot, Necker, Mirabeau avec son *Essai sur le Despotisme* (1772) ; du château d'If, du donjon de Vincennes, il traite des *Lettres de cachet* et des *prisons d'Etat*, pendant que Beaumarchais s'apprête à faire jouer le *Mariage de Figaro* (1784).

Le XVIIIe siècle est donc bien la liberté de l'esprit. Les encyclopédistes, malgré les gênes qu'on leur impose, arrivent à démontrer que le catholicisme est le principal obstacle aux progrès de la science et aux réformes nécessaires de la société.

L'intolérance et les odieuses persécutions religieuses du révocateur de l'Édit de Nantes sont connues ; mais ce serait une erreur de croire que Louis XV fut plus tolérant.

En 1745, deux ordonnances prescrivent d'envoyer *aux galères, sans procès,* quiconque aurait assisté aux prêches des religionnaires. En vertu de ces ordonnances, les enfants sont enlevés à leurs parents, les femmes, exilées au désert, sont rasées, battues de verges, enfermées pour toute leur vie.

En 1750, de nouvelles troupes sont mises en campagne pour traquer, fusiller, dragonner les protestants.

En 1754, le pasteur Lafage, livré par un délateur, est condamné et *exécuté*, dans les vingt-quatre heures, par un simple arrêté de l'intendant du bas Languedoc.

L'intolérance religieuse qui avait fait les dragonnades se poursuivit au milieu du XVIII° siècle. Le successeur de d'Aguesseau, Joli de Fleury, fit rendre un arrêt de *mort* contre tout auteur qui attaquerait directement ou *indirectement la religion*. Son successeur, le chancelier Séguier, est l'auteur de la fameuse maxime : « *Quand la loi a parlé; la raison doit se taire*. »

Au XVII° siècle les Jésuites avaient obtenu contre les jansénistes, quatre-vingt mille lettres de cachet. Sous Louis XV, le duc de la Vrillère donnait à sa maîtresse, pour les vendre, des lettres de cachet avec le blanc-seing du roi. Presque tous les écrivains du XVIII° siècle furent victimes des lettres de cachet. C'est par là que débute Voltaire. Il fut envoyé deux fois à la Bastille et pour n'y pas retourner une troisième, il eut besoin de toute la prudence stratégique dont il fit preuve à Ferney. Diderot fut enfermé au château de Vincennes. Rousseau se vit forcé de quitter la France et défense lui fut faite d'y rien publier. Morellet passa deux mois à la Bastille pour avoir offensé, dans sa préface à la comédie des *Philosophes* de Palissot, la maîtresse du duc de Choiseul, madame de Robecq. La moindre atteinte au respect de la religion catholique était punie de mort.

Chacun put voir que la théologie s'oppose aux progrès intellectuels du genre humain, chacun put se convaincre par ses yeux que l'Église catholique inspire et respire le fanatisme de l'intolérance. Ce sont des théologiens catholiques qui ont inventé les plus affreux supplices de son Inquisition. Désormais il fut évident pour tous ceux qui savent l'histoire que la doctrine romaine, fort éloignée de l'Evangile avec lequel le clergé voudrait la confondre, est autoritaire, intolérante, antiphilosophique, antisociale et qu'elle ne saurait faire, intellectuellement et moralement par sa grâce divine, comme par la haine de la libre-pensée et du libre examen, que des jésuites incapables de penser avec énergie, d'agir avec droiture, capables de conduire les esprits faibles et crédules, au Sacré-Cœur de Paray-le-Monial ou à leur fabrique de miracles à La Salette et Lourdes.

Jugeant sans aucun doute que l'Évangile est méconnu là où sont proclamées la liberté et l'égalité civile, là où les consciences ne dépendent plus uniquement du clergé, les auteurs du *Ver Rongeur* et l'évêque Dupanloup excommunient en bloc tout le XVIII⁰ siècle, le plus français de tous nos siècles littéraires, et jettent au feu toutes ses œuvres.

Mais ils auront beau faire, du XVIII⁰ siècle date une ère nouvelle. Il ne faut plus désormais que du temps pour que la société moderne puisse se fonder tout entière sur le rationalisme et sur l'expérience.

Monseigneur Dupanloup excommunie en bloc tout le dix-huitième siècle, mais ce « passant » est mort; personne ne le lit plus. Aujourd'hui les

« ralliés », sur l ordre de Léon XIII, se réconcilient, nous dit-on, avec l'esprit moderne et tiennent le *Syllabus* pour lettre morte. Voyons donc des théologiens plus récents. Voici Monseigneur Ricard, prélat de la Maison de Sa Sainteté. Sa Grandeur vient de faire paraître, à Paris et à Lyon, ce qu'il appelle les *Chefs-d'œuvre oratoires* de l'abbé Combalot, dont il a publié la vie. « Tel de ces chefs-d'œuvre était écrit jusqu'à près de 80 et même 100 versions différentes. » Monseigneur Ricard a choisi entre toutes ces variantes, et son livre est récent ; l'auteur y a mis la dernière main à la fin du mois d'août 1894.

L'abbé Combalot, qu'il doit bien connaître, puisqu'il a écrit sa vie, lui paraît le type et l'exemple du prêtre chrétien. « Ce n'est pas lui, nous dit-il, qui plaiderait pour la tolérance, les concessions, les sacrifices à l'esprit de conciliation. Avec l'abbé Combalot, on est toujours en plein dans le surnaturel. » Le surnaturel, la grâce, la déification de l'homme ou plutôt du prêtre par la grâce, il y revient sans cesse et sous toutes les formes, au risque même de se répéter un peu. « C'est la théologie mise en forme oratoire. »

Voyons donc ce que pense de la théologie comparée à la philosophie du dix-huitième siècle, ce théologien éloquent.

— « La théologie est la science par excellence, la science des sciences, comme l'appelle saint

Thomas d'Aquin. Les autres connaissances humaines ne sont que les humbles servantes de la théologie catholique. »

La théologie explique Dieu, l'univers, les anges, les démons, l'éternité, tous les secrets de Dieu.

« Faisons l'homme, s'écrient *les trois personnes divines*, faisons-le à notre image et à notre ressemblance. Tout est dit. Nous sommes l'image de la Divinité, l'image de *trois personnalités distinctes dans la même essence.* »

Comment notre théologien va-t-il traiter la philosophie, « humble servante de la théologie catholique? »

— « La Philosophie du dix-huitième siècle, fondée sur le sensualisme, s'en va. Entendez donc les râlements de son agonie. SES CHEFS, *ses patriarches les plus fameux* FURENT LES PLUS VILS DES HOMMES. (sic). — Voilà ce qui est dit couramment en chaire, ce qui passe sans protestation.

« Cette philosophie, non contente de chanter dans ses romans la licence et la volupté, a cherché à matérialiser la pensée même. Elle a voulu que la vision, cette belle faculté de l'homme, ne fût que le résultat de l'organisation matérielle. *Locke et Condillac n'ont pas reculé devant ce monstrueux système.* »

Voilà le théologien qu'on nous présente comme étant toujours clair, précis, substantiel et profond !

En dépit des théologiens, le dix-huitième siècle a

fait une œuvre immense ; il a fondé la critique, la science, la tolérance, la liberté de l'esprit.

De continuelles études, de pénétrantes et incessantes monographies mettent en pleine lumière ses plus grands hommes : Voltaire, Rousseau, Diderot, d'Alembert, Buffon, Vauvenargues, Condorcet, Montesquieu.

Voici, sur une période de douze ou treize années, quelques dates prises dans les originales et consciencieuses études de M. Faguet :

1740. *Introduction à la connaissance de l'esprit humain*, par Vauvenargues.
— *Essai sur l'origine des connaissances humaines*, par Condillac.
— *Pensées philosophiques*, par Diderot.
1746. *De l'Esprit des Lois*, par Montesquieu.
— Les premiers volumes de l'*Histoire naturelle*, de Buffon.
— *Lettres sur les Aveug'es*, par Diderot.
1750. *Discours sur les Sciences*. par J.-J. Rousseau.
1751. *Considérations sur les Mœurs*. par Duclos.
— *Discours préliminaire de l'Encyclopédie*, par d'Alembert.
— *Siècle de Louis XIV*, par Voltaire
1753. *Discours de réception* de Buffon *à l'Académie française.*
— *Discours de J.-J. Rousseau sur l'inégalité des conditions.*
1754. *Traité des Sensations*, par Condillac.

1755. *Discours sur l'Esprit philosophique*, par Guénard.
1756. *Essai sur les Mœurs des Nations*, par Voltaire.
1759. *De l'Esprit*, par Helvétius.

Pendant ces treize années, et pendant tout le dix-huitième siècle, qu'ont écrit les théologiens et les écrivains catholiques ?

De nos jours, pendant toute la durée de notre dix-neuvième siècle qui touche à sa fin, quels savants catholiques, quels historiens, quels philosophes, quels grands critiques l'Eglise de France peut-elle citer ?

Littré, Sainte-Beuve, Thiers et Mignet, Michelet, Edgar Quinet, Proudhon et Louis Blanc, Leconte de Lisle, Lamartine, Hugo, Renan et Taine ont-ils des émules catholiques ?

Une religion n'est-elle pas jugée qui n'inspire pas d'autres hommes que l'abbé Combalot et l'évêque Dupanloup ? Joignez-y Lacordaire et tous les grands prédicateurs de Notre Dame, y compris le Père Hyacinthe Loyson et Monseigneur d'Hulst.

Mention à part pour l'auteur de l'*Homme selon la science et la foi*, le P. Henri Didon, qui, malgré sa robe de moine, aime et pratique la tolérance et se montre vraiment libéral.

On n'a pas l'idée de l'ignorance historique et scientifique de ces gens d'église, orateurs, prédicateurs ou même théologiens réputés les plus grands. Ils croient, cela suffit ; ils affirment, ils dénigrent, ils flétrissent tous les philosophes, ils méprisent la science et les savants. Jamais ils n'analysent, jamais ils n'examinent rien. Ils prennent tout dans la Bible.

C'est, pour eux, le Livre des livres, le Livre par excellence, le Livre unique. Et c'est précisément parce qu'il est unique qu'il devient mauvais pour eux et qu'il les aveugle ; car la Bible, lue avec d'autres livres, se trouve fort bien à sa place dans toute grande bibliothèque.

Mais, pour les théologiens, pour les orateurs de la chaire chrétienne, tout étant dans la Bible et tout ce qui se trouve dans la Bible étant vrai, tout ce qui la contredit est faux.

Or, toutes les sciences ont fait quelques progrès depuis la Renaissance des lettres et des sciences, depuis les rédactions illuminées par la stérile et forte imagination des prophètes hébreux. Et ces prophètes eux-mêmes, comparés aux Grecs de leur époque, n'ont jamais été des savants.

Quand on marche seul, comme il convient, disait Sainte-Beuve, à un esprit indépendant, et quand on n'a pour soi que le groupe si disséminé des gens sensés, lesquels ne se connaissent pas entre eux, on hésite à venir admirer trop faiblement ces orateurs, ces prédicateurs soutenus par la masse compacte des fidèles, ces grands théologiens qui s'appuient sur toute une légion de disciples enrégimentés par la discipline sévère des séminaires et par une puissante hiérarchie. Le combat avec eux n'est pas égal.

Un philosophe chrétien, plus sensible que raisonnable, plein de cœur et d'éloquence, M. J. Gardair, professe à la Sorbonne, depuis 1890, un cours libre sur la philosophie de saint Thomas d'*Acquin*, cours dans lequel il prend, avec une exaltation sincère, la défense du Surnaturel contre la nature.

Il a cru devoir, nous dit-il, remonter jusqu'au treizième siècle, en plein moyen âge, pour combattre la doctrine moderne de l'évolution qui nous montre la lente et progressive transformation de la plante en animal et de l'animal en homme capable d'intelligence et de raison.

Il admire sans mesure saint Thomas, disciple d'Aristote à travers Albert-le-Grand et ne s'inquiète pas de savoir si saint Thomas a toujours bien compris Aristote et s'il ne lui fait pas tort en mêlant aux observations du grand philosophe grec, les conceptions mystiques des docteurs chrétiens.

Le docteur Angélique, l'Ange de l'Ecole, a rarement trouvé un plus fervent disciple, un plus enthousiaste admirateur. Il nous dit que personne n'a jamais traité la Théologie scolastique avec autant de clarté, d'ordre et de solidité que saint Thomas lequel a composé dix-sept volumes in-folio de commentaires sur la philosophie d'Aristote et d'explications sur l'ancien et le nouveau Testament, et a consacré plus de temps encore aux disputes de théologie.

Au respect superstitieux d'Aristote, qu'il entendait mal, le docteur Angélique joignait pour tout ce qu'il lisait dans la Bible une crédulité d'enfant. N'ayant jamais rien lu en dehors des théologiens, commentateurs comme lui de l'Ecriture Sainte, son érudition, qu'on nous représente comme étant prodigieuse, se bornait en réalité à la seule lecture de la Bible et d'Albert-le-Grand. Aussi est-il à peu près raisonnable quand il commente la pensée d'Aristote qu'il découvre à travers le latin d'Albert-le-Grand, mais comme Aristote n'a parlé ni de la Trinité, ni des anges, c'est là que saint Thomas divague en toute liberté.

Saint Thomas fait de Dieu *une personne*, une intelligence individuelle ; puis, le mystère de la Sainte Trinité s'imposant à lui, cette personne unique et divine devient trois personnes : le Père, le Fils et le Saint-Esprit, trois êtres distincts et séparément subsistants, comme il le prouve par la personne de Jésus qui est venu vivre et mourir parmi les hommes, homme lui-même et Dieu tout ensemble.

Après avoir bien distingué chacune de ces trois personnes, Saint Thomas affirme que ces trois personnes ne font qu'une personne. Ainsi la Trinité étant composée de Jésus-Christ, de son père et du Saint-Esprit, il faut admettre l'*unité* de cette *trinité*.

Pas plus que les autres théologiens saint Thomas n'a rendu acceptable par la raison ce dogme, qu'il dit indispensable à croire, qu'il définit, comme tous les autres théologiens, un mystère incompréhensible et qui n'est aux yeux des philosophes qu'une pure et simple absurdité.

Ces explications et ces commentaires théologiques ne paraissent clairs et convaincants que dans les séminaires pour ceux qui sont déjà persuadés d'avance et illuminés par des grâces d'État.

Quant aux Anges, ils sont distribués en trois hiérarchies et chaque hiérarchie en trois chœurs.

La première hiérarchie est celle des Séraphins, des Chérubins et des Trônes; la seconde comprend les Dominations, les Vertus, les Puissances; la troisième renferme les simples Anges, les Archanges et les Principautés.

Ces anges sont en partie devenus des Démons. C'est encore un dogme de foi, comme la Trinité, et comme tous les autres dogmes qu'il faut croire sous peine d'*éternelle* damnation!

Chacun des hommes ayant eu un ange pour le garder, on peut imaginer par là le nombre infini des Anges, mais celui des Démons est encore plus grand, car un homme n'a jamais près de lui qu'un seul ange, tandis que dans le corps d'un homme il peut y avoir plus de trente mille démons.

Si cela ne vous suffit pas, après l'Ange de l'école, le Père Pétau a spécialement traité des anges, sur lesquels les théologiens peuvent dire tout ce qu'ils veulent puisque personne ne les connaît. J'avoue n'avoir pas pénétré à sa suite dans sa théologique pétaudière.

Je me suis contenté de parcourir l'*Empire du Diable*, du T. R. P. Monsabré, où j'ai pu voir la lutte gigantesque engagée depuis des milliers d'années entre le Ciel et l'Enfer. On n'en saurait douter puisque « l'universelle tradition des peuples affirme l'existence et l'action des mauvais esprits dans la nature et dans les événements de la vie humaine », et puisque, saint Thomas l'affirme : *officium proprium diaboli tentare*. L'office propre du diable est de nous tenter : le docteur Angélique l'a dit dans la *Somme théologique*, 1re partie, question 114, articles 2 et 3.

En 1765, Voltaire n'avait-il pas raison de prévenir ses contemporains de l'*horrible danger de la lecture*.

Ayant consulté les fakirs les plus recommandables par leur zèle contre l'esprit, le successeur de Mahomet condamne, selon leur désir, les livres et l'infernale invention de l'imprimerie « pour les causes ci-dessous énoncées :

« 1º Cette facilité de communiquer ses pensées tend évidemment à dissiper l'ignorance, qui est la gardienne et la sauvegarde des États bien policés.

« 2º Il est à craindre que parmi les livres apportés d'Occident, il ne s'en trouve quelques-uns sur l'agriculture et sur les moyens de perfectionner les arts mécaniques, lesquels ouvrages pourraient à la longue, ce qu'à Dieu ne plaise, réveiller le génie de nos cultivateurs et de nos manufacturiers, exciter leur industrie, augmenter leurs richesses et leur inspirer un jour quelque élévation d'âme, quelque amour du bien public, sentiments absolument opposés à la saine doctrine.

« 3º Il arriverait qu'à la fin nous aurions des livres d'histoire dégagés du merveilleux qui entretient la nation dans une heureuse stupidité. On aurait dans ces livres l'imprudence de rendre justice aux bonnes et aux mauvaises actions, et de recommander l'équité et l'amour de la patrie, ce qui est visiblement contraire aux droits de notre place.

« 4º Il se pourrait, dans la suite des temps, que de misérables philosophes, sous le prétexte spécieux, mais punissable, d'éclairer les hommes et de les rendre meilleurs, viendraient nous enseigner des vertus dangereuses dont le peuple ne doit jamais avoir connaissance.

« A ces causes et autres, pour l'édification des

fidèles, et pour le bien de leurs âmes, nous leur défendons de jamais lire aucun livre, sous peine de damnation éternelle. Et, de peur que la tentation diabolique ne leur prenne de s'instruire, nous défendons aux pères et aux mères d'enseigner à lire à leurs enfants. Et, pour prévenir toute contravention à notre ordonnance, nous leur défendons expressément de penser, sous les mêmes peines; enjoignons à tous les vrais croyants de dénoncer à notre officialité quiconque aurait prononcé quatre phrases liées ensemble, desquelles on pourrait inférer un sens clair et net. Ordonnons que dans toutes les conversations, on ait à se servir de termes qui ne signifient rien, selon l'ancien usage de la Sublime-Porte »

— Lacordaire, lui-même, supplie les fidèles de ne pas se laisser séduire aux écrits modernes, parce qu'ils sont « infectés d'orgueil, de sensualisme et de doute. — *Depuis trois ou quatre siècles*, ajoute le célèbre dominicain, la littérature est dans un état de rébellion contre la Vérité. »

L'évêque Dupanloup condamnait en bloc tout le dix-huitième siècle. Voici maintenant trois siècles littéraires rayés d'autorité par le fils de saint Dominique !

On voit combien les catholiques, même les catholiques qui se disent libéraux, diffèrent des lettrés libres penseurs.

Des Dieux que nous servons connais la différence!

Les esprits libres acceptent tous les livres ; non seulement ils lisent la Bible, l'*Imitation* de J.-C., qu'ils admirent, mais saint Thomas d'Aquin, Lacordaire, Bossuet ; ils descendent même au Père Combalot prêtre de combat, tandis que Lacordaire met en interdit les trois derniers siècles littéraires, et que l'évêque Dupanloup dénonce l'odieuse licence de Voltaire et défend expressément de lire Montesquieu, Littré et Renan.

Que liront les dévots ? On ne leur laisse que les lectures autorisées d'abord par la sainte congrégation de l'Index, avec les suppressions qu'y ajoutent les moines comme Lacordaire, les évêques comme Monseigneur Dupanloup.

Les dévots seront-ils réduits aux arguments mystiques de saint Thomas sur les trois personnes qui composent la personne divine, sur le sexe des anges, sur les miracles anciens et modernes, au fatras dénonciateur de l'évêque d'Orléans, aux histoires véridiques du R. P. Loriquet ?

Dans cette littérature pieuse, dans tous les sermons de la chaire chrétienne, dans les journaux religieux tels que l'*Univers* et *la Croix*, les bienheureux fidèles soumis à ce régime trouveront avec une joie mystique toute une suite d'assertions sans preuves, d'affirmations sublimes qui ne soutiennent pas plus l'épreuve du raisonnement que le contrôle des faits et de l'histoire et qui relèvent toujours, même dans les écrits du Père Lacordaire, de la

Révélation pure. L'inintelligible, disait Sainte-Beuve, s'y donne pour la lumière même.

Pour goûter ces fruits catholiques, il faut une éducation spéciale, il faut une longue initiation admirablement faite dans les collèges congréganistes qui rivalisent avec les séminaires pour briser les ressorts de l'esprit.

Par les jeunes gens qu'ils élèvent selon les méthodes de saint Ignace, les Pères de la Foi préparent à l'armée du pape des soldats fidèles, au parti catholique des électeurs capables d'accepter sans répugnance la direction politique qui vient de Rome, les pratiques religieuses du Sacré-Cœur, les pèlerinages de Lourdes et les miracles qu'on y fait.

Les mêmes écrivains catholiques qui vantent outre mesure la science profonde de saint Thomas, ne veulent pas voir que saint Thomas, mort à 48 ans, l'an 1274, savait uniquement ce qu'un moine laborieux pouvait apprendre de son temps, en plein moyen âge, dans l'épaisse ignorance du treizième siècle.

Depuis que le pape Léon XIII l'a remis en honneur, « pour l'avancement des sciences », et cela dans le siècle d'Auguste Comte, de Schopenhauer et de Darwin, c'est devenu un lieu commun dans toutes les feuilles catholiques de vanter la science profonde de saint Thomas. Or, s'il a beaucoup écrit, saint Thomas d'Aquin savait fort peu. Ce grand faiseur de commentaires, ce fameux compilateur avait, en somme, lu deux livres en tout : Aristote et la Bible Voilà tout le bagage d'érudition de l'ange de l'École. Qu'est cela auprès de la lecture et de la science d'un Bayle, d'un Diderot, d'un Voltaire, d'un Littré, d'un Taine, d'un Renan, d'un Sainte-Beuve ? Voilà, pour un homme du dix-neuvième siècle, les vrais savants qu'aurait dû lire M. Gardair, au lieu de remonter jusqu'au treizième siècle pour s'éclairer dans les noires ténèbres du moyen âge.

Défions-nous des éloges théologiques ; le catholicisme, dans ceux qui le prêchent sincèrement, comme l'abbé Combalot et le Père Lacordaire, n'est pas du charlatanisme ; il est l'effet d'une crédulité sincère, naïve et touchante, mais d'une crédulité aveugle, parce qu'elle procède toujours de l'ignorance.

Divisez, dit Voltaire, le genre humain en vingt parties ; il y en a dix-neuf composées de ceux qui travaillent de leurs mains, et qui ne sauront jamais s'il y a eu un Locke au monde. Dans la vingtième partie qui reste, combien trouve-t-on peu d'hommes qui lisent ! Et parmi ceux qui lisent, il y en a vingt qui lisent des romans, contre un qui étudie la philosophie.

Le nombre de ceux qui pensent est petit, et ceux-là ne s'avisent pas de troubler le monde.

Qui sont ceux qui ont porté le flambeau de la

discorde dans leur patrie ? Est-ce Pomponace, Montaigne, Le Vayer, Descartes, Gassendi, Bayle, Spinoza, Hobbes, lord Shaftesbury, le comte de Boulainvilliers, Montesquieu, etc.? Non, ce sont, pour la plupart, des théologiens qui, ayant eu d'abord l'ambition d'être chefs de secte, ont bientôt eu celle d'être chefs de parti.

Les prêtres païens n'avaient point de dogmes ; ils ne forçaient point les hommes à croire l'incroyable ; ils ne demandaient que des sacrifices, et ces sacrifices n'étaient point commandés sous des peines rigoureuses ; ils ne se disaient point le premier ordre de l'Etat, ne formaient point un Etat dans l'Etat, et ne se mêlaient point du gouvenement.

Cicéron est absolument dégagé des superstitions populaires. Ce n'est pas lui qui aurait attaché des amulettes au cou de ses poules pour les faire pondre, comme faisait le R. P. dom Prosper Guéranger. Ses dialogues *sur les Dieux* et sur la *Divination*, nous montrent combien les esprits éclairés de son temps étaient libres de toutes croyances.

Non seulement il supprime toute illusion théologique, mais il n'admet rien de surnaturel ; à ses yeux tout a une cause, et l'office des philosophes est de la découvrir.

« Il est impossible, dit-il, qu'il arrive rien qui n'ait sa cause dans la nature. Il se peut que des événements soient contraires au cours accoutumé des choses; mais qu'ils soient contraires à la nature, c'est ce qui est impossible.

« Quelque chose nous semble nouveau, prodigieux ; recherchez-en la cause et même si vous ne la trouvez pas, soyez certain cependant qu'il n'arrive rien sans cause. »

— Comme il voyait les temples de son temps remplis d'ex-voto par la piété de ceux qui croyaient avoir échappé, par le secours des dieux, aux naufrages ou aux maladies, Cicéron disait : « Dans la crainte et dans le danger, on est plus porté à croire des prodiges, ou en invente plus impunément. »

Quoiqu'il fût revêtu de la dignité d'augure, il parle très-librement de la divination et des oracles :

« Quant à ceux, dit-il, qui entendent le langage des oiseaux, et qui consultent le foie d'un animal plutôt que leur propre raison, je pense qu'il vaut mieux les écouter que les croire. » (*de Divinatione* I. 57).

Sa critique pénétrante atteint jusqu'à la religion de Platon ; elle s'attaque à la Providence de même qu'à l'existence des dieux.

Sa libre philosophie, qui était celle de tous ses amis, celle d'Atticus, celle de César et de tous les hommes éclairés de Rome, conduisait sûrement à la chute du paganisme, elle menait doucement les hommes jusqu'où tous qui ceux pensent sont arrivés aujourd'hui, elle aurait délivré le monde de la théologie et du fanatisme imbécile qu'elle inspire, si l'ignorance et la mythologie chrétienne n'étaient venues, par la plèbe, replonger les esprits dans un état mystique, théologique et anti-naturel pire que l'ancien.

— « Pour appuyer de vains préjugés, dit Cicéron, on cite l'opinion des peuples ; comme s'il n'était pas ordinaire au plus grand nombre de se tromper ; comme si, dans une cause que vous auriez à juger, vous deviez recueillir les suffrages de la multitude.

« Répandue chez tous les peuples de la terre, la superstition impose son joug à presque tous les esprits, et s'empare de la faiblesse des hommes. Puissions-nous en extirper jusqu'aux dernières racines ! quel plus grand service pourrions-nous rendre au genre humain ? »

Cicéron aimait noblement la gloire, cette immortalité des morts qui consiste dans le souvenir des vivants.

» Ceux, disait-il, qui ont consacré leur vie à l'étude, et qui en ont employé tous les instants à s'enrichir de nouvelles connaissances, ne peuvent être accusés d'avoir abandonné l'utilité commune.

La patrie leur doit au contraire de grands avantages : les lumières qu'ils ont communiquées ont éclairé leurs concitoyens, les ont rendus meilleurs et plus propres à servir l'Etat.

» C'est peu que les savants instruisent pendant leur vie ceux qui se plaisent à profiter de leurs leçons ; les ouvrages qu'ils laissent après eux ne rendent pas à la postérité moins de services qu'eux-mêmes n'en ont rendus à leurs contemporains. »

Ce grand homme a bien obtenu la gloire immortelle qu'il souhaitait, la gloire pour laquelle il avait fait tant de généreux efforts.

Dans sa vie politique et littéraire il a rendu service à sa patrie autant qu'à la postérité. Son action intellectuelle, son influence libérale et moralisante sur ses contemporains peuvent être comparées à celle de Voltaire. Il a fait pénétrer dans Rome la science positive des Grecs et leur libre philosophie avec les résultats les plus exquis de leur morale si délicate. Il a fait haïr la superstition ; il a fait aimer la vieillesse, l'amitié, le devoir, la patrie, par le charme même qu'il a mis à en parler.

Pour nous encore, la beauté accomplie de l'élocution, la merveilleuse lucidité de l'exposition, la variété des aperçus, les trésors d'une érudition semée avec un goût et un tact extrêmes, la connaissance des hommes et des affaires, la sagacité et la multitude des points de vue, les emprunts nombreux et habiles faits aux philosophes de la Grèce et revêtus d'un style harmonieux et coloré, font du recueil des œuvres de Cicéron, complétées par la délicieuse collection de ses lettres familières, une encyclopédie d'une inestimable valeur.

La mort, pensait Cicéron, devient facile à supporter quand on peut se consoler, en ses derniers instants, par le souvenir d'une belle vie.

La morale et la littérature suffisent à former des citoyens, des philosophes, des sages ou du moins des amis de la sagesse et de la vertu, des hommes utiles à l'humanité et à la patrie. La religion des lettres doit s'établir sur les ruines de la superstition.

Oublions, disait-il, les avantages que procurent les lettres et regardons-les comme un pur délassement ; elles seront toujours le plaisir le plus vif et le plus honnête que puisse prendre un homme bien né. Ceux que leur goût n'entraîne pas vers la culture des lettres, ou qui manquent des dispositions nécessaires pour s'y livrer, devraient au moins les admirer dans les autres.

On ne peut, disait comme lui Vauvenargues, avoir l'âme grande et le cœur généreux sans quelque goût pour les lettres.

Quoi qu'on fasse pour la gloire, écrivait-il, jamais ce travail n'est perdu s'il tend à nous en rendre dignes. On ne peut être dupe d'aucune vertu.

Comme Cicéron, Vauvenargues aimait passionnément la vertu et la gloire, Vauvenargues, généreuse et belle âme, aimable et pur génie, remarquable surtout en ce qu'il est le premier moraliste moderne qui se détache nettement de l'idéal chrétien. Au lieu de condamner indistinctement les passions et de les proscrire, il veut s'en servir et les réhabiliter.

Il estime, il admire toutes les passions nobles, il ne condamne que les mauvaises, celles qui font préférer au bien public les intérêts particuliers. Au lieu de montrer, comme les docteurs chrétiens, la nature humaine déchue par suite d'un prétendu péché originel, il montre dans l'homme un animal longtemps farouche, mais un animal perfectible, qui observe, qui pense et qui parle et qui, par son effort progressif, s'élève à l idéal, à l'honneur et à la vertu.

La morale de Vauvenargues est un enchaînement d'habitudes et de sentiments élevés. Il s'agit avant tout de se plaire à soi-même. C'est l'amour de soi, réfléchi, relevé qui s'appuie sur un fonds naturel de justice, d'équité, de bienveillance, conforme à l'ordre général de la nature ; c'est l'égoïsme qui s'élève par l'intelligence, par la lecture, par l'exemple des plus grands hommes, par le vif sentiment de la dignité personnelle.

Vauvenargues aurait aimé l'action politique et diplomatique qui lui a manqué ; mais il sait qu'écrire, c'est agir. Il n'ignore pas que la gloire littéraire est la plus légitime et la plus à nous qu'on connaisse. Il aime à lire et à écrire. L'attention indispensable pour bien écrire débrouille et précise nos idées. Les bons livres sont l'essence des meilleurs esprits, le précis de leurs connaissances et le fruit de leurs longues veilles. L'étude d'une vie entière peut s'y recueillir dans quelques heures.

Madame de Lambert croyait aussi à la droiture naturelle de la conscience, à « ce sentiment intérieur d'un homme délicat » qui nous inspire et qui nous juge.

Elle disait, devançant en cela la pensée et presque les expressions de Vauvenargues, que « la vraie grandeur de l'homme est dans le cœur. »

Au sortir du dix septième siècle, elle est l'un des premiers moralistes qui aient eu confiance dans la nature humaine, dans sa raison éclairée et dans ses passions nobles et saines.

« Faites, disait-elle, que vos études vous améliorent et que tout le profit de vos lectures se tourne en vertu. »

Le gain de notre étude, disait aussi Montaigne, c'est en être devenu meilleur et plus sage.

— Si vous n'aimez pas les solides lectures, écrit Madame de Sévigné à Pauline de Grignan, votre esprit aura toujours les pâles couleurs.

— Pour être salutaire, la lecture doit être un

exercice impliquant quelque travail. L'auteur ne peut pas tout faire, le lecteur doit réfléchir et collaborer.

Il faut poursuivre un but, étudier quelque chose en lisant.

— Les livres les plus utiles, dit Voltaire, sont ceux dont les lecteurs font eux-mêmes la moitié; ils étendent les pensées dont on leur présente le germe; ils corrigent ce qui leur semble défectueux, et fortifient par leurs réflexions ce qui leur paraît faible.

— Les livres sont une vaste mémoire qui font du genre humain une seule personne. Ils sont pour la pensée ce que les impressions du cerveau sont pour la mémoire.

Aidé par les conseils de la critique littéraire, un seul homme, à la fin du dix-neuvième siècle, peut lire tous les chefs-d'œuvre de l'esprit humain et s'assimiler ainsi la pensée de tous les grands hommes, depuis Aristote jusqu'à Taine, Sainte-Beuve et Renan.

Montaigne montre comment il faut lire; à quoi il faut faire attention; comment un maître intelligent doit apprendre à son élève l'art de lire, moins pour en faire un érudit qu'un homme de réflexion et de bon jugement. « Que mon guide, écrit-il, se souvienne où vise sa charge et qu'il n'imprime pas tant à son disciple la date de la ruine de Carthage que les mœurs d'Annibal et de Scipion ; ni tant où mourut Marcellus que pourquoi il fut indigne de son devoir qu'il mourût là. Qu'il ne lui apprenne pas tant les histoires qu'à en juger. »

Par l'histoire nous connaissons particulièrement les grands hommes, non la multitude des médiocrités dignes d'oubli.

On a dit de celui qui se plaisait à la lecture d'Homère, qu'il avait déjà fait un grand progrès dans la vie littéraire. On pourrait dire de celui qui se plaît à la lecture de Sénèque et des moralistes qu'il a fait un grand pas dans le chemin de la vertu.

Homère, dit Horace, nous apprend mieux que Crantor et Chrysippe la différence de l'honnête et du honteux, de l'utile et du nuisible. Il inspire la vertu, sans la prescrire, par le récit et par l'exemple ; il nous instruit comme on instruit les enfants, par des contes.

L'*Iliade* est l'histoire des folles passions des princes et des peuples, contre lesquelles ne peut rien la prudence de quelques hommes. Ni Anténor, ni Nestor, ne peuvent ramener à la modération et à la sagesse les Pâris, les Achille, les Agamemnon. Les peuples sont punis pour les fautes de leurs princes. L'*Odyssée* nous montre la vertu aux prises avec le malheur et la volupté. L'Ile de Circé nous apprend à vaincre le plaisir pour rester hommes et ne pas devenir semblables aux bêtes.

La lecture nous fait participer à la vie intime des grands hommes, et connaître, mieux qu'un ami, tout le détail intime de leurs pensées.

Les livres sont les souvenirs et les mémoires complets de l'esprit humain. Les meilleures têtes qui aient jamais existé, dans tous les temps, Périclès, Platon, Aristote, Epicure, Cicéron, César, Shakespeare, Montaigne, Voltaire, Gœthe, étaient des hommes nourris de lectures, d'une instruction universelle.

On ne connaît aucun grand homme qui ait dédaigné les livres ; et l'opinion de tous les grands hommes a du poids parce qu'ils étaient en situation de connaître les opinions opposées aux leurs.

La faculté d'assimilation étant chez un bon esprit proportionnée à la force de spontanéité, un grand esprit, dit Emerson, doit être un lecteur assidu.

La lecture nous fait participer à la vie des grands hommes, par la connaissance de leurs actions, par la fréquentation intime que nous pouvons avoir avec eux ; elle nous fait jouir de leurs succès, de leurs sentiments de leurs plaisirs par sympathie et curiosité.

Il n'est pas jusqu'aux romans dont l'influence civilisatrice ne puisse être utile et féconde dans la bonne littérature, qui est le fonds de la religion des lettres. « Les romans qu'on lit à présent écrivait Doudan sous le second Empire, ont certainement pour but de faire périr l'esprit romanesque pris dans le bon sens ; c'est pourtant par les bons romans que la France, l'Angleterre et l'Allemagne ont été en partie civilisées. *Plus que toutes les prédications*, ils ont contribué à faire passer dans la masse des hommes des étincelles d'esprit poétique; ils ont donné aux sociétés la délicatesse, le goût des sentiments élevés. »

La bonne littérature est celle qui, transportée dans la pratique, fait une vie noble. C'est ce caractère d'élévation, de confiance dans la vertu et le courage qui fait le charme des écrits de Vauvenargues. Une vie conduite selon ses maximes généreuses sera belle, haute et droite.

La Bruyère a peint, de l'homme, l'effet qu'il produit dans le monde ; Montaigne, les impressions qu'il en reçoit; Vauvenargues, les dispositions qu'il y porte. La Bruyère nous épargne la peine de la réflexion, Montaigne nous conduit à réfléchir ; il faut avoir réfléchi pour se plaire avec Vauvenargues.

On lui peut appliquer ce que dit La Bruyère, la mesure qu'il indique pour bien apprécier dans un écrivain, l'auteur et l'homme : — Quand une lecture, dit La Bruyère, vous élève l'esprit, et qu'elle vous inspire des sentiments nobles et courageux, ne cherchez pas une autre règle pour juger de l'ouvrage : il est bon et fait de main d'ouvrier.

La lecture ne fait pas qu'enrichir notre esprit de faits, de notions et d'idées, elle transmet à notre âme les sentiments, la passion, l'état d'âme de l'auteur.

L'œuvre d'un écrivain exerce sur nous l'influence qu'il ressentait lui-même au moment du travail. S'il était animé d'un sentiment de fierté, de liberté, il nous communique son indépendance et son généreux enthousiasme.

La lecture de Spinoza eut pour Gœthe la plus bienfaisante influence ; il y trouva l'apaisement des agitations de sa jeunesse, et quelques idées philosophiques auxquelles il resta fidèle pendant toute sa vie.

Parle, disait un ancien, afin que je te voie; quand vous entendez, dit Nisard, parler de quelque homme supérieur, mêlé aux grandes affaires, vous enviez celui qui vous dit: Je l'ai vu.

En étudiant les grands écrivains, vous les voyez, ils vous parlent, ils vous font leur confident. Ce ne sont plus des morceaux de littérature, des préceptes de goût, des règles de style, ou des vérités générales sous la forme de beautés littéraires, c'est l'écrivain lui-même qui vous appelle dans un coin et vous entretient à voix basse des motifs qui ont conduit sa plume.

Lire c'est voir celui qui vous parle. Par la lecture évocatrice on ressuscite le passé, on peut vivre des heures et des jours dans la charmante intimité de Montaigne, de Cicéron, de Madame de Sévigné ; en lisant la correspondance de Voltaire on traverse, on parcourt tout le dix-huitième siècle ; en lisant les saisissants mémoires de Saint-Simon, on se trouve le contemporain de Louis XIV.

Les grands écrivains sont des amis fidèles dont l'entretien nous instruit et nous charme. Quels bons moments, dit S. de Sacy, que ceux que l'on passe avec eux, et où l'on réussit presque à se croire de leur siècle et de leur société. Bossuet, La Bruyère, Racine, Boileau, quelle époque que celle où ces grands hommes vivaient, conversaient ensemble, où l'on pouvait les voir, les écouter ! Il nous reste du moins leurs ouvrages, où ils ont déposé l'immortelle empreinte de leur âme et de leur génie. C'est là qu'ils vivent et que nous les retrouverons toujours. Il faut les aimer, avoir leur image dans le cœur et se faire d'eux une société tendre et familière.

On a parfois comparé les grandes bibliothèques à des nécropoles. Que de vivants sont moins vivants que ces prétendus morts ! Ils parlent, on les écoute à travers les siècles écoulés ; ils agissent sur nous bien autrement, avec plus de force, avec plus d'intime persuasion que ceux-là mêmes dont nous sommes entourés ; nous les connaissons mieux, ce sont de plus grands hommes et de meilleurs amis ; discrets, sûrs, jamais importuns. Ils font partie de nous-même. Amis des jours heureux, consolateurs des heures tristes, nous les retrouvons toujours prêts à nous accueillir. Ce que ces grands hommes ont senti, souffert, aimé, pensé, rêvé, ils nous le disent. Que de bonnes heures ainsi passées autour de sa bibliothèque, allant çà et là, suivant sa fantaisie ou la secrète logique des idées, d'Aristote à Descartes, de Tacite à Michelet, d'Horace à Montaigne, Béranger ou Musset, évoquant les souvenirs de tous les âges, éveillant les rapports et les comparaisons fécondes, sentant s'ouvrir en soi un monde de pensées nouvelles et de sensations imprévues.

Descartes qui, avant d'entreprendre, suivant sa méthode personnelle, la série magnifique de ses travaux, avait lu tout ce qui avait jamais été pensé sur le monde et sur l'homme, dit que les actions mémorables racontées par l'histoire relèvent l'esprit, que la lecture de tous les bons livres est comme une conversation avec les plus honnêtes gens des siècles passés qui en ont été les auteurs, et même une conversation étudiée en laquelle ils ne nous découvrent que les meilleures de leurs pensées.

Par la lecture, qui est une intime correspondance et une conversation, nous avons le pouvoir merveilleux d'appeler près de nous les plus grands hommes et d'avoir avec eux des entretiens suivis. Quel plaisir d'interroger César sur ses campagnes ou Xénophon sur la retraite des dix mille, d'entendre plaider Démosthènes, de nous joindre, avec Platon, aux auditeurs de Socrate ou aux premiers disciples de Jésus. Dans les livres, sans voyages et sans perte de temps, nous avons sous la main les pensées choisies des grands hommes.

> Une bibliothèque est tout le genre humain ;
> On est contemporain des amis qu'on s'y fait.

Par la lecture nous parcourons les mondes, et les temps, et l'espace. Notre âme agile se prête aisément aux formes si diverses où se déguisa la sensibilité humaine depuis que les hommes pensent, depuis qu'ils rient et qu'ils pleurent. Notre fantaisie ailée s'amuse à cette variété de costumes et d'usages qui nous enseignent la tolérance dans cette grande comédie humaine dont les romanciers, les historiens et les poètes ont représenté tant de scènes et ressuscité tant d'acteurs.

Toutes nos connaissances, nos meilleurs sentiments, notre moralité, toutes nos règles morales et nos bonnes pensées ne sont-ils pas le résultat du travail littéraire des générations antérieures ? Voilà la religion des lettres, voilà le lien divin qui relie les esprits et les cœurs. Par qui donc sommes-nous unis à toute la série de nos ancêtres, sinon par ces mêmes livres qui nous font pratiquer le culte pieux de nos grands morts, par les livres qui nous font connaître et aimer nos contemporains, par les livres qui servent et serviront toujours à l'échange des sentiments, des connaissances et des idées parmi les hommes.

Par les livres. les pensées des grands hommes revivent en nous.

Quand je lis les écrits de tant d'illustres morts qui composent notre littérature, dit J. Demogeot, j'éprouve une illusion de modestie qui me porte à croire qu'ils constituent actuellement un monde à côté du nôtre, un monde meilleur et plus savant. Il n'en est rien : c'est nous seuls qui, grâce au don fugitif de la vie, sommes aujourd'hui l'humanité. Leurs pensées ne vivent qu'en nous. Leurs livres ne sont, hors de nous, que des signes sans valeur. Grandissons donc à la hauteur de notre rôle : soyons les héritiers et les représentants de nos auteurs. En nous seuls aujourd'hui vit et se perpétue la pensée du genre humain.

Être bornés et toujours inquiets, nous nous aimons beaucoup, et cependant, par intervalles, il nous plaît de sortir de nous-mêmes, de nous quitter. Enfermés dans notre destinée, dit Victor Cherbuliez, nous voudrions avoir part à celle des autres, en ressentir les émotions, nous emparer de leurs secrets et même, sortant pour quelques heures de notre siècle, du monde trop connu qui nous entoure, traverser les océans ou remonter le cours des âges, répandre dans le temps et dans l'espace toute l'abondance de nos désirs, habiter tour à tour l'âme d'un mandarin chinois, d'un derviche persan, d'un héros grec ou d'un paladin des croisades. Il nous semble parfois que cent vies ajoutées à la nôtre n'épuiseraient pas notre ardeur d'exister, et ces vies que nous ne pouvons vivre, nous tâchons de les concevoir, de les imaginer. Le poète nous vient en aide, c'est le service qu'il nous rend. Le poète est un évocateur. Par lui, la poussière des siècles évanouis reprend figure à nos yeux ; nous avons la joie de contempler l'invisible, nous jouissons de la présence des absents et de la compagnie des morts.

Les siècles, apportent, avec le cours des âges, de nouvelles manières de voir, de sentir, de comprendre la nature et l'homme, de réaliser la beauté. Par l'histoire détaillée des arts et des littératures, par la lecture attentive des chefs-d'œuvre, un lettré moderne jouit de cet immense spectacle qui, à lui seul, suffit au bonheur de la vie.

Un bon esprit cultivé, dit Fontenelle, est pour ainsi dire composé de tous les esprits précédents ; ce n'est qu'un même esprit qui s'est cultivé pendant tout ce temps-là.

Une collection de livres est une vraie Université.

Le clergé catholique a fait de la Bible un instrument de règne. Quand les prêtres et les évêques nous disent que les droits de Dieu l'emportent sur les droits de l'homme, ils savent bien qui sera chargé d'exercer ces droits. Ils tirent leur puissance d'un seul livre dont ils font un instrument d'oppression, tandis que nous, libres-penseurs, nous faison du livre, pour tout lecteur qui réfléchit, un instrument de liberté.

Une sorte de reconnaissance délicate, remarque Diderot, s'unit à une curiosité digne d'éloge, pour nous intéresser à l'histoire privée de ceux dont nous admirons les ouvrages. Le lieu de leur naissance, leur éducation, leur caractère, la date de leurs productions, l'accueil qu'elles reçurent dans le temps, leurs penchants, leurs goûts honnêtes ou malhonnêtes, leurs amitiés, leurs fantaisies, leurs travers, leur forme extérieure, les traits de leurs visages, tout ce qui les concerne, arrête l'attention de la postérité. Nous aimons à visiter leurs demeures, nous éprouverions une douce émotion à l'ombre d'un arbre sous lequel ils se seraient reposés ; nous voudrions vivre et converser avec les sages dont les travaux ont augmenté le pouvoir de la vertu et les trésors de la vérité. Sans ce tribut, la sagesse accumulée des siècles serait un don gratuitement accordé à des ingrats... Nous devons à Plutarque et à quelques autres biographes anciens, et nos neveux devront à Moreri, à Bayle, à Chaufepied, à Marchand, à Fontenelle, à d'Alembert, à Condorcet, à notre Académie française, la connaissance utile des vertus sociales ou des défauts domestiques qui rendirent agréable ou fâcheux le commerce des hommes célèbres dont ils admireront les ouvrages.

Reformons la chaîne de tous les grands poètes, de tous les grands philosophes et moralistes, depuis Homère et depuis Aristote ; voyons-les se passer de main en main le flambeau de la vérité et de l'idéal. Faisons une liste, qui n'est pas bien longue, de tous les hommes qui ont imprégné, tour à tour, de leurs couleurs, l'imagination des autres hommes. Doudan cite Salomon, Homère, Sophocle, Virgile, le Dante, Milton.

Toute l'histoire du monde est là, comme dans les chroniques, en traits plus vifs et plus brillants. Il faudrait, à chaque époque, prendre de l'histoire proprement dite, ce qui est nécessaire pour bien orienter chaque poème. En suivant avec exactitude les anneaux de cette chaîne, on en verrait sortir une foule d'idées. C'est un spectacle très digne de curiosité que de suivre le cours de ces fleuves avec quelque chose de l'exactitude géographique. Quand on lit les poètes sans observer l'ordre des temps, toutes les couleurs et toutes les figures se confondent.

Pour rajeunir les anciens livres, conseille encore Doudan, il est bon d'y chercher chaque fois autre chose. Ainsi lui-même il lit Virgile, pour y recueillir toutes les peintures du monde extérieur, et Cicéron, pour y suivre la trace des règles morales qui étaient le catéchisme des Romains.

Sainte-Beuve, qui est aussi un excellent maître en l'art de lire, conseille de lire même ce qui plaît moins, mais de n'écrire que ce qui plaît. Chacun peut essayer, comme lui, d'écrire des choses agréables et d'en lire de grandes.

Ce n'est que par la lecture qu'on peut éclairer son esprit et qu'on fortifie son âme.

Malgré les progrès de l'esprit humain, on lit très peu, dit Voltaire ; et, parmi ceux qui veulent quelquefois s'instruire, la plupart lisent très mal.

Personne presque, dit La Bruyère, par la disposition de son esprit, de son cœur et de sa fortune, n'est en état de se livrer au plaisir que donne la perfection d'un ouvrage.

Plusieurs bons bourgeois, dit Voltaire, plusieurs grosses têtes qui se croient de bonnes têtes, vous disent avec un air d'importance que les livres ne sont bons à rien. Mais, messieurs, savez-vous que vous n'êtes gouvernés que par des livres ? Savez-vous que l'ordonnance civile, le code militaire et l'Evangile, sont des livres dont vous dépendez continuellement ?

Lisez, éclairez-vous ; ce n'est que par la lecture qu'on fortifie son âme ; la conversation la dissipe, le jeu la resserre.

L'abus des livres tue la science, dit Jean-Jacques Rousseau.

Croyant savoir ce qu'on a lu, on se croit dispensé de l'apprendre. Trop de lectures [mal faites] ne sert qu'à faire de présomptueux ignorants.

En précisant mieux sa pensée, La Bruyère avait dit :

« Quelques-uns, par une intempérance de savoir, et par ne pouvoir se résoudre à renoncer à aucune sorte de connaissance, les embrassent toutes et n'en possèdent aucune ; ils aiment mieux savoir beaucoup, que de savoir bien, et être faibles et superficiels dans diverses sciences, que d'être sûrs et profonds dans une seule ; ils trouvent en toutes rencontres celui qui est leur maître et qui les redresse ; ils sont les dupes de leur vaine curiosité, et ne peuvent au plus, par de longs et pénibles efforts, que se tirer d'une ignorance crasse. »

Les personnes d'esprit ont en eux les semences de toutes les vérités et de tous les sentiments, rien ne leur est nouveau, ils admirent peu, ils approuvent. Ne craignons point de trop apprendre car tout se tient ; toutes les sciences se touchent, de même que tout se tient, se relie et se touche dans la nature. Savoir le plus possible, n'en déplaise à Rousseau, c'est le meilleur moyen de savoir bien quelque chose.

Bien savoir, c'est voir la réalité, qui est toujours fort complexe.

L'ingénieux Sénèque restait lui-même en choisissant ses pensées propres dans ses vastes lectures. Il regardait les livres de tous les écrivains qui l'avaient précédé comme un héritage laissé à tous, mais dont ceux-là seuls s'enrichissent qui savent en tirer profit. Plus qu'aucun de ses contemporains, il pratiquait l'art d'appliquer à son usage et de combiner dans ses propres ouvrages la sagesse de tous ses prédécesseurs, épicuriens ou stoïciens.

Il ne faut pas tout lire ; il y a autant de différence entre les livres qu'entre les hommes ; le très petit nombre se distingue et joue un grand rôle, le reste est confondu dans la foule.

Horace Walpole préférait à tout les mémoires personnels et les correspondances.

— « J'aime les noms propres aussi, lui répond madame du Deffand, je ne puis lire que des faits écrits par ceux à qui ils sont arrivés, ou qui en ont été témoins ; je veux encore qu'ils soient racontés sans phrases, sans recherche, sans réflexions ; que l'auteur ne soit point occupé de bien dire ; enfin je veux le ton de la conversation, de la vivacité, de la chaleur, et, par dessus tout, de la facilité, de la simplicité. Où cela se trouve-t-il ? Dans quelques livres qu'on sait par cœur et qu'on n'imite pas... »

Quand je trouve dans un ouvrage, écrit Vauvenargues, une grande imagination avec une grande sagesse, un jugement net et profond, des passions très hautes mais vraies, nul effort pour paraître grand, une extrême sincérité, beaucoup d'éloquence, et point d'art que celui qui vient du génie; alors je respecte l'auteur, je l'estime autant que les sages ou que les héros qu'il a peints. J'aime à croire que celui qui a conçu de si grandes choses n'aurait pas été incapable de les faire. Je m'informe curieusement de tout le détail de sa vie ; s'il a fait des fautes je les excuse, parce que je sais qu'il est difficile à la nature de tenir toujours le cœur des hommes au-dessus de leur condition. Je le plains des pièges cruels qui se sont trouvés sur sa route, et même des faiblesses naturelles qu'il n'a pu surmonter par son courage.

Mais lorsque, malgré la fortune et malgré ses propres défauts, j'apprends que son esprit a toujours été occupé de grandes pensées, et dominé par les passions les plus aimables, je remercie à genoux la nature de ce qu'elle a fait des vertus indépendantes du bonheur, et des lumières que l'adversité n'a pu éteindre.

Le plaisir qu'on éprouve à lire, comme aussi la manière de lire changent avec les différents âges : la jeunesse aime les événements, les aventures et les fables ; la veillesse, les réflexions.

Il est, dit Scherer, un âge et telles conditions d'esprit et d'expérience, où l'on ne supporte plus que deux sortes de livres, ceux qui, comme Montaigne, connaissent le fin de la vie pratique et mondaine, et ceux qui, comme Amiel, ont touché aux bornes de la pensée.

C'est quand on est encore très jeune qu'on a le plus de plaisir à lire *Télémaque*, l'*Iliade*, l'*Odyssée* et tous les poètes anciens. En profitant de ce goût naturel, il serait facile et charmant de faire entrer dans une jeune tête ce que l'Antiquité a produit de plus beau.

Pour un enfant qui n'a rien lu, qui ne sait rien, que tout amuse, émeut, étonne, l'*Odyssée* traduite bien ou mal est un roman délicieux. « Je l'ai lu, dit Edmond About, avec une sorte d'ivresse après ma sortie du collège, et je n'y reviens jamais sans un regain de plaisir. L'*Iliade*, malgré la monotonie des batailles et la répétition de mille détails, ne saurait fatiguer une imagination jeune.

« Les drames d'Eschile, de Sophocle et d'Euripide sont aussi intéressants à coup sûr que la plupart des pièces qui se fabriquent aujourd'hui. Presque personne ne les connaît, même dans la société polie.

« Aristophane, Plaute et Térence étaient des hommes d'esprit; je ne sais pas si nous comptons beaucoup de vaudevillistes qui leur soient supérieurs. Leurs pièces paraîtraient amusantes si on les lisait. »

Mais quand on ne lit guère, on ne lit pas du tout les anciens. Au collège on apprend par cœur des manuels insipides et plus tard la vie extérieure nous dévore; il ne reste plus de temps que pour les journaux. Qu'on lise au moins les critiques qui abrègent pour ne point tout perdre et qui vous mènent directement aux plus beaux endroits.

C'est déjà quelque chose d'admirer les épisodes les plus célèbres dans les grands poèmes qu'on n'a pas eu le temps de lire en entier. Beaucoup de gens qui ont fait leurs études complètes et qui ne haïssent pas les livres, ne connaissent de l'*Iliade* que les Adieux d'Andromaque ou les funérailles de Patrocle ; de l'*Enéide*, que la Mort de Didon ou l'Amitié de Nisus et d'Euryale ; des *Géorgiques*, que le Bonheur de la vie champêtre ou la mort d'Eurydice ; du *Natura rerum*, que la Peste d'Athènes ; de la *Pharsale*, que le Passage du Rubicon ; de l'*Enfer* de Dante que Françoise de Rimini et Ugolin ; de la *Jérusalem délivrée*, que les jardins d'Armide, de *Wilhem Meister*, que les Rêveries de Mignon.

A côté des grands écrivains français qu'on lit encore, plus ou moins, il y a les bons écrivains qu'on ne lit plus du tout, dont les noms seuls ont conservé de la célébrité et qu'il faudrait connaître au moins par fragments : Balzac, Voiture, Mézeray, Arnauld, Nicole, Pellisson, etc.

De préférence aux livres anciens, on aime à lire des livres nouveaux. Nous sommes ainsi faits, remarque un critique littéraire, que si les formes de la vérité ne varient, nous devenons insensibles à la vérité. L'habitude nous a été donnée sans doute pour notre bien ; mais elle a cet inconvénient qu'elle émousse nos impressions. A la longue, on s'accoutume à un chant d'Homère, à une ode d'Horace. Il est nécessaire que les grands et beaux lieux communs dont sont remplis les anciens, que ces vérités immortelles nous soient redites sur un mode nouveau.

Les livres écrits par nos contemporains sont plus aisément d'accord avec l'état de notre âme.

On a beau s'imaginer qu'on ressuscite en soi les temps antiques, les sentiments et les hommes du passé, on n'entend bien que son temps, que sa langue, que ses contemporains.

Nulle voix n'est plus douce au cœur que celle des romanciers et des poètes qui ont vécu de la même vie que nous, qui ont vu les mêmes jours. Il est des impressions que le talent des contemporains seuls peut produire, parce qu'il n'est donné qu'aux contemporains, par leur ressemblance secrète avec nous, de connaître les intimes désirs de notre âme et les ressorts cachés de notre nature.

Après les livres, les Revues sont d'un précieux secours pour relire à quelque distance les discussions et les faits, pour revoir les mêmes hommes et les mêmes questions d'une façon moins rapide, moins incomplète, pour replacer devant nos yeux tout ce qui, dans le tourbillon de la vie contemporaine, conserve quelque importance et mérite un retour d'intérêt.

Enfin le journal quotidien lui-même doit avoir son heure Un journal bien fait est l'histoire du monde pendant vingt-quatre heures. C'est l'histoire de ce monde dans lequel nous vivons, et dont les événements nous intéressent plus que ceux du passé.

On dit beaucoup de mal des journaux et cependant ils sont indispensables dans la vie littéraire et politique. Par eux les Français, de Lille à Marseille, sont reliés entre eux ; ils éprouvent tous ensemble les mêmes sentiments patriotiques. Les journaux son utiles, même dans leurs annonces, même dans leurs faits divers. Le fait divers, bien lu, par un esprit qui réfléchit, est un traité de morale en action, de morale en exemples. Les conséquences désastreuses de la paresse, de l'ivrognerie, du vice, relatés au jour le jour, sont autant d'avertissements salutaires pour tous ceux qui sont capables d'expérience.

Dans toute sa partie supérieure, le journal est une institution libérale et démocratique. C'est le moyen le plus simple, le moins coûteux et le plus sûr par lequel le lecteur commence à s'instruire, à s'intéresser à la chose publique ; sans cesse amélioré, il deviendra le moyen par lequel la religion des lettres pénétrera peu à peu dans les nouvelles couches, dans les masses profondes du peuple.

Dans presque toutes nos campagnes, les églises sont désertes, même le dimanche. La messe y est presque partout faite sans sermons et sans auditeurs. Les prônes des quarante mille curés de France, supposé même qu'il y ait un public pour les entendre, n'auraient pas l'influence, l'utilité morale de la seule lecture d'un journal à un sou, lu quotidiennement, par plusieurs millions de lecteurs.

Cependant les journaux ne dispensent pas du livre qui, bien choisi, est comme le moraliste et le conseil de la maison. Dans ce grand voyage qu'on appelle la vie, le meilleur guide, dit Léon de Wailly, c'est un bon livre, un recueil de pensées morales. A chacun des carrefours que forme devant nos pas le croisement continuel des passions, des intérêts et des devoirs, lorsque la volonté hésite, à qui demander sa route? Les amis éclairés sont rares ; un recueil de saines maximes est un conseiller toujours disponible, toujours impartial, toujours discret. Il est, pour la santé de l'âme, comme un manuel de médecine. L'homme ne nous apporte que le fruit de son expérience, le livre nous présente le résultat de l'expérience universelle.

Enfin le journal quotidien lui-même, sera un des moyens par lesquels la religion des lettres pénétrera dans les nouvelles couches.

Avec le petit journal quotidien, les livres à bas prix, les représentations gratuites du Théâtre

Français, de l'Odéon, les conférences qui les précèdent,* des lectures publiques du soir, à l'usage des classes laborieuses, pourraient faire pénétrer avec l'histoire de France le patriotisme littéraire dans les couches profondes du pays.

Ces lectures publiques, qui ont déjà été essayées dans plusieurs grandes villes et qui y ont réussi, comme à Paris, auraient pour objet de répandre peu à peu le goût des choses de l'esprit, de faire connaître, par extraits choisis avec intelligence, les chefs-d'œuvre de notre littérature nationale et d'instruire insensiblement les auditeurs bénévoles en les amusant.

Ces lectures que tout lettré, homme de goût peut faire, sans être professeur, seraient composées d'extraits abondants faits avec choix. Dans ces libres lectures, on ferait connaître de chaque grand écrivain assez pour bien marquer son style, pour attacher à chacun une idée précise et donner au public populaire le désir d'en savoir davantage. Mêlant l'histoire de France à la littérature, on passerait en revue l'élite de nos grands hommes dans leur succession historique et l'on entretiendrait ainsi le sentiment patriotique en l'éclairant.

Des jeunes gens désireux de s'instruire, des ouvriers venus là après leur journée de travail, aimeraient à entendre une voix littéraire qui les élèverait au-dessus des soucis de la vie quotidienne et des besognes monotones de l'atelier.

Ils sentiraient bien vite combien de telles lectures, si intéressantes par elles-mêmes, leur pourraient être utiles pour leur culture d'esprit, combien elles perfectionneraient, en peu de temps, l'éducation de leur âme. Les ouvriers intelligents n'aiment pas à vivre dans l'ombre, dans l'ignorance, en dehors des plaisirs intellectuels, des lumières de leur temps. Ils éprouveraient une joie naturelle et très vive à connaître les œuvres des hommes dont ils voient souvent les noms dans les journaux, à l'angle des rues, sur les murs ainsi que sur les affiches de théâtre. Et rien ne serait plus facile que de les satisfaire à quelques lecteurs de bonne volonté.

Pour les apôtres de ces libres lectures, la biographie anecdotique serait un moyen excellent pour initier leurs auditeurs à l'histoire des grands hommes de France et des temps anciens. Les Vies de Plutarque fourniraient un moyen facile de faire connaître de l'antiquité ce qui est indispensable. On ferait ainsi pénétrer parmi les ouvriers curieux de s'instruire et parmi la petite bourgeoisie, qui n'a point de bibliothèque, l'amour du beau, du simple, du grand et du noble dans la vie humaine et dans l'art. Après quelques années de bonne volonté et d'efforts réciproques, on rendrait moins rare le bon goût littéraire, le sens de l'exquis.

Un moraliste contemporain, M. Constant Martha, a écrit tout un livre sur les plaisirs littéraires.

Il y constate que la délicatesse, — dans l'art et dans la vie, — est aujourd'hui la fleur de la moralité.

Les gens affairés, ceux qui manquent de loisirs, ne goûtent point assez les charmes de la littérature et de la poésie; ils ignorent que les plaisirs littéraires, en même temps qu'ils sont une exquise satisfaction de la raison et de l'âme, sont aussi une clarté morale, une vive lumière intérieure.

Aux suprêmes puissances de la recherche philosophique et de la haute contemplation, la religion des lettres joint le noble plaisir, la satisfaction intellectuelle et le profit moral des études littéraires.

« Se délecter de ce qui est beau, aimable, délicat, montrer que les merveilles du génie recèlent du bonheur, c'est, dit Constant Martha, prêcher une sorte d'épicurisme, mais c'est un épicurisme qu'il est honorable de pratiquer et qu'il n'est pas malséant de répandre. »

La vraie moralité ne consiste pas dans l'ascétisme, mais dans la noble qualité et la perfection du plaisir.

L'art, aussi bien que la morale, fait la haute éducation de nos cœurs. C'est la nature humaine, idéalisée avec vraisemblance et proportion, avec mesure, avec goût, que nous cherchons dans les beaux ouvrages des poètes.

C'est la poésie qui, dans la suite des âges, depuis les poèmes d'Homère jusqu'à ceux d'Alfred de Vigny ou de Sully-Prudhomme, a créé l'amour tendre, délicat, dévoué, tel que nous le concevons aujourd'hui.

Turgot disait avec raison que les auteurs de romans, ont répandu dans le monde plus de grandes vérités que « toutes les autres classes réunies. »

Saint Augustin met en doute s'il faut laisser dans les églises un chant harmonieux. L'ancien manichéen, qui croit toujours au diable, — comme le Père Monsabré, — se défie des prestiges de l'art. La musique devient à ses yeux un attrait de Satan, un piège des démons. Les anciens croyaient au contraire à l'utilité morale de la musique.

A l'exemple de saint Augustin, Bossuet réprouvait la musique de Lulli et les opéras de Quinault, par le même principe qui lui faisait dire que « les comédies de Molière sont pleines d'infamies. »

Aristote et Platon estimaient, comme Epicure, qu'on ne devient un homme délicatement vertueux que par la culture des lettres. C'était aussi l'avis de l'aimable auteur de *Télémaque*.

En France, en Angleterre et dans toute l'Europe civilisée, la vie littéraire est aujourd'hui la vraie vie religieuse.

Après l'horrible nuit du moyen âge, nuit pleine de cauchemars et d'hallucinations, nos pères de la

Renaissance puisèrent de nouveau à la source de l'antiquité païenne et firent ainsi faire à leurs fils, suivant les conseils de Rabelais et de Montaigne, leur cours d'humanité.

La Renaissance est née de l'*humanisme*. Cette lumière a fait réfléchir et la réforme religieuse est née du libre examen.

La Réforme et la Renaissance ont préparé et rendu possible la Révolution.

Le moyen âge avait eu la foi ; le seizième siècle devint sceptique avec Montaigne ; et, d'un autre côté, Bacon lui montra la nécessité de l'observation et de l'expérience pour l'augmentation et le progrès des sciences.

Le moyen âge avait été tout ecclésiastique ; l'Eglise alors gouvernait les peuples et dominait les rois. Au seizième siècle, la science, la littérature, l'art deviennent laïques. L'Eglise elle-même est menacée par un esprit nouveau, puisque la Réforme se produit en même temps que la Renaissance.

Depuis la Renaissance, nous avons eu trois beaux siècles de littérature. La civilisation en a grandement profité.

Une langue précise et nuancée comme la nôtre, est un trésor de délicatesses morales lentement acquises par le concours universel et l'apport effectif des meilleurs.

Mais les théologiens catholiques, qui vivent en

dehors de la religion des lettres, absorbés dans leur bréviaire et leur Bible, manquent trop de goût littéraire et de fine culture pour comprendre l'utilité morale du beau. Ils mettent à l'index, — sans les lire, — les livres de Renan comme ceux de Voltaire et de Rousseau. Aucun chrétien ne les doit lire. Les jésuites les remplacent par les faits et gestes de Marie Alacoque avec un des leurs et c'est pourquoi la religion des lettres est encore ignorée d'un si grand nombre.

Ceux qui peuvent obéir à leur libre inclination dans leurs lectures, choisissent dans le panthéon littéraire, ce qui convient le mieux à leurs goûts, à leur âme et à leur esprit.

Après avoir lu, ils relisent. Il vient même, remarque Sainte-Beuve, une saison dans la vie, où, tous les voyages étant faits, toutes les expériences achevées, on n'a pas de plus vives jouissances que d'étudier et d'approfondir les choses qu'on sait, de savourer ce qu'on sent, comme de voir et de revoir les gens qu'on aime ; pures délices du cœur et du goût dans la maturité.

Vivre avec les grands hommes des temps passés dans une intimité affectueuse et familière, s'inspirer de leurs exemples et s'échauffer à leur contact, profiter de leur expérience et même de leurs fautes pour les éviter, se pénétrer de leur esprit, analyser leur style pour mieux s'assimiler leurs pensées, explorer avec eux et par eux le champ de l'histoire, étudier l'humanité dans ses plus grands individus et la suivre ainsi à travers les siècles qui sont dominés par quelques grands hommes comme l'Egypte par ses pyramides : voilà ce que rend possible la charmante habitude de lire.

On se dit, comme Voltaire, dans ces vers délicieux :

> Jouissons, écrivons, vivons, mon cher Horace.
> J'ai vécu plus que toi ; mes vers dureront moins.
> Mais au bord du tombeau je mettrai tous mes soins
> A suivre les leçons de ta philosophie,
> A mépriser la mort en savourant la vie,
> A lire tes écrits pleins de grâce et de sens,
> Comme on boit d'un vin vieux qui rajeunit les sens,
>   Avec toi l'on apprend à souffrir l'indigence,
> A jouir sagement d'une honnête opulence,
> A vivre avec soi même, à servir ses amis,
> A se moquer un peu de ses sots ennemis,
> A sortir d'une vie ou triste ou fortunée,
> En rendant grâce aux dieux de nous l'avoir donnée.

Que ce soit Voltaire, Horace ou Montaigne, quel que soit, dit Sainte-Beuve, l'auteur qu'on préfère et qui nous rende nos propres pensées, on va demander alors à quelqu'un de ces bons et antiques esprits un entretien de tous les instants, une amitié qui ne trompe pas, qui ne saurait nous manquer, et cette impression habituelle de sérénité et d'aménité qui nous réconcilie, nous en avons souvent besoin, avec les hommes et avec nous-même.

Tel n'est point le goût chrétien, le sentiment des vrais catholiques, toujours hostiles à ces bons et antiques esprits, à ces classiques anciens qu'ils haïssent et voudraient détruire, mais qui n'en subsistent pas moins et qui seront toujours des amis, des secours, des modèles dans l'art et dans la vie.

Sans exclure la Bible, mais sans lui donner toute la place, comme au Livre par excellence, au Livre unique, les libres penseurs, qui sont les fidèles de la religion des lettres, joignent à Cicéron, à Horace, aux grands écrivains anciens, Fénelon, Massillon, Bossuet, plusieurs Pères de l'Eglise et plusieurs écrivains de sainteté ; les amis du dix-huitième siècle lisent aussi volontiers les bons écrivains du dix septième qui ont admirablement pratiqué l'art d'écrire, parce que sans avoir beaucoup d'idées, ni beaucoup de science, et sans grandes lumières, ils avaient beaucoup de talent.

Malgré la condamnation prononcée par Mgr l'évêque d'Orléans, les fidèles du grand diocèse ne craignent pas de lire le *Siècle de Louis XIV* par Voltaire, la *Grandeur et la Décadence des Romains*, les spirituelles *Lettres persanes* de Montesquieu, les *Epoques de la nature* de Buffon, le *Vicaire savoyard* et les belles pages de rêverie et de description de nature par Jean-Jacques ; ils aiment le dix-huitième siècle, malgré les anathèmes du Père Lacordaire et constatent avec Sainte-Beuve qu'en ses parties mémorables, ce grand siècle a su concilier la tradition littéraire avec la liberté de développement et l'indépendance.

A l'exemple d'Erasme et de Cicéron, Voltaire, Diderot, d'Alembert, Vauvenargues, Buffon, Montesquieu, pratiquaient librement la pure religion des lettres, qui fut celle de Socrate et celle d'Aristote, celle d'Epicure et de Zénon, celle des épicuriens aussi bien que celle des stoïciens, celle de Sénèque qui puisait tour à tour dans les deux écoles rivales, celle d'Epictète et celle de Marc-Aurèle, comme elle était déjà celle des plus anciens sages de la Grèce.

C'est pourquoi la plus grande partie des évêques, à la suite de Mgr Gaume, de Mgr Lagrange et du cardinal archevêque Gousset, encouragés et approuvés par l'infaillible pontife romain, ont condamné en bloc tous ces philosophes, tous ces moralistes, tous ces sages de l'antiquité, qui n'avaient pas eu le bonheur de connaître l'immaculée Conception de la Vierge, mère de Dieu par l'opération du Saint-Esprit, et qui, n'ayant pas admis la Trinité doivent, par là même, être exclus en bloc de l'éducation contemporaine.

On ne connaît pas assez dans le monde laïque, les prétentions rétrogrades, les projets anti littéraires et les secrets desseins de ces gens-là. C'en serait fait, pour les nouvelles générations, de la lecture de la littérature française et de l'étude de la littérature antique, s'ils arrivaient à triompher.

Se rappelle-t-on, qu'il y a moins de quarante ans, après le coup d'Etat de décembre, une campagne furibonde a été entreprise par les évêques et par le clergé français soutenus par Louis Veuillot, dans son *Univers*, pour détruire l'enseignement de l'Université, pour exclure radicalement des études classiques, les classiques anciens ; campagne de barbares poursuivie furieusement avec le même fanatisme exclusif que le calife Omar avait pour le Coran.

Dans cette campagne mémorable, les évêques citent les Pères de l'Eglise, les Apôtres, les *Constitutions apostoliques,* dans lesquelles il est dit :

« Abstenez-vous de tous les livres des gentils. Qu'avez-vous à faire de leurs doctrines ? Ces lectures ont fait perdre la foi à quelques hommes légers. Abstenez-vous *absolument* de tous ces ouvrages profanes et diaboliques. »

A grands renforts de citations, l'auteur chrétien du *Ver Rongeur* établit que, dans les beaux temps du Christianisme, l'étude des lettres profanes était absolument bannie de l'éducation.

Et cependant, à ses débuts, le Christianisme, privé de toute littérature humaine, trouvait la société païenne en possession de la littérature et de la science.

C'est, dit-on, pour nous apprendre à bien penser, à bien sentir et à bien rendre qu'on nous fait étudier Virgile et Cicéron.

— « Mais, s'écrie saint Jérôme, que peut-il y avoir de commun entre Bélial et Jésus ? Quel rapport entre David et Horace ? Entre l'Evangile et Virgile, entre saint Paul et Cicéron ? »

« L'éloquence des Pères de l'Eglise diffère de l'éloquence des orateurs païens de toute la distance qui sépare le ciel de la terre. »

Les belles-lettres sont dangereuses pour le salut, et ne sont, d'ailleurs, d'aucun prix.

« Quel profit, dit un ancien évêque de Rouen, cité par Mgr Gaume, quel profit tirons-nous, je vous le demande, de la lecture des grammairiens ? A quoi nous servent, en philosophie, Pythagore, Socrate, Platon et Aristote ? De quelle utilité peuvent être à des lecteurs chrétiens les tristes chants des poètes *criminels*, comme Homère, Virgile et Ménandre ? A quoi peuvent être utiles, dans les familles chrétiennes, Salluste, Hérodote, Démosthène, Démocrite, Varron, Plaute et Cicéron ? »

Avec le « criminel » Homère, sont chrétiennement condamnés, les anciens sages et tous les antiques poètes qui ont mis la morale humaine en maximes : Firdousi, l'Homère des Persans; Solon, Hésiode, Théognis. Ces poètes philosophes méritent leur condamnation ; ils ne croient point au surnaturel ; ils avaient déjà la vue claire du monde et la sagesse humaine ; ils avaient l'expérience des hommes; ils savaient ce que La Rochefoucauld, Montaigne, La Bruyère, ont, par l'expression, rajeuni !

Les pieux ennemis des lettres et de la lecture les condamnent. Ils condamnent avec eux Lucrèce, Virgile, Tibulle, Ovide, Térence et Ménandre, Horace et Montaigne, ces vrais poètes, ils condamnent La Fontaine avec Voltaire et Vauvenargues avec Xénophon.

Les ouvrages d'Aristote lui-même ne sont pas sans danger. Les étudiants du moyen âge y puisèrent, paraît-il, des erreurs manifestes, et voulant les pallier, « ils disaient que ces erreurs sont vraies selon le *philosophe*, c'est-à-dire selon Aristote, mais non selon la foi catholique. Comme s'il existait deux vérités contradictoires ! »

Pendant toute la durée du moyen âge, l'éducation fut « exclusivement chrétienne ; et la société était chrétienne, profondément chrétienne. »

Mais aujourd'hui, « la société est malade, bien malade.

» Nous écrivons (1851) au bruissement de la tempête.

» Nous subissons les conséquences désastreuses de la Renaissance.

» On ne vit plus alors que les païens de Rome et d'Athènes ; on ne connut plus pour l'humanité que deux siècles de lumière : le siècle de Périclès et le siècle d'Auguste.

» Arrière les Ecritures et les Pères de l'Eglise !

» Les fables d'Esope et de Phèdre, Quinte Curce, Ovide, Virgile, Horace, Homère, Aristophane,

Démosthène, Xénophon, Cicéron ! voilà ce qu'on donne à lire à de jeunes chrétiens, fils des chevaliers et des martyrs ! »

Aujourd'hui, « le point capital n'est pas de rendre l'enseignement libre, c'est de le rendre chrétien.

» Rendre l'enseignement chrétien, voilà le dernier mot de la lutte ; voilà ce qu'il faut entreprendre et réaliser à tout prix »

A la morale des philosophes, il faut substituer le christianisme dans l'éducation.

« Il faut renouer la chaîne de l'enseignement catholique, manifestement, *sacrilègement* rompue dans toute l'Europe, il y a quatre siècles. »

Mais quelle fut l'origine de cette chute lamentable ?

N'en doutez pas. C'est la Renaissance.

« On voit Alde Manuce, le prince des typographes italiens, laissant de côté presque tous les ouvrages chrétiens, consacrer son talent et sa vie à reproduire les auteurs païens, surtout Virgile, Lucien, Horace, Juvénal, Lucain, Démosthène, Sophocle et Cicéron.

« Ne dirait-on pas que l'art typographique n'avait été *donné* aux hommes que pour propager le règne du paganisme, ou plutôt ne semble-t-il pas que l'imprimerie préludait dès sa naissance à ce qu'elle ferait de nos jours ? »

L'antiquité est aussi damnable et condamnable

que l'époque moderne. Hors la doctrine et l'enseignement du moyen âge il n'y a point de salut.

Au XVI° siècle, dès l'aurore de la Renaissance, les modèles de l'antiquité n'étaient plus proposés seulement à l'admiration comme le type du beau et la règle du goût, on avait, dit Mgr Gaume, en se signant avec horreur, l'audace de les donner pour les régulateurs des mœurs !

Erasme en fournit la preuve. Il était de ceux qui aiment avant tout les lettres ; c'était un philosophe, précurseur de Montaigne et de Voltaire. Au nom de la raison, il observait la vie et les hommes. Humaniste, il étudiait, il admirait l'antiquité païenne. « *Chrétien, prêtre, religieux*, car Erasme était tout cela », il ne rougissait pas de préférer aux écrivains sacrés les auteurs profanes !

« Ce prince des lettrés de son siècle, dont le goût donnait le ton à l'Europe entière, Erasme dit *avec un sérieux dans lequel la folie et l'impiété le disputent au ridicule :* — « Ai-je fait quelque progrès en vieillissant ? Je l'ignore. Ce que je sais, c'est que jamais Cicéron ne m'a plu autant qu'il me plaît dans ma vieillesse. Non seulement sa *divine* éloquence, mais encore sa *sainteté* inspirent mon âme et me rendent meilleur. C'est pour cela que je n'hésite pas à exorter la jeunesse à consacrer ses belles années, je dis pas'à lire et à relire ses ouvrages, mais à les apprendre par cœur. Pour moi, déjà sur le déclin de mes jours, je suis heureux et fier de rentrer en grâce avec mon Cicéron, et de renouveler avec lui une ancienne amitié trop longtemps interrompue. »

Conçoit-on, dit Mgr Gaume, qu'un chrétien, un prêtre ait la folie impie de parler ainsi d'un païen ?

Pour que la jeunesse pût devenir plus vertueuse en lisant non l'Ecriture ou les ouvrages des Pères, mais les maîtres du paganisme, on composa (chose horrible) les classiques *moraux*. « Comme
« chef-d'œuvre du genre, je citerai, dit Mgr Gaume,
« le *selectæ è profanis*, où l'on présente les païens
« comme des modèles achevés des quatre vertus
« cardinales : la prudence, la justice, la force, la
« tempérance. Or, *ces modèles ne se confessaient*
« *pas, ne communiaient pas, n'allaient pas à la*
« *messe, n'étaient pas chrétiens !* »

Donc le christianisme, avec toutes ses pratiques gênantes, n'est pas nécessaire pour être vertueux.

Les libres penseurs n'osent-ils pas dire que « le monde a vu une foule d'hommes célèbres par leur vertu et que la *philosophie* seule a formé : Pythagore, Antisthène, Socrate, Platon, les stoïciens, Caton, Cicéron, Montesquieu, Destutt de Tracy, Cabanis, Condorcet. Condorcet, l'affreux révolutionnaire. Condorcet, qui avait la seule religion des lettres, des sciences et du progrès, Condorcet, qui aimait l'humanité et qui voulait passionnément le bonheur du genre humain !

Non seulement les libres penseurs philosophes

disent qu'il s'est rencontré des sages, vertueux et amis des hommes, qui n'étaient point chrétiens, mais « tout le monde, depuis le monde qui habite les salons, jusqu'à celui qui habite les chaumières, ne répète-t-il pas ent chœur : On peut être vertueux sans religion ? » Et l'auteur du *Ver Rongeur* dénonce aux sévérités de l'Empire le cours de M. Saisset qui avait eu l'audace de hasarder quelque chose de pareil én 1850.

Mgr Gaume est l'ennemi intraitable de la vertu païenne, autant que l'ennemi acharné de la religion des lettres.

Les belles études classiques, il les supprime. Il condamne la sagesse pratique des anciens, sans, d'ailleurs, admettre davantage la méthode et les résultats de la science moderne fondée sur l'observation des faits, l'analyse et l'expérience.

Lumières antiques, lumières modernes, tout cela est l'œuvre de Satan ; c'est l'empire du Diable. Au nom du catéchisme et de la théologie, il proscrit la culture la plus noble et la plus délicate, toutes ces antiques images du beau que, depuis la Renaissance, l'élite de la jeunesse pouvait aller puiser aux écoles de Rome et de la Grèce.

Non seulement Montaigne, Voltaire et Cicéron sont excommuniés, mais Fénelon lui-même est banni en leur compagnie car, lui aussi, semble penser et dire qu'on peut être vertueux sans croire à la Trinité et aux miracles.

« Sans s'en douter, Fénelon conduit à la même conséquence, en donnant à Télémaque tous les sentiments et toutes les vertus que le christianisme seul peut inspirer. »

Suspect d'hérésie, d'opinions très particulières, condamné par le pape sur la plainte de Bossuet, l'auteur de *Télémaque* est un affreux païen dont la lecture est très dangereuse.

« Dans l'*Education des filles*, Fénelon va jusqu'à laisser entrevoir le désir que les femmes modernes s'habillent comme les femmes de l'ancienne Grèce. Il voudrait faire voir aux jeunes filles « la noble simplicité qui paraît dans les statues et dans les autres figures qui nous restent des femmes grecques et romaines ; elles y verraient combien des cheveux noués négligemment par derrière et des draperies pleines et flottantes à longs plis sont agréables et majestueuses. Il serait bon même qu'elles entendissent parler les peintres et les autres gens qui ont le *goût exquis de l'antiquité*. »

Dans sa *lettre sur l'éloquence*, Fénelon place les architectes chrétiens, malgré leur vain raffinement, au-dessous de la belle simplicité grecque. « Les inventeurs de l'architecture qu'on nomme *gothique*, et qui est, dit-on, celle des Arabes, crurent sans doute avoir surpassé les architectes grecs. Un édifice grec n'a aucun ornement qui ne serve qu'à orner l'ouvrage ; les pièces nécessaires pour le soutenir ou le mettre à couvert, comme les colonnes et la corniche, se tournent seulement en grâce par leurs proportions : tout est simple, tout est mesuré, tout est borné à l'usage ; on n'y voit ni hardiesse, ni caprice qui impose aux yeux ; les proportions sont si justes que rien ne paraît fort grand, quoique tout le soit ; tout est borné à *contenter la vraie raison.* »

— Vous l'entendez dit Mgr Gaume : l'art chrétien ne peut soutenir la comparaison avec les ouvrages du paganisme !

Tous les chefs de la grande révolte du seizième siècle comptent parmi les plus ardents disciples du paganisme classique. Montaigne et Rabelais sont païens autant que Luther et qu'Erasme. Amyot, évêque d'Auxerre et traducteur de Plutarque, appelé à faire l'éducation des successeurs de saint Louis, ne connaît pas de modèles plus accomplis pour un prince que les grands hommes d'Athènes, de Sparte et de Rome.

Ces hommes et ces faits qu'on propose encore à notre admiration, on les a proposés, depuis la Renaissance, à l'admiration des enfants du peuple comme à l'admiration des enfants des rois.

Amyot, cet indigne évêque, estime que *la plus belle et la plus digne lecture que l'on scaurait présenter à un jeune prince, sont les Vies de Plutarque.*

« Voilà qui est entendu, reprend Monseigneur Gaume, l'histoire de Constantin, de Théodose, de Charlemagne, de saint Louis et de tant d'autres saints rois ou empereurs, était moins propre à former l'esprit et le cœur d'un prince chrétien que les vies de Thésée, de Romulus, de Lycurgue, de Solon, de Périclès, de Marius, de Sylla, de César, de Thrasybule et de Brutus! Bientot les *sainctes lettres* disparaissent de l'éducation; elles n'ont plus d'accès dans les collèges; et cent ans après Amyot, Fénelon compose à l'usage de l'héritier du *Royaume Très Chrétien,* un évangile dont Télémaque est le disciple, Mentor l'interprète, Minerve l'inspirateur, et *le paganisme le plus pur le fond et la forme*.

» C'est dans le même but qu'au lieu d'écrire la vie et les maximes de nos grands hommes et de nos grands saints, pour former l'esprit et le cœur du duc de Bourgogne, Fénelon croit devoir consacrer son génie et son temps à analyser, à traduire l'*Odyssée,* et à faire un *abrégé de la Vie des philosophes anciens avec leurs maximes* : Thalès, Solon, Pittacus, Bias, Périandre, Chilon, Cléobule, Epiménide, Anacharsis, Pythagore, Héraclite, Anaxagoras, Démocrite, Empédocle, Socrate, Platon, Antisthène, Aristippe, Aristote, Xénocrate, Diogène, Cratès, Pyrrhon, Bion, Epicure, Zénon.

« Le même principe nous a valu une nuée d'autres ouvrages où l'on apprend aux enfants, [chose horrible], l'art d'être vertueux sans religion. »

Dans ces ouvrages diaboliques, « les sentiments naturels, les avantages humains tiennent lieu des sacrements, des promesses et des menaces de la foi. »

Et le fougueux prélat cite l'innocent Berquin auquel il fait l'honneur de le proscrire avec l'auteur de *Télémaque*.

Depuis la Renaissance du seizième siècle, la littérature est perdue, la jeunesse est pervertie par le rationalisme philosophique, elle n'est plus édifiée par le suave dogmatisme catholique.

Dès avant Voltaire, Montaigne et Rabelais sont antichrétiens. La Fontaine et Molière sont « pleins d'infamies » — peut être, parce qu'ils ont peint Tartufe et les chats fourrés et qu'ils sont les écrivains les plus français et les plus riches pour les traits d'une morale universelle?

Au lieu d'élargir le *Temple du Goût* de Voltaire, afin qu'il devienne le Panthéon de tous les nobles humains, de tous ceux qui ont accru, pour une part notable et durable, la somme des jouissances et des titres de l'esprit, l'auteur du *Ver Rongeur* et tous les prélats rangés en bataille sous le commandement de Louis Veuillot, rongent eux-mêmes, autant qu'ils le peuvent, nos gloires nationales, depuis Rabelais jusqu'à Voltaire, et s'y acharnent avec autant de rage et de haine impuissante que s'ils étaient des classiques païens.

Selon Nos Seigneurs, nous subissons toujours les conséquences désastreuses de la Renaissance.

« Depuis quatre siècles, il y a en Europe un élément nouveau, un élément de plus qu'au Moyen-Age ; et cet élément forme un mur de séparation toujours subsistant entre le christianisme et la société. »

C'est pourquoi la France, « l'antique fille du catholicisme, n'a plus d'autre cri de ralliement que ces mots horribles répétés sur tous les tons, de l'Adriatique à l'Océan et de la Méditerranée à la Baltique : Le Christianisme nous pèse ; nous ne voulons pas qu'il règne sur nous ; qu'on l'ôte ; sa vue seule nous est insupportable. »

Au commencement du XVIIIe siècle, rien déjà n'était moins chrétien de mœurs et de croyances que les classes élevées et tous les hommes qui avaient le plus largement participé à l'enseignement public.

Heureusement, les femmes, dans dans l'instruction desquelles n'entre pas l'élément païen, se sont maintenues, sous la direction de l'Eglise, beaucoup plus chrétiennes que les hommes.

Les classes populaires ont été, comme les femmes et pour les mêmes motifs, préservées de la contagion ; elles sont restées toujours fidèles à la foi catholique, et n'ont fini par devenir hostiles à la religion que sous l'influence, deux fois séculaire, des classes élevées à l'école des Grecs et des Romains.

Au moment où le paganisme ressuscité dans l'éducation envahissait l'Europe, un illustre Jésuite, « un de ces hommes supérieurs, comme l'illustre

Compagnie n'a cessé d'en produire, le P. Possevin, tremblant pour l'avenir, faisait entendre son éloquente parole. « *Quelle* pensez-vous donc *que* soit la cause formidable qui précipite aujourd'hui les hommes dans le gouffre du sensualisme, du blasphème, de l'impiété, de l'athéisme ? C'est que, dans les collèges, pépinières des Etats, on leur a fait lire et étudier tout, excepté les auteurs chrétiens. »

« Voulez-vous sauver votre République ? Portez sans délai la cognée à la racine du mal ; bannissez de vos écoles les auteurs païens, qui, sous le vain prétexte d'enseigner à vos enfants la belle langue latine, leur apprennent la langue de l'enfer. »

L'illustre Possevin (?) déclare qu'il faut en revenir à l'usage pratiqué dans les écoles du moyen-âge, « usage commandé par Dieu lui-même », et qui consiste à mettre entre les mains de l'enfance les Actes des martyrs, les Vies des Saints, l'Ecriture et les Pères.

Depuis la Renaissance des lettres, de chute en chute, à travers le XVIII° siècle et toute la suite odieuse des philosophes, le théâtre, la littérature, la poésie sont arrivés « aux dégoûtantes productions de Parny, de Pigault-Lebrun, de Scribe, de Soulié, d'Eugène Suë et de Victor Hugo. »

Il faut aujourd'hui « seconder les desseins manifestes de la Providence » et, sous peine de mort, revenir à la théologie, cette science divine, qui s'est produite avec toute sa magnificence dans la *Somme* de saint Thomas.

Ici l'admiration et l'enthousiasme du *Ver Rongeur* se donnent carrière; avec une verve intarissable Monseigneur les répand en longues litanies:

La *Somme* de saint Thomas,

« cet ouvrage qui n'a pu épuiser l'admiration de six siècles,

» est le plus beau qui soit jamais sorti de l'intelligence créée ;

» — Ouvrage angélique et presque divin,

» — dernière limite du génie,

» — fontaine de toutes les sciences,

» — trésor de toutes les vérités,

» — réfutation de toutes les erreurs,

» — arsenal de toutes les vérités,

» — exposition la plus vaste de la religion chrétienne,

» — boulevard le plus fort de l'Eglise,

» — gloire immortelle de l'esprit humain,

» — seul jugé digne par les Pères du Concile de

» Trente de paraître à côté de l'Evangile, au milieu

» de la salle de leurs augustes assemblées, afin, etc.

(V. *Le Ver Rongeur des sociétés modernes*, page 362).

« C'est par le clergé que doit commencer, *comme toutes les autres*, cette réforme décisive pour la religion et pour la société. » (page 387).

Déjà, en 1835, l'auteur du *Catholicisme dans l'éducation* avait signalé « le ver rongeur de l'Europe moderne. » Depuis lors, il a toujours prêché

« la guerre sainte. » Depuis lors, les « solennels avertissements de la Providence n'ont pas été perdus. Les uns par crainte, les autres par conviction, s'efforcent d'opérer une réaction catholique sur la société. »

Depuis lors, l'Eglise développe triomphalement son mouvement dans l'éducation qui sera pour elle le « *vestibule de la toute-puissance.* »

— On sait que l'éducation de la jeunesse a l'influence la plus directe et la plus profonde sur l'avenir de la société.

Mais, pour Mgr Gaume et ses collègues, s'ils attaquent avec cette vigueur persévérante le paganisme, c'est parce qu'il est « l'unique cause de l'affaiblissement de l'Eglise », parce que : « l'éducation c'est l'empire ; *la férule du maître est le sceptre du monde.* »

Le poète Lemierre avait dit :

Le trident de Neptune est le sceptre du monde.

Monseigneur connaît les auteurs profanes, mais seulement assez pour fausser un vers et le dénaturer.

Presque tous ses collègues, qui voudraient, comme lui, revenir au moyen âge et qui voient aussi, pour l'Eglise, dans l'éducation de la jeunesse « le vestibule de la toute-puissance », cherchent à faire donner dans les écoles, collèges, petits séminaires qu'ils dirigent, les auteurs bien pensants et les livres crétiens.

Son Eminence le cardinal Gousset, archevêque de Reims, prélat compté au premier rang parmi les théologiens contemporains, félicite l'auteur du *Ver Rongeur* d'avoir « parfaitement démontré que, depuis plusieurs siècles, l'usage des auteurs païens dans les écoles secondaires a exercé une funeste influence sur l'éducation de la jeunesse et l'esprit des sociétés modernes. »

Mgr Ant. Ricard, prélat de la Maison de Sa Sainteté Léon XIII, félicite le vaillant évêque d'avoir su « tenir l'impiété et l'hérésie à longueur de lance. »

Il le félicite d'avoir su maintenir le surnaturel dans l'éducation. « On sent que le pieux prélat est heureux de s'y arrêter, (dans le surnaturel), comme dans un élément qui lui est familier. »

Appuyé sur des faits incontestables, Mgr Gaume a montré les ravages du Paganisme dans l'éducation.

La réforme qu'il a proposée fut faussement traitée d'exagération. Des objections furent formulées « avec une aigreur, une animosité de ton qui en trahissaient la faiblesse ». Dans ses *Lettres à Mgr Dupanloup*, publiées au fort de la lutte, Mgr Gaume « en fit justice avec calme et solidité. »

L'auteur du *Ver Rongeur* reçoit les félicitations, les encouragement des évêques. Mgr Parisis lui écrit, (5 juillet 1851) : « Avant un demi-siècle, on comprendra que la Renaissance a été la plus redoutable épreuve de l'Église de Dieu depuis son berceau »

Cependant une partie de l'Épiscopat français hésitant, le Souverain Pontife intervint : d'abord par une circulaire du cardinal Antonelli, puis par l'Encyclique *Inter multiplices* du 21 mars 1859.

Dans cet acte solennel, Pie IX consacre la thèse de Mgr Gaume. Désormais le Pape a parlé, la cause est finie.

Encouragés par la parole infaillible, par l'Encyclique *Inter multiplices*, les évêques soutenus, guidés par l'*Univers*, redoublèrent d'ardeur. Mgr l'évêque de Langres se distingua dans la bataille, presqu'autant que Mgr Gaume.

Il s'indigna il parla, il écrivit : « Pendant près de trois cents ans on a dit à toute la jeunesse étudiante : — Formez votre goût par l'étude des bons modèles; or, les bons modèles grecs et latins sont exclusivement les auteurs païens de Rome et d'Athènes. Quant aux Pères, aux docteurs et à tous les écrivains de l'Église, leur style est défectueux et leur goût altéré... Alors, on a commencé à s'incliner devant les sept sages de la Grèce presque autant que devant les quatre évangélistes, alors on s'est extasié sur les pensées d'un Marc-Aurèle et sur les œuvres philosophiques d'un Sénèque... »

Alors, pour vous citer seulement quelques noms : Homère, Sophocle, Pindare, Xénophon,

Thucydide, Esope, Démosthène, Socrate, Platon, Aristote, Virgile, Horace, Tite-Live, Salluste, Pline, Sénèque, Cicéron, furent cités comme les rois du génie et de la science. Devant eux ont pâli tous les autres hommes qui les ont précédés ou qui les ont suivis. L'Antiquité et la Renaissance ont ainsi voué la religion au mépris.

« Allez dire aujourd'hui à l'Europe, élève du paganisme, que tout pouvoir vient de Dieu, et *relève de Jésus-Christ*, le Roi des Rois, le Seigneur des Seigneurs ; allez combattre le dogme païen de la souveraineté du peuple : vous verrez s'il est une seule nation qui vous comprenne, vous verrez combien il en est parmi les sages qui répondent autrement que par un sourire de pitié.

« Cependant la théologie, dit saint Thomas, doit *commander* à toutes les sciences, elle doit les faire travailler sous ses ordres et les tenir toutes à son service.

« Le Christianisme est une religion *surnaturelle* qui rejette comme insuffisants tous les motifs humains.

« La religion ne peut avoir dans la pensée, dans l'étude, dans l'estime, dans l'admiration d'aucun homme, *ni supérieur, ni rival* ; ses inspirations, ses enseignements, ses faits, ses combats, ses triomphes, ses hommes, ses gloires, ses chefs-d'œuvre sont *au-dessus de toute comparaison. Seul, un rôle princier lui convient : tout autre la dégrade.* Elle est reine ou elle n'est rien : *aut nihil, aut Cæsar.* »

Ceci était écrit en 1851. Par ce langage altier, on voit comment, malgré sa prudence cauteleuse quand il est le plus faible et ses formes habituelles d'humilité dévote, l'orgueil sacerdotal se donne aisément carrière dès que les circonstances le favorisent.

En réalité, Mgr Gaume, le Pape et les évêques, sous le couvert du paganisme, attaquaient la philosophie moderne, le dix-huitième siècle et la liberté de penser.

Il est vrai que, par la Renaissance des lettres, l'Église a perdu l'action toute-puissante qu'elle avait sur la société du moyen-âge. Mais, depuis Constantin, ou plutôt du V° siècle jusqu'à la prise de Constantinople par Mahomet II, en 1453, qu'avait donc fait l'Eglise, en dehors des Croisades qui n'ont pas abouti ?

Pendant toute la durée du moyen âge, on voit, en effet, l'Europe se montrer pleine de respect et de soumission pour l'Eglise. En retour, qu'a-t-elle fait, l'Eglise, pour la science, pour la littérature, pour le maintien de la civilisation grecque et latine, pour la moralité, pour le progrès ? Sous sa direction, exclusive et toute-puissante, la société du moyen âge n'avait ni lumières, ni bien-être, et cela ne peut s'expliquer que parce que l'Eglise était elle-même privée de lumières, n'en ayant pas d'autres que celles des prophètes, celles de David, de Moïse et de Josué, parce que le clergé dirigeant manquait de philosophie, de mesure, de littérature et de goût.

En dépit de Mgr Gaume et de l'*Univers*, les classiques anciens seront toujours des modèles ; la justice, la prudence, la force, la tempérance, ces grandes vertus utiles resteront des vertus ; et, bien qu'il la maudisse comme œuvre de Satan, la Renaissance des lettres au XV° et au XVI° siècle a été le plus grand bienfait. Il était temps qu'elle vînt diminuer la superstition, adoucir les mœurs cruelles, éclaircir cette longue confusion, classer les écrivains et rendre ceux-là seuls qui comptent à l'admiration des hommes.

Avec la renaissance des lettres, l'empire souverain du catholicisme s'affaiblit, la voix des pontifes romains dévouée à leur seule puissance, devient suspecte ; « la soumission filiale des rois et des peuples diminue. »

Au XVI° siècle, l'émancipation commence ; dans la plus grande partie de l'Europe, on voit « la société accuser sa mère de superstition et de barbarie, abjurer ses doctrines absolues, rejeter ses croyances et démolir ses dogmes, comme des monuments d'ignorance, d'esclavage et d'idolâtrie. »

Depuis lors, si l'éloignement de la société pour l'Eglise est allé en augmentant ; si cet éloignement s'est changé, depuis la Restauration et le Second

Empire, en « haine toujours agissante, » à qui la faute ? Et qui donc a fait faire l'occupation romaine et fermer le cours de Renan ? qui donc s'est donné pour programme la contre-révolution ? qui donc a proclamé le *Syllabus* ? qui donc a combattu la République naissante et fait dire à Gambetta : « Le cléricalisme voilà l'ennemi ? » Aujourd'hui l'Eglise se rallie ; elle se dit socialiste ou du moins elle se cherche, dans le peuple, une force électorale parmi les ouvriers ; mais toutes ces ruses ne trompent que les naïfs ; on sait bien que le pape et toute la hiérarchie sacerdotale veut avant tout conserver sa puissance. Le clergé se rapproche aujourd'hui du peuple, parce que le peuple est roi. Ces belles pensées démocratiques, c'est Bossuet devant Louis XIV qui aurait dû les exposer. Au 16 mai et au 24 mai, ces idées toutes républicaines n'existaient pas encore.

Cette attitude démocratique n'a été prise que depuis la ruine des belles espérances monarchiques.

La République a plus à crainde de l'adhésion des catholiques que de leur hostilité bruyante. Les cléricaux ne sont jamais à craindre à l'état de lutte ouverte, en dehors de la forteresse républicaine et l'attaquant en face ; mais ils sont très dangereux quand ils se rallient, qu'ils entrent dans la place en alliés et qu'ils y dissimulent leur hostilité. La surveillance contre eux doit être plus minutieuse et plus vive. Sans tracasseries, sans vexations, les républicains doivent rester sur la défensive et ne pas se laisser duper.

D'ailleurs, le socialisme de l'Eglise ne paraît pas beaucoup à craindre. La société moderne repose sur la science, elle impose à tous le travail méprisé dans l'Evangile.

L'Eglise, féconde en prières et en indulgences toujours bien vendues, bien payées, n'a jamais su fonder, au temps de sa puissances que des couvents de moines et des ordres mendiants : trente-cinq ordres ou congrégations catholiques au XV° siècle, trente-cinq au XVI°, *quatre-vingt-dix au XVII°*, sous Louis XIV, qui est resté pour eux l'idéal des rois.

Il était temps que Voltaire vînt rendre la parole au bon sens et la France à elle-même. Par lui, par Bayle, Descartes, Montaigne et Montesquieu, la France n'est plus enfin le pays des moines et des Croisés, le peuple obéissant aux clercs qui lui disent : « *Dieu le veult* » ; car, quelle que soit la chose qu'ils désirent, Dieu est toujours à leurs ordres pour la commander.

Malgré l'ignorance sur laquelle il s'appuie, le catholicisme, qui voudrait dominer et régner encore, alors que presque tout lui échappe, le catholicisme n'est plus désormais dans l'Etat qu'un grand parti dangereux, avec lequel il faut compter, mais, philosophiquement, il n'est plus qu'une secte.

Cela peut affliger les moines ; mais qu'ils s'en affligent ou non, c'est un fait. Il n'y a pas à se fâcher contre les choses, comme le dit Euripide, cité par Stobée, car cela ne leur fait rien du tout. Le parti catholique n'est plus aujourd'hui qu'une secte. Il faudra bien qu'il s'y résigne.

Laissons le *Ver Rongeur*. La haine cléricale qui s'y exhale si vive contre la religion des lettres, se sent aujourd'hui impuissante, puisqu'elle se rallie en apparence à son plus grand ennemi, la République laïque. Dans cette évolution politique, il faut au clergé contemporain une rare impudence pour se dire ami des principes de 89, ami de la Révolution qui a mis fin aux douceurs de l'ancien régime et à ce qui restait encore des privilèges de ce moyen âge si parfait et si regretté.

La Renaissance, la Réforme et la Révolution ont fait l'esprit moderne, la société moderne, la République Française ; or, le catholicisme est, essentiellement, une réaction permanente contre l'esprit laïque, contre la Renaissance, contre la Réforme et la Révolution, comment les jésuites et leurs amis pourraient-ils être de sincères républicains, fils de 89, tel que les comprenait Condorcet et Gambetta ?

A M E. DES E***; A PARIS.

Giverny, ce 24 août 1893.

Mon cher ami,

Je viens de relire, dans mes notes, MM. Melchior de Vogüé, Rod et Paul Desjardins. A ton départ, tu m'avais parlé d'eux comme ayant avec moi des idées communes.

Cela est vrai en ce sens que je suis préoccupé de l'éducation du peuple par la République, et que ces messieurs désirent aussi une éducation morale, qu'ils voudraient religieuse. Pour moi, la vraie religion, c'est la morale et non point le catholicisme. Le point commun, c'est que nous regardons l'éducation du peuple comme nécessaire ; je pense que cette éducation peut être faite par l'école et par les livres, par la parole laïque, écrite ou directe ; ils la veulent faire par l'Eglise : voilà ce qui nous sépare.

Je regarde l'Eglise catholique comme un obstacle au progrès, je vois en elle l'ennemie du libre examen. Je ne puis pas confondre, comme ils font, la croyance et la vérité.

La vérité se découvre peu à peu par la science.

La croyance, au contraire, (ennemie de la raison comme des résultats scientifiques acquis), s'impose à l'ignorance seule.

Elle s'impose, sans résistance, à la femme et à l'enfant.

Comme aux temps des hérésies, elle aurait besoin de la force pour contraindre l'incrédulité.

L'Eglise est fort habile; elle peut changer de tactique et de stratégie; elle ne peut point changer ses dogmes et sa tradition Elle est, elle-même, esclave de son passé.

C'est pourquoi la doctrine catholique du pape Léon XIII, comme celle de Bossuet, de Grégoire XVI et de Pie IX, est toujours l'absolutisme et l'intolérance en matière de Foi.

Au point de vue philosophique, le catholicisme sera toujours, comme le Mahométisme, l'erreur et le mensonge, bien qu'il leur soit plus difficile d'être persécuteur comme autrefois.

Ceux qui regrettent les beaux temps de l'Inquisition sont peut-être moins rares, parmi les gens d'Eglise, que ne l'imagine M. de Vogüé.

S'ils en avaient la force, les moines et les bons prêtres rétabliraient en fait une institution qui, en principe, n'a jamais été condamnée et qui existe sous la forme de la sainte congrégation de l'Index.

Détruire l'inquisition, aux yeux de ces bons pères et de ces bons moines, c'est détruire le catholicisme qui est, avant tout, *l'unité de la foi.*

Je regarde donc toujours, avec Gambetta, le catholicisme comme l'ennemi. Il est le seul adversaire du libre examen et par conséquent du progrès, puisque tous les progrès moraux et philosophiques procèdent de la pensée active et libre.

Et, je puis le dire à M. de Vogüé, dans son domaine surnaturel, l'Eglise n'acceptera jamais la pratique du libre examen. Elle l'interdit formellement sous peine d'excommunication, comme étant le père du scepticisme et des hérésies.

Dans le parti contraire, c'est au libre examen que tout esprit philosophique, républicain ou non, doit tenir avant tout.

Je ne saurais pas davantage, accepter, comme M. de Vogüé, la primauté que l'Eglise s'arroge dans l'ordre de l'intelligence et de la science. De quel droit ces évêques, ces exorcistes, ces vieux séminaristes prétendent-ils en savoir plus que les laïques les plus éclairés ?

Le néo-christianisme de M. Melchior de Vogüé coïncide avec l'attitude nouvelle et récente de Léon XIII, — attitude fort imprévue après la furieuse campagne Boulangiste que les jésuites ont menée d'accord avec la plus grande partie du clergé.

M. de Vogüé avait l'ambition naturelle d'arriver à la Chambre ; il a pris le chemin le plus court. Ce jeune académicien est un habitué des salons académiques et bien-pensants. Comme tel, il doit croire que la foi va renaître. Il en voit des symptômes qui n'ont rien d'éblouissant. Sans nier que des idées vaguement religieuses aient une certaine faveur dans la jeunesse, je n'y vois pas, comme M. de Vogüé, l'aurore d'un retour à la Foi. M. de Vogüé souhaite un catholicisme libéral, il le souhaite, dit-il, « comme républicain et comme démocrate »; mais qu'il y a-t-il donc de nouveau dans l'Eglise, si ce n'est que Léon XIII a ordonné aux candidats catholiques de se dire républicains ?

M. de Mun et M. Piou, qui étaient royalistes et même légitimistes, ont obéi pieusement à la consigne, mais ils n'ont pas pour cela quitté la vraie doctrine catholique qui est celle de Pie IX et du *Syllabus*. Sa Sainteté le Pape a pu gêner leurs préférences politiques, mais il n'a demandé aucun sacrifice à leur Foi.

Dans ce *Syllabus* qui est la liste authentique et officielle des principales erreurs de notre temps, signalées récemment, par le premier pape déclaré Infaillible, l'*erreur numéro 13* consiste à penser qu'il soit «libre à chaque homme d'embrasser et de professer la religion qu'il aura réputée vraie, conduit par la lumière de la raison. »

Par conséquent tous les protestants devraient toujours être *exterminés comme hérétiques* et je devrais partager leur sort pour préférer la religion des livres à celle de la Bible. Et il n'y a pas à invoquer la tolérance de fait. Cette tolérance de l'Eglise est contraire à ses vœux ; elle est le résultat de sa faiblesse et de son impuissance actuelles. Mais si l'évolution politique des *ralliés* avait mieux réussi, si leur mouvement tournant et leurs masques les avait introduits en plus grand nombre dans la Chambre, et si peu à peu ils avaient pu s'y trouver les plus nombreux, nous aurions vu jouer la scène de Tartuffe :

La maison est à nous, c'est à vous d'en sortir.

Avec un gouvernement « d'ordre moral » nous aurions vu M. Gouthe-Soulard remplacer Bossuet.

On se rappelle les actes de la Congrégation sous Charles X. On dit : les temps ont changés, mais au dix-septième siècle, les dragonnades ont eu lieu au milieu d'une société polie, lettrée, à côté d'une cour élégante et civilisée.

Si le pouvoir revenait à l'Église, elle agirait encore de même et ne serait pas moins intolérante, parce que l'*intolérance est son principe nécessaire* — sauf des exceptions personnelles et individuelles, — et que si les moyens actuels lui manquent, son devoir théorique n'a pas changé.

D'un autre côté, la même opposition radicale existe toujours entre la raison et la foi. Ce n'est pas une circulaire de circonstance qui peut faire disparaître cet antagonisme puisqu'il est dans la nature même des choses.

Nous pouvons toujours dire ce qu'au deuxième siècle Celse disait en parlant des chrétiens de son temps : « Ces gens-là se contentent de nous répondre : n'examinez pas et croyez. »

L'homme n'est grand qu'à genoux, disent-ils.

« Oh! que Pascal avait raison dans cette parole retenue de quelque saint : mettez-vous à genoux, prenez de l'eau bénite, récitez le chapelet, en un mot *abêtissez-vous.* » (Louis Veuillot. *Mélanges*, tome VI, page 426).

Un seul pape, si malin qu'il soit, ne saurait pas détruire l'œuvre des siècles.

M. de Vogüé — qui ne connaît guère que les œuvres complètes de Tolstoï, — paraît ignorer singulièrement le passé de l'Église. Pour être catholique, il ne suffit pas d'admirer la politique adroite de Léon XIII, l'habileté de ses dernires circulaires électorales; il faut accepter son *Credo*. Le catholicisme n'est point essentiellement une politique républicaine, une libre philosophie, c'est une théologie dont tous les articles de foi, nettement définis dans une quantité de conciles, sont immuables.

On ne peut être catholique sans les accepter.

Malgré son attitude, plus sournoise encore que conciliante, je ne sache pas que Léon XIII ait rien effacé du catalogue des erreurs par lesquelles les esprits modernes, les plus faiblement libéraux, entrent en opposition radicale avec l'enseignement de l'Église et encourent, *ipso facto*, l'excommunication.

Tous les dogmes, tous les mystères du moyen âge, toutes les antiques superstitions chrétiennes subsistent, agrémentés de Mariolâtrie, de Josépholatrie, de cette idolâtrie repoussante du Sacré-Cœur et des pratiques charlatanesques des Pèlerinages à Lourdes, à la Salette, etc.; sans compter l'Infaillibilité personnelle du Pape, laquelle n'existait pas au temps de Bossuet et qui a été, avec l'Immaculée-Conception la plus belle conquête de nos modernes ultramontains.

Léon XIII n'a donc rien changé à la difficulté de croire ni à la répulsion qu'inspirent les dernières nouveautés jésuitiques. Il n'a rien distrait de la doctrine catholique, de ses dogmes, ni du *Syllabus*. Il ne saurait le faire, tout infaillible qu'il soit. Le clergé ne suivrait pas un pape libre-penseur. Mais Léon XIII en est bien loin.

Tout son changement est d'attitude extérieure, un changement de tactique, mais non de but. L'Église veut toujours la domination des esprits. Et, quand on exagère le libéralisme de Léon XIII, comme le font MM. de Vogüé et Desjardins, il est permis de leur répondre que dans ce siècle de l'évolution, tout son généreux désir de progrès a abouti à nous ramener aux conceptions scholastiques du treizième siècle, à la théologie bizarre et ridicule de saint Thomas d'Aquin et d'Albert-le-Grand. Voilà un beau progrès dans ce siècle d'Herbert-Spencer et de Darwin.

De son côté le père Didon a, comme M. de Vogüé, sa doctrine libérale et tolérante, qu'il dit amie de la science et même de la philosophie moderne.

Mais cette manière de voir lui est particulière, elle ne constitue pas la doctrine de l'Eglise; elle n'est point acceptée ni acceptable, étant plus libérale que théocratique.

Le catholicisme libéral est un illogisme; c'est une inconséquence qui fut à différents degrés celle de Lacordaire, celle de Montalembert et du Père Hyacinthe; ce n'est point la doctrine des évêques, celle de Bossuet, celle de MM. Veuillot, Gouthe-Soulard, Grégoire XVI et Pie IX.

A M. E. des E***

Giverny, par Vernon (Eure).

Ce 2 septembre 1893.

Mon cher ami,

Spuller est un bien mauvais écrivain, d'un style pâteux, sans netteté, sans couleur et sans relief; mais c'est un honnête homme, un bon et généreux esprit, et, puisque tu lui as promis d'analyser sa dernière Etude politique et religieuse sur Lamennais, je vais te dire, sur Lamennais, ma manière de voir esquissant rapidement l'histoire de son âme et de ses variations intellectuelles.

Par transitions plus ou moins brusques, Lamennais a passé du Catholicisme ultramontain à la Révolution française qui est son contraire. Ce sont les principales étapes de sa vie intellectuelle qu'il importe de distinguer.

Ordonné prêtre, à Rennes, à l'âge de trente-quatre ans (1816), il fit paraître, dès l'année suivante, le premier volume de son *Essai sur l'indifférence en matière de religion*.

Hugo rendit compte de l'*Essai* dans la *Muse française* et dit que « ce livre était un besoin de notre époque. »

Notre époque cherche à faire passer dans les faits des idées et principes diamétralement contraires à ceux de la thèse soutenue dans l'*Essai*, mais enfin la préoccupation généreuse de l'auteur, son désir de combattre l'indifférence religieuse et philosophique est encore le nôtre.

Il est digne de remarque que si Lamennais a passé du catholicisme le plus intraitable à la liberté politique et au socialisme démocratique, Hugo, Lamartine et Châteaubriand, toutes les intelligences dirigeantes de notre époque, ont aussi passé du royalisme catholique à la république libérale.

Lamennais a toujours été agité par les besoins et les nobles préoccupations d'esprit de son temps.

Le grand combat de notre siècle entre la raison et la foi, entre le dogme et la science, entre le passé et l'avenir, s'était livré dans son âme.

Il avait commencé par opposer l'esprit chrétien à l'esprit moderne, la foi catholique à la libre pensée, l'autorité de l'Eglise et du Pape aux principes de tolérance et de liberté d'examen. La Révolution française lui inspirait alors la même horreur qu'elle inspirait au parti royaliste.

A part sa manière de conclure sa thèse, de l'*Essai* était juste.

L'indifférence à tout ce qui constitue la religion des lettres, la haute vie de l'esprit, est une abdication et une abjection.

Comme l'indifférence se restreint à mesure que l'intelligence se développe, un homme très intelligent n'est indifférent à rien de ce qui est humain.

Homo sum et nil humani alienum puto.

Si les indifférents, tout en accordant qu'il faut une religion pour le peuple, se gardent bien de la pratiquer et s'en raillent entre eux, le peuple s'apercevra de leur dédain et ne tardera pas à rougir d'une religion qui l'humilie.

Le siècle le plus malade, pensait Lamennais, n'est pas celui qui se passionne pour l'erreur, mais celui qui néglige et dédaigne la vérité. C'est pourquoi Lamennais condamne éloquemment cette brutale insouciance des choses de la conscience et de la raison.

Les philosophes du XVIIIe siècle n'étaient point à ses yeux des « indifférents », mais des adversaires. Ces philosophes pensaient que la morale, non la religion, est nécessaire Diderot, d'Holbach etc , cherchaient à établir scientifiquement la morale naturelle que prêchait Voltaire, tandis qu'ils combattaient tous le catholicisme comme la plus funeste institution de superstition et de fanatisme persécuteur.

L'originalité de Lamennais fut de voir, ce qui avait échappé à MM. de Maistre et de Bonald que, si on voulait sauver l'autorité de l'Eglise, il fallait remonter à la source de la tolérance et du scepticisme modernes, c'est-à-dire au principe du libre examen, à la règle de l'évidence, à l'autorité de la raison individuelle.

Pour prouver la nécessité d'une Autorité spirituelle, il faudrait, en effet, contester et anéantir la raison de l'individu. Chacun de nous, disait alors Lamennais, doute de lui-même tant que son opinion demeure isolée. Il a besoin d'une autorité pour y croire. Plus le nombre de nos coreligionnaires est grand, plus nous sommes tranquilles. Sa conclusion était que le vrai critérium de certitude n'était pas l'évidence, ni la raison individuelle, mais l'autorité du grand nombre.

En quoi il se trompait évidemment, car le grand nombre est ignorant et incapable de résoudre et même de comprendre les problèmes philosophiques. En philosophie, on ne compte pas les témoignages, on les discute et on les pèse. Ce n'est pas le nombre des personnes, mais la qualité des intelligences qui décide.

Catholique conséquent, Lamennais n'admettait

pas alors la liberté de l'erreur ; c'eût été mettre en doute la certitude de la vérité. Les vrais catholiques ne sauraient, en effet, admettre la liberté du mal, mais seulement la liberté du bien. Le bien : c'est leur doctrine.

C'est pourquoi le catholicisme libéral est une absurdité.

L'Eglise veut et doit régner seule, enseigner seule.

C'est à elle que Jésus en remit la mission. La simple tolérance des cultes lui paraît une persécution. Elle veut être religion d'Etat. Elle n'admet la liberté que pour elle, parce qu'elle *seule* a la vérité.

Avant de passer au service de la démocratie, Lamennais traversa, sans s'y arrêter longtemps, une période intermédiaire pendant laquelle il chercha, en compagnie de Lacordaire et de Montalembert, à réconcilier l'Eglise avec les principes de la liberté moderne.

C'est bien lui qui fut l'initiateur de ce mouvement généreux mais illogique et contradictoire qui fut appelé et combattu par l'*Univers* et par tous les évêques moins deux, sous le nom de catholicisme libéral.

Libéraux, Lacordaire et Lamennais ne l'étaient cependant que comme le sont aujourd'hui Léon XIII et M. de Mun.

C'était, avant tout, pour l'Eglise qu'ils réclamaient la liberté, surtout la liberté de l'enseignement secondaire devant conduire plus tard à l'enseignement supérieur et à la collation des grades à laquelle ils tiennent tant ; et, pour mieux assurer cette indépendance de l'Eglise dans son enseignement à tous les degrés, ils demandaient courageusement sa séparation d'avec l'Etat.

Catholique libéral est un trompe-l'œil et un attrape-nigaud, comme cette liberté de l'enseignement supérieur dont ils se réclament, eux qui ont fait interdire le cours de Renan.

Pour ne pas être dupe des mots, il faut leur rendre le sens exact qu'y donnaient ceux qui les emploient et connaître le but qu'ils poursuivaient sous cette étiquette. La liberté d'enseignement était réclamée par les catholiques libéraux pour l'Eglise seule, — en défiance de la liberté d'esprit et contre la science, — comme le moyen le plus sûr d'établir la domination absolue de l'Eglise sur tous les esprits.

L'entreprise généreuse de « catholiciser le libéralisme » ne pouvait d'ailleurs aboutir puis qu'elle eût été la conciliation des contraires.

Le libéralisme catholique ne saurait exister. Ces deux expressions ne sont qu'une contradiction formelle dans les termes, puisque le substantif détruit l'adjectif, de même que l'adjectif annule le subtantif.

L'Encyclique de 1832 condamna formellement

les doctrines du catholicisme libéral. Cette encyclique de Grégoire XVI fut une guerre déclarée formellement à tous les besoins, à tous les principes de la société moderne.

Elle a été renouvelée tout récemment, en 1867, avec aggravation, s'il est possible, par le *Syllabus*.

Ces documents inoubliables constatent le conflit qui met en présence deux systèmes contraires, dont l'un ne peut triompher que par l'anéantissement de l'autre.

Lacordaire et Montalembert se soumirent, Lamennais seul résista. Du catholicisme libéral impossible, il glissa rapidement au socialisme chrétien. Il rêva de fonder la société future sur les préceptes de l'Evangile ; il écrivit les *Paroles d'un Croyant*, sans voir que Jésus n'a jamais conseillé le travail, ni l'étude. ni la propriété, ni la famille. Tandis que le travail et l'étude, sont les deux grandes directions essentielles où nous sommes engagés.

Aujourd'hui, par une métamorphose singulière, cette phase de la pensée de Lamennais revit dans ceux-là même qui l'avaient condamnée. Ce sont bien les traces de Lamennais que suivent Léon XIII et ses alliés, les « ralliés » : MM. de Mun, Piou, etc

Comme l'avait fait Lamennais, ils séparent la cause de l'Eglise de la cause perdue des rois ; et, en poursuivant la transformation sociale du monde politique moderne par un socialisme chrétien, ils entrent dans la voie indiquée par Lamennais.

Poursuivi, traqué, dénoncé par l'implacable haine sacerdotale, le pauvre Lamennais, sorti de prison, abandonna le socialisme chrétien comme il avait dû quitter le catholicisme libéral. Dans cette courte période, il avait rêvé que le catholicisme pourrait se régénérer par la démocratie, en unissant sa cause à celle du peuple.

Le *Syllabus* de 1867 est venu, après l'Encyclique de 1832, démontrer, une fois de plus, l'impossibilité radicale d'unir la raison à la foi, le dogme et la liberté.

Après avoir été réactionnaire, puis catholique libéral, Lamennais a fini comme un libre penseur de la seule religion des lettres.

Il avait commencé par faire de la théologie un dogme, de la monarchie un principe nécessaire, de la raison individuelle une source d'erreur.

Son libéralisme catholique ayant été condamné par le Pape, Lamennais devait y renoncer ou sortir de l'Eglise.

Sans s'acharner à la réconciliation des contraires, Lamennais eut enfin le bon sens d'opter pour le progrès humain et la justice sociale qui, par la Révolution, procèdent de la philosophie du dix-huitième siècle et non pas de l'Evangile.

Ame excessive, Lamennais est allé d'un bout à l'autre de la pensée et ne s'est arrêté longtemps que dans la logique des extrêmes. Il a passé naturellement du Pape au peuple, de l'autorité absolue au socialisme démocratique. Malgré ces grands écarts Lamennais fut toujours, à tous les moments de sa vie, à toutes les étapes de sa douloureuse carrière, à toutes les phases de sa pensée progressive, un généreux apôtre, une âme dévouée, et, s'il finit en soldat d'avant-garde, en hardi pionnier démocratique de l'avenir, il finit aussi en libre-penseur émancipé complètement de l'Eglise, en fidèle de la seule religion des Lettres. « C'est du temple, disait-il, que tout art est sorti d'abord. Mais l'art s'est détaché de la religion. La foi future sera *l'idéal dans l'avenir* comme la foi du passé a été son berceau. Espérons, disait-il, que la grande poésie de notre siècle, prêtresse d'une religion que l'on ne saurait nommer, porte en ses mains le symbole d'un dieu inconnu. »

Cette religion qu'il ne savait nommer, mais qu'il avait vivante dans son cœur, était évidemment la religion de l'avenir, la grande religion des sciences, des lettres, des arts et du progrès.

A M. E. des E***

Giverny, par Vernon (Eure).

Ce 3 septembre 1893.

Mon cher ami,

L'Eglise catholique est-elle, comme tu le penses,

dans une voie de transformation ? Ou bien courbe-t-elle seulement l'échine en attendant l'heure de la revanche ? Si elle cherche vraiment à se transformer, en quoi consistera précisément cette tranformation ?

Aussi longtemps que la majorité républicaine sera libérale, l'Eglise sera moins dangereuse, parce qu'elle sera moins puissante, mais si la majorité passait aux catholiques « ralliés », leur influence rétrograde se ferait immédiatement sentir.

C'est le 8 décembre 1864 que le Pape « infaillible, » Pie IX, a proclamé, *ex-cathedra*, le *Syllabus complectens principuos ætatis nostræ errores.*

L'erreur fondamentale, source de toutes les autres, est « le principe absurde du naturalisme. »

Le Souverain Pontife qualifie de folie, « *deliramentum,* » l'opinion que la liberté de conscience est un droit propre à chaque individu. Cette odieuse liberté n'est pour le Pontife infaillible qu'une *liberté de perdition.*

« La société civile, dit le Pape, doit reposer sur la religion. Le Pape est investi d'autorité sur tous, et *les rois n'ont reçu leur pouvoir que pour le communiquer à l'Eglise.* »

En conséquence, le Pape condamne toute philosophie, aussi bien que l'indifférence en matière de religion.

Il condamne formellement « le libéralisme » et les autres erreurs qui en dérivent : mariage civil, divorce, etc. L'article 80 du *Syllabus* déclare *hérésie* la proposition suivante : « Le Pape peut et doit se réconcilier et composer avec le progrès, le libéralisme et la civilisation contemporaine. »

Les laïques doivent obéir au clergé, comme le clergé doit obéir au Pape.

Et ce clergé veut non seulement conserver son indépendance à l'égard du gouvernement et reconquérir, par le suffrage universel, ses anciens privilèges ; il veut l'autorité effective sur les laïques et il aspire à remettre au service de l'Eglise la puissance séculière.

L'ancien parti catholique a toujours prétendu que l'Eglise avait le droit de contraindre les laïques à l'obéissance et devait, pour les y contraindre, emprunter sa force à l'Etat.

Comme l'Etat ne se prête plus à cette exigence de l'Eglise, *le clergé veut être au pouvoir, pour reconquérir son pouvoir.*

Le danger politique étant dans la restauration du pouvoir de l'Eglise, c'est donc sa victoire politique qu'il nous faut empêcher.

Ce n'est point en faisant du socialisme chrétien qu'on remédiera au socialisme révolutionnaire.

Le socialisme chrétien lui-même ne m'inspirerait aucun enthousiasme. Il est tout aussi dangereux que l'autre.

Jésus était un mystique qui croyait à la fin du monde et qui l'annonçait prochaine ; il l'ajournait, au plus, à la distance d'une génération : « Faites pénitence, disait-il, car le royaume de Dieu est proche. Avant que les apôtres aient fini de porter la *bonne nouvelle* à toutes les villes d'Israël, le fils de l'homme apparaîtra, dans la gloire de son père, avec ses anges et le règne du Messie commencera. »

Le royaume de Jésus n'était point de ce monde et c'est pourquoi ses préceptes ne sauraient s'y appliquer.

L'Evangile n'inspire point le goût du travail, il ne commande pas le labeur indispensable à la société ; loin de recommander l'épargne, l'économie nécessaire dans toute grande famille qui veut progresser et vivre, Jésus propose, à ceux qui le suivent, d'imiter les lys qui ne travaillent ni ne filent, ou les oiseaux du ciel nourris sans rien faire comme des moineaux mendiants.

Le plus dangereux communisme se trouve dans l'Evangile où l'on rechercherait en vain l'amour des riches et le respect de la propriété. Dans aucun Evangile, on ne trouve la moindre exhortation au travail ou à l'étude sans lesquels les sociétés modernes ne peuvent vivre.

Les révolutionnaires actuels peuvent très bien associer leurs efforts à ceux des socialistes chrétiens ; ils le font en Allemagne comme en France, d'autant plus aisément que les premiers chrétiens étaient eux-mêmes des communards ayant mis 'es biens en commun.

Le communiste Babœuf se trouvait parfaitement d'accord avec le sans-culotte Jésus.

Chez les juifs il y avait deux sectes, les Pharisiens que Jésus détestait et les Esséniens que Philon nomme aussi les thérapeutes.

Les Esséniens fondaient leur société sur la communauté des biens; ils avaient établi ce que rêvait Gracchus Babœuf, *la République des égaux.*

Jésus était de la secte des Esséniens ; il avait été élevé parmi eux. Il condamnait comme eux ceux qui possèdent ; il n'a fait, dans son enseignement, que rectifier quelques points de leur doctrine, mais non ceux qui touchaient aux relations sociales des riches et des pauvres.

Il était foncièrement socialiste et communiste-collectiviste. Les Esséniens dont il faisait partie ont été les instituteurs de toutes les communautés de moines, les modèles de la vie monastique et le type immédiat des premiers chrétiens. C'est pourquoi les plus dangereux révolutionnaires ont toujours été les socialistes qui se sont réclamés de l'Evangile.

Ainsi Wicleff en Angleterre à la tête de ses cent mille lollards révoltés ; ainsi Muncer en Allemagne, car on ne peut nier que ses *anabaptistes* ne fussent bien chrétiens.

Que leur disait-il que nos modernes socialistes et collectivistes ne puissent, dans les mêmes termes, répéter aujourd'hui ?

« Nous n'avons tous qu'un même père, nous
« sommes tous les enfants d'Adam. D'où vient donc
« la différence des rangs et des biens ? Pourquoi
« gémissons-nous dans la pauvreté, tandis que
« d'autres nagent dans les délices ? N'avons-nous
« pas droit aux biens qui, par leur nature, sont
« faits pour être distribués entre tous les hommes ? »

Jésus n'a-t-il pas condamné les riches de son temps ?

Et s'adressant alors aux riches de son siècle, Muncer ajoutait : « Rendez-nous les trésors que
« vous détenez injustement. C'est à mes pieds qu'il
« faut les apporter, comme on les apportait jadis
« aux pieds des premiers apôtres. »

Quand le landgrave de Hesse dispersa les anabaptistes du mystique Muncer, ils étaient près de quarante mille, tous pleins de foi dans sa parole ; ils furent heureusement vaincus dans cette rencontre, quoiqu'il leur eût promis d'arrêter les boulets avec la seule manche de sa robe.

Réformés après sa mort, ils firent de Munster le siège de leur empire. Mystique chrétien comme Muncer, Jean de Leyde dépassa tous nos révolutionnaires et communards contemporains : il ordonnait le sac des maisons bourgeoises. Voilà avec quelle facilité les passions populaires s'enflamment à la prédication du socialisme chrétien.

Voilà pourquoi le socialisme catholique de M. de Mun ne me dit rien qui vaille. Toutes les sectes religieuses, non pas seulement au moyen-âge, mais encore aujourd'hui, ont vu dans la *communauté des biens* l'esprit même de l'Evangile. L'idéal de la *République des égaux* était identiquement celui des Esséniens et de l'Evangile. Le socialisme chrétien, mêlé à celui des Marxistes aboutirait vite au Babouvisme.

Le Christianisme fut une folie, un égarement mystique, un vertige, qui a pu s'élancer vers le Paradis aux âges de foi naïve, mais qui, plus naturellement encore, dans un temps de critique et de science positive, voudra réaliser sur la terre le royaume de Dieu où les premiers doivent être placés violemment les derniers. L'égalité qu'il prêche sera toujours une arme dangereuse entre les mains des promoteurs politiques du socialisme chrétien.

Socialiste chrétien, M. de Mun dit et répète dans tous les centres ouvriers : « Ce qu'il faut protéger, « ce n'est pas le capital, c'est le travail.

« Il y a deux manières d'entendre la lutte sociale: « la concentration avec les capitalistes, ou la con- « centration avec le peuple. »

En toutes circonstances, dans tous les cercles ouvriers, M. de Mun s'élève contre les *privilèges* de la classe bourgeoise, contre ces *privilèges* dont jouit, leur dit il, *depuis un siècle*, le capital.

Comme si la justice sociale régnait auparavant.

Suivant la doctrine évangélique, qui est prêchée

par M. de Mun, il ne devrait plus y avoir de propriété *individuelle*, parce qu'elle constitue un privilège. Cela est bien la doctrine de l'Evangile, la doctrine essénienne de Jésus ; mais voilà ce qui est dangereux et révolutionnaire.

Pour faire les affaires de l'Eglise tous les moyens sont bons.

M. de Mun, lui, prend systématiquement parti pour le travail contre le capital, pour les ouvriers contre les patrons ; il prêche la guerre sociale et tient partout un langage analogue à celui des chefs du parti socialiste militant.

Il veut, comme eux, la ruine de la république actuelle, non pour établir un socialisme athée, mais parce qu'il rêve au contraire une théocratie socialiste élevée sur les ruines de la société bourgeoise de 1789.

De concert avec le baron Reille et leurs amis, il a promis aux prêtres et aux évêques d'organiser leurs forces sur le terrain politique. Il a déclaré à la Chambre qu'il ne se laissera point séduire par la modération apparente de ses adversaires et que malgré leur douceur il restait leur implacable adversaire.

Et, a-t-il ajouté : « Si le réveil du pays doit être le signe avant-coureur d'un changement profond dans les *institutions* publiques, notre devoir n'en sera que plus grand ; nous n'aurons plus seulement à repousser les tentations et les tentatives du présent, mais à préparer les œuvres du lendemain.» C'est pourquoi son programme doit être un programme de gouvernement.

« Nos ennemis, dit-il, veulent constituer l'Etat
« tout entier en dehors des institutions et des
« préceptes de l'Eglise. *Nous voulons, nous, la*
« *puissance de l'Eglise.* C'est la rencontre suprême
« de l'Eglise et du *rationalisme.* »

Sans y mettre la même étiquette, sous un nom légèrement modifié, M. de Mun a reconstitué l'ancien Parti catholique que nous avons vu faiblir à la mort de Louis Veuillot.

Chaque fois qu'il trouve occasion de développer son programme, qui n'est pas seulement le sien, mais celui de l'union catholique tout entière, M. de Mun ne dissimule pas qu'il veut faire de l'Eglise le *point central de la résistance contre le rationalisme*.

Voilà ce qu'il y a surtout au fond de ce grand amour du peuple qui inspire la création de tant de cercles ouvriers. Leur chef veut, pour l'Église :

— La protection publique du culte catholique redevenu religion d'État.

— Le droit pour les associations religieuses de se fonder sans contrôle et de se développer librement ;

— La liberté complète du seul enseignement clérical ; et, «*comme minimum*, le retour aux lois de 1850 et de 1875.»

— Il veut l'abrogation de la loi du divorce ;

— Pour le peuple, une organisation « corporative sous *la tutelle de la religion.* »

Pour soutenir un tel programme, on comprend avec quel zèle, tous les congréganistes, tous les religieux, toutes les forces cléricales font une active et une incessante propagande. Dans tous les départements, dans tous les arrondissements, dans tous les cantons, dans toutes les communes, l'union catholique a des représentants, hommes et femmes, qui travaillent sous la direction occulte des jésuites auxquels il est, jour par jour, rendu compte de tout.

Poussés par eux, tous les moyens sont bons à cette ligue secrète pour étendre et pour augmenter son influence.

Une souscription *permanente* est ouverte et l'argent ne leur manque pas.

L'union catholique espère, en peu d'années, arriver au pouvoir. Aussitôt, M. de Mun supprimera l'enseignement laïque; le prêtre ou son représentant ayant seul le droit d'enseigner. Les écoles seront placées sous la surveillance de l'Église, depuis les Facultés jusqu'aux crèches.

Tout ce qui est enseigné contrairement à la doctrine catholique devant être interdit, aucun libre-penseur n'aura plus le droit d'enseigner.

Le parti de M. de Mun et des évêques est plus dangereux qu'un parti purement politique. Les prêtres et les moines ne sont pas, comme nous laïques, des citoyens ayant des préférences avouables et discutables :

Ils veulent sauver les âmes et là est le danger.

Tous les moyens sont bons pour un but infini. Qu'est la terre en face du ciel! qu'est ce misérable temps en présence de l'Éternité! Jamais la paix, disent-ils, ne se fera entre l'Église et l'État, tant que celui-ci ne reconnaîtra pas qu'il traite avec une société parfaite, divine par son but et son institution, — avec une puissance souveraine, qui doit conserver ses droits *supérieurs à tout autre droit*; car, disent-ils et répètent-ils sans cesse dans *la Croix*, dans l'*Univers*, comme dans leurs *semaines religieuses* : «il n'y a pas de droits de l'homme contre les droits de Dieu.»

Dieu, c'est eux. Ils savent ce que Dieu pense et ils parlent en son nom. Nous n'aurons plus qu'à obéir. «Il faudra bien que la France marche» comme le disait notre ami Baragnon.

A côté de M. de Mun, M. le baron Reille a déclaré récemment à Paris (8 mars 1893) que le grand parti catholique avait pour cadre *le clergé lui-même*. «Dans cette mobilisation électorale, a-t-il dit, vous êtes l'armée catholique, les cadres sont faits; cherchez de nouveaux soldats.»

C'est par le socialisme chrétien qu'on les veut embaucher et séduire. Le Congrès des catholiques militants s'est tenu à Paris, en vue des élections dernières, sous le patronage du journal *La Croix* et sous la présidence du R. P. Picard de l'Assomption, que je connais bien puisqu'il était déjà à l'Assomption du temps où j'y étais élève avec Numa Baragnon et du vivant du Père d'Alzon. Je connais parfaitement leurs espérances et leurs désirs. Ce sont des ambitieux dont on ne peut imaginer l'orgueil. Dédaigneux des places, des broderies, ils veulent dominer les esprits et gouverner les âmes. Après avoir essayé de la légitimité de la fusion, du comte de Paris et de Boulanger, le tout vainement, ils font maintenant corps et alliance avec les socialistes pour arriver par eux à restaurer leur pouvoir.

Le socialisme, chrétien ou non, pourrait nous préparer une nouvelle invasion de barbares.

Tout socialisme est un esclavage. Déjà, dans l'ancienne Chambre, M. de Mun, l'évêque Freppel et leurs coreligionnaires ont proposé de rendre *obligatoire* le repos du dimanche. Ils réclament aussi l'intervention de l'État pour limiter la durée du travail les autres jours de la semaine. Cette intervention de l'État nous conduirait bien vite au socialisme d'État. Et si les évêques triomphaient, nous aurions l'État catholique faisant du socialisme chrétien. S'ils échouent, l'Evangile que prêche M. de Mun est un mauvais protecteur de la fortune, de la richesse acquise, de l'industrie, de la propriété individuelle et des héritages.

Ce qui me rassure, ce n'est point la doctrine sociale de l'Évangile qui est le communisme le plus odieux ; ce sont les conditions générales de la civilisation présente.

Je considère la propriété individuelle comme inattaquable ou du moins invincible tant qu'elle aura pour défenseur la foule innombrable des petits propriétaires fonciers. Au point de vue de la grande culture, on s'afflige parfois du trop grand fractionnement du sol et de son exploitation parcellaire. Il y a pourtant dans ce fait une garantie sociale évidente.

Cette division parcellaire de la propriété rurale en assure la force; la base en est si large en France qu'on ne la saurait renverser. Le grand nombre des petits détenteurs du sol le protège contre tout partage. C'est par là que nous échapperons au collectivisme des socialistes chrétiens, ou non.

Tu me demandes si M. de Mun n'est pas plus près de moi que MM. Guesde, Lafargue, Allemane ou Vaillant? — Non; il est plus loin de moi parce qu'étant catholique il habite un autre monde.

Le dix-huitième siècle nous sépare, lui qui a mis la tolérance au lieu du fanatisme et la raison à la place de la superstition. Je combats également le socialisme chrétien et la démagogie collectiviste qui seraient une égale servitude.

Je sais bien que leur socialisme n'est qu'un moyen de leurrer les ouvriers et de tromper les foules ignorantes.

Maintenant qu'elle n'a plus le trône pour appui, il faut à l'Église le nombre.

Aussi emploie-t-elle tous les procédés nécessaires ou utiles pour le séduire. Ce que veut l'union catholique c'est, — par le suffrage universel, — arriver à la majorité dans la Chambre. Une fois au pouvoir, M. de Mun fera régner et gouverner l'Église. Nous aurons le gouvernement des Jésuites. Le danger sera alors un danger catholique et non plus un danger chrétien. Car il n'y a rien de moins chrétien qu'un jésuite. Mais jusqu'au jour de la victoire, dans ce rôle d'opposition où je pense et espère qu'il va demeurer longtemps, M. de Mun avec sa guerre au capital et son socialisme chrétien ou essénien, fait le jeu des pires révolutionnaires qui ne sont pas plus ni autrement communistes que lui.

L'*Ami du clergé*, revue des questions ecclésiastiques, vient de publier, sur l'Encyclique politique du 16 février 1892, une consultation rédigée par son rédacteur en chef, M. l'abbé F. Perriot.

Cette consultation a pour but de faire connaître aux catholiques de France leur devoir relativement à la direction politique qui, — dans l'intérêt supérieur de la religion, — leur a été donnée par « Sa Sainteté le Pape Léon XIII. »

En intervenant, comme il l'a fait, dans les affaires de France, le Souverain Pontife s'est inspiré des circonstances transitoires dans lesquelles nous nous trouvons. Le meilleure moyen de rétablir en France la monarchie est, pour les royalistes catholiques, de se dire actuellement républicains.

La thèse du pape, est ainsi résumée par l'*Ami du Clergé*.

Une forme de gouvernement qui pouvait invoquer en sa faveur : le droit que consacre une longue série de siècles ; les avantages qui font de la monarchie la meilleure des formes de gouvernement, et de l'hérédité l'une des conditions les plus assurées de la paix et de la prospérité sociales ; la conformité la mieux constatée avec le caractère de la nation, a été remplacée par une forme de gouvernement issue *doctrinalement de l'erreur de la souveraineté populaire*, historiquement d'une révolution sanglante, imposée à plusieurs reprises par l'émeute, associée aux entreprises les plus condamnables et les plus funestes contre l'Eglise et la religion, livrée à la puissance de la francmaçonnerie dont elle semble n'être que l'instrument. Ne semblerait-il pas qu'on dût faire la guerre sans trêve ni merci à un tel gouvernement et que, dans l'impossibilité où il semble qu'on soit de l'amener à respecter la religion, on fût autorisé à employer tous les moyens pour le renverser ?

C'est contre cette conclusion inopportune que Léon XIII a parlé.

Il établit que les royalistes doivent accepter le gouvernement républicain parce qu'il est le gouvernement de fait, qu'ils ne peuvent, d'ailleurs, renverser.

« *Mais ces formes ne sont pas immuables*. Le temps pourra les modifier et les remplacer.

« Si donc un coup de force ou des menées politiques viennent à faire pour la forme républicaine ce qui s'est fait par ce moyen contre les formes monarchiques qu'elle a remplacées, ce que dit Léon XIII de l'acceptation actuelle de la République s'appliquerait, *sans la modification d'un iota*, au nouveau gouvernement (monarchique) une fois qu'il sera établi. »

Voilà comment les royalistes de France peuvent entrer joyeusement dans la voie politique tracée par le Pape. Et « par l'obéissance qu'ils doivent au Pape, Docteur et Pasteur suprême, ils sont tenus, dit l'*Ami du Clergé*, d'entrer dans la voie que le Pape a tracée, tant que les circonstances resteront ce qu'elles sont. »

Il est évident que, pour changer les circonstances au gré de leurs désirs, la meilleure politique est, pour les royalistes, celle que leur a conseillée, puis ordonnée le Pape.

Malgré les éléments d'intolérance et d'obscurantisme, tu crois à l'action modératrice de l'Eglise.

Tu redoutes la nouvelle invasion des barbares que prépare le socialisme.

— Sous l'inspiration de Léon XIII, l'Eglise, dis-tu, se montre favorable aux réformes sociales, hostile aux utopies socialistes.

— L'Eglise peut être ennemie de la science, mais les socialistes sont la Vendée rouge.

— La civilisation doit résister aux barbares par des lois draconiennes ; par la restriction de la liberté de la presse ; mais elle doit prendre des mesures de justice bienveillante envers les travailleurs.

— Voici ma réponse :

Le socialisme chrétien est-il beaucoup moins dangereux que l'autre ?

Pourquoi si l'Eglise retrouvait sa puissance, par le suffrage universel, pourquoi le passé ne reviendrait-il-pas ? La doctrine catholique a-t-elle changé ? *L'Eglise doit être intolérante.*

Ce qui empêche l'Eglise d'être actuellement intolérante, c'est qu'elle ne peut pas l'être. Si elle le pouvait elle le serait.

Ce 13 septembre 1893.

La défaite des réactionnaires est le grand bénéfice des élections. Cette défaite aura pour résultat de rendre le ministère plus stable et de lui permettre d'agir sans être à la merci d'une coalition. C'est ce qui me fait trouver ces élections, dans leur ensemble, satisfaisantes, bien que le suffrage universel ait envoyé à la Chambre trop de coiffeurs et trop de chapeliers. Quant aux socialistes, comme J. Guesde, capables d'y formuler une théorie, je pense, comme toi, qu'ils ne sont point à craindre à la tribune du Parlement.

Tu n'es vraiment qu'à moitié en vacances si tu n'y jouis pas complétement de ton loisir. Comme tes lettres me font un grand plaisir, j'aime à croire que la longueur des miennes ne te fatigue pas.

Ce n'est point pour se convertir mais pour s'éclairer qu'on s'écrit.

Une discussion de bonne foi est toujours intéressante ; en nous montrant toute la pensée d'un adversaire de nos idées, elle nous aide quelquefois à étendre la nôtre et à la renforcer dans ses parties faibles. Il est toujours utile de se placer à différents points de vue pour mieux examiner la même question.

L'Eglise vient-elle vraiment à l'esprit nouveau ? quels sont les faits qui te déterminent à le croire ? Par quels indices se révèle à tes yeux une évolution qui serait de sa part si étonnante ?

D'un autre côté, comme « l'esprit nouveau, » auquel tu vois venir l'Eglise, pourra-t-il lui-même se concilier avec le mysticisme et le surnaturel dont l'Eglise, je suppose, ne s'affranchira pas ?

Tu crois que nous assistons à une rénovation du

christianisme, du catholicisme même par l'esprit démocratique et républicain.

Mais la lutte est toujours entre l'esprit du *Syllabus* et l'esprit de libre examen. Abandonner les monarchies, comme un antique allié devenu faible et d'une alliance moins utile que compromettante, vouloir les remplacer par une République cléricale, c'est, pour l'Eglise, persévérer dans son caractère historique, dans sa conduite toujours égoïste, ce n'est point là venir à l'esprit nouveau.

N'ayant pu parvenir à renverser la République, l'Eglise cherche à s'y introduire pour arriver à la dominer.

Comme l'eau se glisse dans un navire par toutes les fissures, l'Eglise entoure la République et cherche à s'y glisser pour la remplir des siens et, quand ils y seront en nombre, pour la dominer ou pour la couler.

Comment le socialisme chrétien pourrait-il conjurer le socialisme révolutionnaire, s'ils sont, en principe, identiquement contraires au capital et à la propriété individuelle ?

Avant d'examiner en détail ces questions, je voudrais préciser la pensée de Jules Ferry quand il a prononcé au Havre la parole que tu cites souvent : « Le péril est à gauche. »

Je trouve qu'on exagère ce péril autant que la pensée de Ferry. Il a depuis expliqué cette parole et l'a singulièrement atténuée en la commentant.

Lorsque M. Durand Morimbaud est allé le trouver à ce sujet, celui qui signe Des Houx a publié, toute chaude encore, la conversation de Ferry.

— N'avez-vous pas dit que le péril est à gauche ?

— Sans doute, répond Ferry ; mais *ce péril de gauche est fort restreint*. Il part d'une *toute petite poignée* d'agitateurs. Toute la force publique, tout le parti national est avec nous, s'il est besoin de répression. *Mais il n'en est même pas besoin.* »

Voilà la pensée de Ferry tout entière ; la voilà réduite à sa proportion véritable, à l'expression exacte de son sentiment. Il ne faut pas que cette parole, par laquelle il voulait peut-être atteindre Clémenceau, fasse de l'intrépide Ferry un homme pusillanime.

Plus volontiers autoritaire et plus vraisemblablement accusé de vouloir être le Casimir-Périer de notre troisième République, Ferry ne redoutait pas les radicaux, comme il l'a dit lui-même aux républicains du Rhône, dans son discours de Lyon prononcé au cours de la campagne électorale d'octobre 1885.

« *Nous ne redoutons pas les radicaux*, a-t-il dit, et nous *n'excluons pas les radicaux de notre majorité républicaine.*

« Je ne suis pas un radical, bien que j'aie, étant au pouvoir, fait des choses passablement radicales, mais ce que je ne suis surtout pas, c'est intransigeant. *Nommez des radicaux*, mais ne nommez point d'intransigeants. »

Ferry avait, en effet, plus à craindre les gens d'Église que les radicaux. Chaque fois qu'il s'est agi de renverser son ministère, les voix de la droite catholique et celles de l'extrême-gauche Clémenciste se sont toujours confondues. C'est surtout contre lui que cette opposition intransigeante de droite s'est montrée violente.

En 1885, lors de son échec de Lang-Son, toute cette droite catholique a été unanime — (moins deux voix), — non seulement pour renverser son ministère, mais pour demander sa mise en acccusation. Et cependant qu'y avait-il à cette date autre chose que l'échec accidentel du colonel Herbinger, c'est-à-dire d'un officier assez adonné à l'absinthe pour y trouver des hallucinations, et commandant par hasard et par intérim une brigade sur la frontière chinoise du Tonkin ?

Pendant son ministère et depuis, l'intègre et brave Ferry a été sans pitié, sans bonne foi, dénoncé à la haine du peuple, comme un ennemi public, comme un « malfaiteur », par les gens d'Église, parce qu'en honnête libre penseur et en ferme républicain, il avait essayé de mettre un terme à la domination cléricale.

Autant que Gambetta Jules Ferry a été, en effet, un des plus fermes adversaires de l'Église. Il a été son ennemi le plus efficace, puisque c'est lui qui a le plus fait pour la haute culture de l'intelligence, pour cet enseignement supérieur d'où naît toute incrédulité aux dogmes et mensonges de l'Église, toute émancipation virile de l'esprit humain. Aujourd'hui, il défendrait avec nous la République laïque contre la sourde infiltration de la République cléricale, bien autrement redoutable qu'aucune Monarchie.

Jules Ferry, qui a parlé partout, et qui n'a jamais craint de dire sa pensée tout entière, n'a jamais répété sa parole du Havre, amenée par le courant de son discours. Dans la conférence qu'il a faite le 30 août 1885, dans la salle de l'Alhambra, à Bordeaux, loin de dire rien de semblable, c'est à droite que Ferry a montré le péril pressant : » L'ennemi, a-t-il dit, c'est la coalition cléricomonarchiste d'autant plus dangereuse qu'elle se déguise en opposition conservatrice. »

Ce même ennemi est-il moins dangereux aujourd'hui qu'il se croit assez fort pour se donner à lui-même une extrême gauche et pour faire entrer dans sa coalition cléricoconservatrice une opposition socialiste ?

En toutes circonstances, à Paris comme dans les Vosges, Jules Ferry a flétri cette alliance illogique des ouvriers *socialistes* avec les catholiques réactionnaires.

« Le boulangisme, disait-il, est beaucoup moins le parti du général Boulanger que *l'alliance bizarre du socialisme* et de *l'élément catholico-conservateur.* »

Ce boulangisme bizarre continue avec ses mêmes alliés, *les ralliés.* Et s'il y a aujourd'hui un péril, c'est ce même drapeau du mensonge qui porte les couleurs républicaines pour mieux abriter dans ses plis toutes les oppositions coalisées.

Dans son discours de Bordeaux, a ceux qui lui rappelaient que la séparation de l'Église faisait partie de son programme de 1869, il a répondu que le temps n'en était pas encore venu, parce qu'il ne faut mettre dans la loi que ce qui a été longuement mûri par l'opinion. Les réformes qui dépassent l'opinion moyenne, étant par avance, condamnées à ne pas réussir. La suppression actuelle du budget des cultes ne ferait pas disparaître, pensait-il, l'hostilité qui se rencontre à tous les étages de la vie administrative entre le clergé catholique et la société libérale et républicaine.

C'est, disait-il, parce que j'ai travaillé à la diffusion de l'instruction que tous ceux qui rêvent le retour en arrière me poursuivent de leur implacable haine.

Jamais, en effet, les gens d'Église n'ont pardonné à Jules Ferry d'avoir voulu atteindre (par l'article 7), les Jésuites dans leur œuvre d'enseignement. En défendant contre eux l'esprit laïque, la liberté d'examen, la raison humaine, le droit de penser, Jules Ferry se montrait le plus intelligent défenseur de la République libérale. C'est pourquoi ceux qui rêvent aujourd'hui d'établir en France une république théocratique, se sont unis à Rochefort et à Clémenceau pour l'injurier et l'anéantir.

Jules Ferry avait constamment à se défendre contre eux et il leur disait avec une éloquence qui puisait toute sa force dans la vérité : « Quand une société religieuse, comme la société catholique, dont la propagande en France est sans limites, jouit de libertés dont beaucoup sont des *privilèges*, se dit persécutée, elle donne un démenti à l'éclatante réalité des faits. Les catholiques en France ne sont pas persécutés ; ils sont, au contraire, bien près de devenir persécuteurs. »

Aux dernières élections, la République a triomphé comme forme de gouvernement. C'est à nous d'empêcher qu'elle ne devienne une République socialiste-collectiviste ; ce qui ne paraît pas immédiatement à craindre, ou bien une République clérico-socialiste, clérico-démocratique, ce qui est le vrai danger prochain.

Comme au temps du Boulangisme militant, il n'y a pas aujourd'hui d'autre péril que le mensonge des ralliés catholiques, qui se disent républicains pour unir contre la République libérale toutes les anciennes oppositions coalisées.

C'est dans de pareilles circonstances que tu crois à une rénovation du Christianisme et même du catholicisme au milieu des pèlerinages de Lourdes et de la Salette, qui n'ont jamais été plus nombreux et plus fréquents. Ignores-tu donc tous les miracles qui s'y fabriquent ? Ignores tu l'état d'esprit entretenu par les Jésuites ? Ignores-tu qu'il existe en France des catholiques plus catholiques que Léon XIII, et que ces papistes d'un nouveau genre, font des prières publiques pour sa conversion ? Comprenant mal sa stratégie savante, ils ne voient que le fait brutal de ses exhortations aux royalistes, d'avoir à se rallier à la République, et ils organisent pieusement des neuvaines pour le salut de son âme.

Longtemps légitimiste, fervent royaliste, M. de Mun a obéi docilement au Pape, qui lui a commandé de se dire républicain Mieux que personne, il représente l'alliance bizarre du socialisme avec le parti catholique conservateur que nous voyons ligués ensemble contre la République libérale.

MM. Piou et de Mun, — remarque la *Gazette de France*, — ont lutté, — dans le passé, — pour les principes conservateurs, mais ils luttent contre aujourd'hui, puisqu'ils propagent les doctrines socialistes qui ont pour but la suppression du capital et de la propriété individuelle.

M. de Mun subordonne la réorganisation sociale à la restauration religieuse qu'il rêve. Les cercles ouvriers ne sont pour lui qu'un moyen de refaire, par la force du nombre, et grâce à l'ignorance aisément abusée du suffrage universel, la puissance de la domination de l'Eglise. Cette question sociale est cependant trop grave, pour n'en faire, comme lui, qu'un moyen d'influence électorale. C'est elle qui a toujours fait naître les révolutions, les jacqueries et les guerres sociales, plus terribles que les guerres civiles.

M. de Mun prêche le socialisme, l'abolition de la propriété individuelle à des ouvriers qui ont déjà dans le cœur la haine du riche, du bourgeois, du patron et du capital.

Les socialistes qu'il enrôle pour en faire des soldats du Pape et des fidèles serviteurs de l'Eglise, seront plus volontiers des soldats de l'émeute, du communisme et de l'anarchie.

Quand le pétrole est d'un usage si populaire, il ne faut pas jouer avec le feu.

Socialistes, communistes et collectivistes, chrétiens ou non, veulent enlever aux individus la richesse et les moyens de s'enrichir pour les transporter à la communauté, c'est-à-dire à l'Eglise ou à l'Etat.

Le socialisme chrétien a pour formule : Toute l'influence politique et sociale à l'Eglise ; rien à la science athée ni aux laïques; de même que l'autre communisme a pour formule plus brève: Tout à tous et rien à personne. Au fond, c'est la même guerre à l'inégalité sociale et à la propriété individuelle.

L'esprit laïque, au contraire, veut le progrès social par la libre pensée et le libre travail de l'individu. Par conséquent, il lui laisse la propriété individuelle, l'esprit d'examen et d'initiative qui sont les meilleurs instruments de progrès.

Dans sa morale, l'esprit laïque met au premier rang le développement de l'intelligence, l'étude, le travail, sans lesquels il n'y a pas de société civilisée.

Le libre examen fait d'autres hommes que la docilité d'esprit et l'obéissance pauvre qui oblige un légitimiste fervent comme M. de Mun à se dire, sur un ordre du Pape, partisan du régime qu'il a jusqu'alors combattu.

Le parti néo-catholique ne cherche en aucune façon à se rapprocher de l'esprit moderne. La doctrine est toujours la pure doctrine du *Syllabus*. Le pape lui-même n'y peut rien et ne songe pas à le dénoncer. La « *ligue* » nouvelle cherche à former contre la République libérale cette coalition singulière des ouvriers socialistes et des conservateurs. Il n'y a de nouveau que cette exploitation cléricale du suffrage universel par lequel l'Eglise prétend retrouver sa puissance, son autorité absolue.

Le boulangisme, dont nous sortons à peine, a été de même soutenu par tout le clergé parce qu'il n'était qu'un nom accidentel de ce cléricalisme démocratique.

A côté de M. de Mun, tribun catholique, M. Melchior de Vogüé est un phraseur nuageux, incapable de sortir du vague et de formuler une pensée avec précision.

Son programme politique consiste à se dire *Ardéchois* parce qu'il est du département de l'Ardèche, et à proclamer qu'il *incarne l'âme de l'Ardèche* sans donner de cette âme inconnue de l'Ardèche aucune définition.

Nous verrons ce que dira à la Chambre « l'âme de l'Ardèche. »

M. Melchior de Vogüé me trompera fort s'il est jamais autre chose qu'un petit parleur de salon. En tous cas, ce n'est point son action publique à la tribune qui est à craindre.

Le programme socialiste demeure avec M. Goblet la seule préoccupation de demain.

Il est à noter que le cabinet Goblet est le seul cabinet républicain contre lequel Ferry ait jamais voté.

Il faut combattre le socialisme et le communisme, chrétien ou non. Nous voulons faire pacifiquement des réformes généreuses, en faveur de ceux qui ont besoin de plus d'aisance, de plus d'instruction, de quelque loisirs et pour s'instruire et pour s'éclairer, de secours dans leurs maladies et dans leur vieillesse, parce que malgré leur bonne volonté et leur prévoyance, ils ne peuvent vraiment pas faire suffisamment d'économies pour se tirer seuls d'affaire, leur travail étant insuffisamment rétribué.

S'il est vrai qu'aujourd'hui les ouvriers travaillent pour un salaire insuffisant, la générosité, la justice commandent d'améliorer leur condition et de venir en aide à ceux qui souffrent injustement. La bonne politique consiste à faire des réformes pratiques dont l'utilité sera immédiatement sentie et à marcher ainsi avec précaution, avec hardiesse, mais avec prudence, vers un idéal de progrès par la science dans la justice sociale et dans la liberté.

On ne saurait enrichir tous les hommes, mais on peut les instruire et les éclairer. La science est une lumière généreuse et inépuisable qui doit briller pour tous, comme le soleil.

On remédiera ainsi à la plus grande inégalité des citoyens, qui est encore l'inégalité de culture et d'éducation.

La démocratie ne tend pas seulement, dit avec raison M. Georges Renard, à rendre à l'aristocratie vraie, à l'aristocratie personnelle, sa place et son rôle usurpés par l'autre; elle tend aussi à l'étendre, à la généraliser.

En mettant une instruction complète à la portée de tous les enfants, elle fait porter la sélection, non plus sur un petit nombre de privilégiés, mais sur l'ensemble d'une génération.

En même temps qu'elle offre aux mieux doués les moyens de sortir de pair, elle relève le niveau général, elle crée un public plus capable d'apprécier le talent; elle permet ainsi à l'humanité de porter toutes ses fleurs et tous ses fruits.

On dit parfois aux démocrates : — Fi donc! Vous voulez le gouvernement de la populace! — Non, peuvent-ils répondre, car nous voulons qu'il n'y ait plus de populace.

On ne saurait être plus aristocrate.

Tu crois que l'Église vient à l'esprit nouveau, parce que le Pape a dit aux catholiques, aux fidèles, auxquels il commande, d'avoir à se dire républicains; mais la lutte dans laquelle nous sommes engagés contre l'Église n'a jamais été plus vive. Nous voulons arriver à l'émancipation complète de l'esprit moderne : par l'école laïque; nous voulons continuer le mouvement de la Révolution française qui doit aboutir à l'entière sécularisation de l'Etat. L'Église veut, au contraire, rester la maîtresse de l'enseignement et des âmes.

Nous voulons détruire son pouvoir politique, tandis qu'elle veut rétablir sa domination par le suffrage universel, aujourd'hui qu'il existe malgré elle et parce qu'elle n'a pas pu l'empêcher.

Nous ramènerons plus ou moins vite les monarchistes à mesure qu'ils verront leurs espérances vaines; nous ne ramènerons jamais l'Église. L'Église n'est rien si elle n'est tout.

Elle qui possède la vérité divine prétend, à fortiori, posséder la vérité terrestre. La lutte est possible entre les droits de l'homme et ce qu'on appelle les droits de Dieu : l'alliance jamais.

Le Pape voudrait dissiper la vieille défiance qui existe entre le cléricalisme et la démocratie. Cela est possible, mais nous ne ramènerons jamais l'Église parce que l'Église veut précisément le contraire de ce que nous voulons.

Il n'y a pas une seule de nos lois civiles ou scolaires qui n'ait été condamnée formellement par toute la série des Papes qui se sont succédés à Rome. Le pape Léon XIII a beau recommander aux catholiques de se dire républicains, il ne peut pas en faire des libéraux, des libres penseurs.

L'Église et la liberté sont des éléments inconciliables, contradictoires, ce sont des éléments qui s'excluent.

En quoi l'Église vient-elle à l'esprit moderne? A-t-elle renoncé au *Syllabus*? Renonce-t-elle à sa trinité nouvelle : Jésus-Marie-Joseph qui détrône l'ancienne?

Renonce-t-elle à faire croire que le père et son fils et la troisième personne de la Trinité ne font qu'un ?

Renonce-t-elle à l'odieuse exploitation de la crédulité populaire en fabricant tous les jours ses honteux miracles ?

L'esprit moderne, c'est l'amour du vrai. L'Église, c'est l'organisation et l'exploitation du mensonge.

En résumé, dis-moi ce qui te fait croire que l'Église vient à l'esprit nouveau ? En quoi consiste au juste sa rénovation ? Comment le socialisme chrétien de M. de Mun peut-il conjurer le socialisme de M. Guesde? Le péril de gauche, fort restreint aux yeux de Jules Ferry et du temps de son ministère, ne pourrait-il pas être accru par les prédications intéressées de ceux qui ne cherchent en lui qu'une influence électorale ?

S'il est une chose évidente, c'est que les catholiques, le pape en tête, ne veulent pas devenir libéraux ; ils veulent s'emparer du pouvoir pour faire une république cléricale de leur façon, dans le genre de ce qu'a été la République de l'Équateur sous l'odieux joug de Garcia Moreno.

Pour en revenir aux élections dernières, tu plains Floquet et non S. Pichon, tu ne regrettes pas la défaite de Clémenceau. Clémenceau est ta bête noire. C'est cependant un socialiste, plus avancé peut-être, qui a assuré sa défaite avec l'appoint des voix cléricales. Dans sa conduite parlementaire, Clémenceau a eu tort de se coaliser fréquemment avec la Droite. Ce que je lui reproche surtout, ce sont ses attaques aussi violentes qu'injustes contre Jules Ferry, attaques d'autant plus mal fondées qu'au point de vue essentiel de l'action nuisible de l'Église et de ses rapports avec l'État, ils avaient tous deux les mêmes sentiments et les mêmes principes.

— « Mieux eût valu, me dis-tu, pour toi et moi vivre sous la République pontificale et catholique de Jules II et de Léon X, en écoutant parler librement Pomponace et Marsile Ficin, que d'avoir affaire à tous ces cuisiniers qui sont prêts, comme dans la fable, à couper le cou bel et bien aux cygnes harmonieux. »

— « Les bûchers des inquisiteurs sont éteints, le pétrole de la Commune a été expérimenté naguère sur les kiosques. Il est à la veille de se rallumer. »

— « Il faudrait rétablir l'autorité consentie et républicaine, comme le dit excellemment Spuller. »

— Non. Malgré son beau latin cicéronien, Léon X était un homme fourbe, menteur, impudent, perdu de débauches et de vices. Je t'accorde qu'il ne croyait rien et qu'il laissa parler Pomponace ; mais il n'en faisait pas moins vendre des indulgences en tous pays chrétiens. En cela il était bien Pape et l'Église n'a jamais été que l'organisation et l'exploitation du mensonge. Elle a le génie de la mendicité ; mais c'est aussi le seul qu'elle ait.

Je fais une grande différence entre Pomponace et Marsile Ficin. Celui-ci était un mystique, platonicien mais astrologue, moraliste mais superstitieux ; tandis que Pomponace fut un libre penseur véritable. Pomponace chercha virilement à affranchir la philosophie du joug des dogmes religieux. Il fit pressentir à l'Église que ses anathèmes per-

draient de leur valeur, à mesure que la science
ferait des progrès. Il lui fit comprendre qu'elle
aurait tort de persécuter les philosophes parce
qu'il pourrait venir un temps, assez rapproché,
où elle aurait elle-même besoin de leur tolérance.
Il eut le courage de dire qu'aux yeux d'un philosophe, il n'y a aucun miracle et que tout se passe
dans le monde selon des lois éternelles qu'aucune
puissance quelconque ne saurait déranger.

Il osa déclarer que les religions qui se croient
les mieux établies sont transitoires et qu'elles ont
besoin, pour durer, de se transformer à mesure
que l'humanité et la science se transforment et se
perfectionnent.

Il laissa comprendre que la religion catholique
elle-même est à son déclin ; et il avait bien raison
de le dire, puisque bientôt Luther, par sa réforme,
diminua de moitié son empire, en attendant le
dix-huitième siècle qui a ruiné tous les mystères.

*

L'Église, dis-tu, vient à l'esprit nouveau. Je le
veux bien. Je le souhaite même. Mais d'où peut-on
conclure à cette évolution ? Tandis que l'esprit
nouveau se refuse à admettre rien qui ne puisse
être démontrable, l'Église n'admet pas le libre
examen. Pour venir à l'esprit nouveau, que fera-t-elle de ses mystères ? Que fera-t-elle de sa Trinité ? de son Eucharistie, de son Incarnation, de

son Ascension et de son Assomption ? Que fera-t-elle de son Immaculée Conception, ce dernier dogme que nous avons vu naître et qui est l'ouvrage de Pie IX, va-t-il immédiatement tomber par terre ? ou bien l'esprit moderne devra-t-il l'accepter ? Car enfin, pour conclure l'alliance que tu rêves, il faut que l'Église rende son enseignement raisonnable ou que l'esprit moderne renonce à la raison.

Les écrivains de l'antiquité grecque et latine nous ont laissé d'admirables traités de morale et de philosophie sur l'art de vivre et sur l'éducation de l'homme qui sait chercher la sagesse et le bonheur en gouvernant ses passions, en formant son caractère, en égalisant son humeur, en élevant ses idées, en diminuant ses besoins.

Telles paroles de Lucrèce, de Zénon, d'Epiclète, de Sénèque ou d'Horace, dit Elisée Reclus, sont des paroles immortelles qui se répéteront d'âge en âge et qui contribueront à hausser l'idéal humain et la valeur des individus.

Pour « faire son salut », il suffit au chrétien de croire des absurdités, mais il est plus difficile d'être homme parce qu'il faut savoir, penser, aimer et agir.

Le libre sentiment religieux se détourne de plus en plus du mystère et de l'inconnaissable pour se reporter sur les êtres du monde connu, c'est-à-dire sur les hommes, sur l'humanité.

La plupart des grands hommes ont aimé à lire et Montaigne indique les lectures préférées de quelques uns. Alexandre, dit-il, préférait Homère; Scipion l'Africain, Xénophon; Brutus, Polybe; Charles-Quint avait Philippe de Comines en particulière recommandation. « Mais le feu maréchal de Strossy, qui avait pris César pour sa part, avait sans doute le mieux choisi; car à la vérité, ce devrait être le bréviaire de tout homme de guerre, comme étant le vrai et souverain patron de l'art militaire. Et Dieu sait encore de quelle grâce et de quelle beauté il a fardé cette riche matière d'une façon de dire si pure, si délicate et si parfaite, qu'à mon goût, dit Montaigne, il n'y a aucun écrit au monde qui puisse être comparable au sien en cette partie. »

Ce que dit Montaigne des *Commentaires* de César, bréviaire incomparable pour le soldat qui veut s'y former à l'art de la guerre, on peut le dire des siens pour l'art de vivre. Il s'y trouve des exemples, des sentences et des maximes pour tous les âges et toutes les heures de la vie.

Montaigne est notre Horace, dit Sainte-Beuve.

Son livre est un trésor d'observations morales et d'expérience ; à quelque page qu'on l'ouvre et dans quelque disposition d'esprit, on est assuré d'y trouver quelque pensée sage exprimée d'une manière durable, qui se détache aussitôt et se grave, un beau sens dans un mot plein et frappant, dans une seule ligne forte, familière et grande.

Voltaire disait qu'il faut jouer avec la vie, tourner tout en joie extérieure et ne rien prendre au tragique.

Montaigne recommande la lecture, non seulement pour l'utilité qu'on en tire mais pour le plaisir qu'on y prend. Si quelqu'un me dit que c'est avilir les Muses de s'en servir seulement de jouet et de passe-temps, il ne sait pas, comme moi, dit Montaigne, combien vaut le plaisir, le jeu et le passe temps.

Entre les livres simplement plaisants, je trouve des modernes le *Décaméron*, de Boccace, Rabelais et les *Baisers* de Jean Second, dignes qu'on s'y amuse ; quant aux *Amadis* et telles sortes d'écrits, ils n'ont pas eu le crédit d'arrêter seulement mon enfance.

Je donne la palme à Jacques Amyot sur tous nos écrivains français, non seulement pour la naïveté et pureté du langage, en quoi il surpasse tous autres, ni pour la constance d'un si long travail, ni pour la profondeur de son savoir, ayant pu développer si heureusement un auteur si épineux et si serré, mais surtout je lui sais bon gré d'avoir su trier et choisir un livre si digne et si à propos, pour en faire présent à son pays. Nous autres ignorants étions perdus si ce livre ne nous eût relevés du bourbier ; grâce à lui nous osons et parler et écrire ;

les dames en régentent les maîtres d'école, c'est notre bréviaire.

Montaigne avoue qu'il le dépouille et qu'il en maçonne ses *Essais*. Il s'y délecte, ne le quitte que pour y revenir, et Plutarque, traduit par Amyot, lui sourit toujours d'une fraîche nouveauté. C'est l'Hérodote de la philosophie ; avec Aristote, il compose une bibliothèque presque entière et l'on y trouve la fleur de la sagesse antique.

L'esprit de Plutarque est si naturellement moral qu'on le lit avec religion. C'est un sentiment pieux qu'inspire cet auteur profane. A la fois curieux et pratique, Plutarque fera toujours partie de l'aimable religion des lettres.

Dans son *jugement* sur Sénèque et Plutarque, Saint-Evremond met le naturel de Plutarque au-dessus de l'austérité de Sénèque. Plutarque, dit-il, insinue doucement la sagesse, et veut rendre la vertu familière dans les plaisirs mêmes ; Sénèque ramène tous les plaisirs à la sagesse, et tient le seul philosophe heureux. Plutarque, naturel et persuadé le premier, persuade aisément les autres.

Plutarque ne parle point d'autorité comme un stoïcien. Il tient compte de la faiblesse humaine ; il ne demande rien qui excède nos forces ; connaissant l'efficacité de l'habitude qui facilite tous nos progrès, il nous exhorte et nous convie à prendre sur nous-même plus d'empire, par un effort de chaque jour.

L'important n'est pas de marcher vite, mais de marcher longtemps. De petits efforts répétés avec persévérance produisent de très grands effets. Il y avait, nous raconte Plutarque, une ville où les paroles étaient gelées par le froid, aussitôt qu'elles étaient prononcées ; puis la chaleur venant à les fondre, on entendait l'été, ce qui avait été dit pendant l'hiver; tels sont les fruits de la philosophie, ils ne manquent jamais à celui qui sait les attendre et les faire mûrir.

C'est le bonheur que Plutarque veut nous faire atteindre par la sagesse. Celui qui se connaît bien peut développer en soi le sentiment des avantages qu'il a reçus, et affaiblir celui des maux dont il est affligé.

Avec le courage, la tempérance, la prudence, il pratique aussi la justice et la bienfaisance; bienveillant pour tous, il trouve du plaisir à rendre service, et ces humbles vertus, tous les jours pratiquées, suffisent presque à son bonheur.

Socrate n'avait pas de chaire; il enseignait toujours, il enseignait partout. A son exemple, dit Plutarque, dans ses *Préceptes politiques,* toujours et partout aussi, le bon citoyen trouve à exercer son rôle. «Tenir sa maison ouverte, comme un port et un asile, à tous ceux qui ont besoin d'un refuge, s'associer à la peine de ceux qui souffrent, à la joie de ceux auxquels un bonheur arrive, ne blesser personne par l'étalage d'un faste impopulaire, éclairer gratuitement de ses conseils les imprudents qui se sont engagés dans une mauvaise affaire, s'employer à réconcilier les amis, soutenir le zèle des gens de bien, entraver l'effort des méchants, régler l'essor de la jeunesse, lui frayer la voie, lui tendre la main, travailler ainsi perpétuellement au bien commun, voilà la vie que tout citoyen, investi ou non d'une fonction publique, peut mener jusqu'à son dernier souffle. »

Au XVIe siècle Plutarque a eu la bonne fortune de rencontrer, pour le traduire, une âme aimant les lettres avec l'ardeur qu'avaient alors presque tous les généraux humanistes de la Renaissance. C'est pourquoi la postérité a conservé à Jacques Amyot la préférence, « la palme » que lui donnait Montaigne. Ce simple traducteur de Plutarque s'est acquis la gloire personnelle la plus enviable ; on le traite comme un génie naturel et original. Il semble, a dit Sainte-Beuve, qu'à travers ses traductions, on lise dans sa physionomie, et qu'on l'aime comme s'il nous avait donné ses propres pensées. Il a contribué à rendre Plutarque populaire, et Plutarque le lui a rendu en le faisant immortel. Il est juste que la récompense des écrivains se mesure à l'étendue de l'influence qu'ils exercent, quand cette influence est toute bienfaisante et salutaire.

Tous les trésors du vrai langage français, remarque Vaugelas, sont dans les ouvrages d'Amyot et encore aujourd'hui nous n'avons guère de façons de parler nobles et magnifiques qu'il ne nous ait laissées. Bien que nous ayons retranché la moitié de ses phrases et de ses mots, nous ne laissons pas de trouver dans l'autre moitié presque toutes les richesses dont nous nous vantons et dont nous faisons parade.

La traduction d'Amyot est devenue un ouvrage original.

Le *Plutarque d'Amyot* s'est à jamais logé dans la mémoire et dans la reconnaissance humaine, car il y a de la religion aussi, dit Sainte-Beuve, dans les choses de Plutarque et d'Homère. Amyot, dont Fénelon regrettait le vieux langage, fut un bienfaiteur à sa date.

Comme le bon Rollin que Montesquieu a appelé « l'abeille de la France », il appartenait à cette classe d'esprits modestes et modérés qui, pour avoir toute leur valeur, avaient besoin d'être doublés et soutenus de l'antiquité.

Pour Montaigne, Amyot est le plus fidèle, le plus pur des traducteurs, et Plutarque, le plus judicieux auteur monde.

Dans son traité *de la Superstition*, Plutarque lui préfère franchement l'athéisme. L'honnête Plutarque souhaite parfois d'être dévot. Il cherche à croire en Dieu, mais il sait que l'âme humaine ne peut avoir avec le Surnaturel et l'Infini aucun commerce véritable. Et, sans partager la frivole incrédulité de son temps, désirant conserver le sentiment religieux dégagé des formes qui le dégradent, il mélange la dévotion qu'il s'impose d'une assez forte dose de scepticisme. En face d'une société indécise, alternativement entraînée vers l'athéisme et la superstition, il cherche à ranimer dans les cœurs les idées platoniciennes.

Plutarque combat donc la superstition et va jusqu'à lui préférer l'athéisme Il nous montre les superstitieux en proie aux charlatans de son époque. Ces charlatans ne changent guère ; ils leur font prosterner la face contre terre, ils leur font confesser leurs fautes, adorer des idoles, observer des sabbats. Excitée par eux, l'imagination crédule des superstitieux demeure épouvantée, la nuit, par des légions de fantômes. Pour eux, les maladies, les pertes de fortune, la mort d'un enfant, les échecs politiques, ne sont pas ces évènements naturels, mais les effets de la vengeance divine Ils repoussent donc le philosophe qui cherche à les consoler. Et, couverts d'un cilice, souvent même de fange, ils confessent je ne sais quelles fautes, dit Plutarque, comme d'avoir bu ceci, mangé cela, sans l'aveu de telle ou telle divinité. S'ils ont l'esprit plus calme, ils demeurent chez eux à faire leurs prières, accumulant les victimes et les sacrifices, tandis que de vieilles dévotes viennent suspendre à leur cou, comme à un poteau, leurs amulettes et leurs médailles.

L'athéisme, conclut Plutarque, n'a jamais produit

ces superstitions dégradantes ; et ce sont ces prières, ces sacrifices, ces pénitences, ces purifications, toutes ces pratiques et cérémonies ridicules qui font dire à l'impie qu'il vaut mieux qu'il n'y ait point de dieux que de les croire assez ineptes et assez cruels pour accepter avec plaisir de tels hommages.

L'honnête Plutarque a passé presque toute sa vie dans sa petite ville de Chéronée, au milieu des plus beaux souvenirs de l'histoire. Pendant ses loisirs studieux, il a recueilli dans ses immenses lectures les maximes des sages Il en nourrit son esprit ; il en fortifie son âme.

Plutarque, dit M. Martha, peut être considéré comme le dernier des anciens. En effet, il vit moins dans le temps présent que dans l'antiquité qu'il admire et qu'il aime. Ses nombreuses biographies, animées par une tranquille et constante émotion, montrent que son imagination se plaisait surtout dans le passé. Ses œuvres morales, remplies d'historiettes, d'anecdoctes, de réflexions empruntées aux philosophes, aux historiens, aux poètes, prouvent qu'il regarde toujours de préférence derrière lui.

Les *Vies* de Plutarque, dit S. de Sacy, ne sont peut-être pas des *Mémoires* très exacts et des biographies très fidèles.

Ce qu'il y faut chercher, c'est l'idéal de l'héroïsme tel que les anciens aimaient à se le représenter dans leurs grands hommes. Qu'importe que ces tableaux aient un peu plus ou un peu moins de vérité réelle, s'ils élèvent l'âme en honorant l'humanité, s'ils inspirent le désintéressement, l'esprit de dévouement et de sacrifice, la patience dans les mauvais jours, et s'ils nous font aimer la vertu et y croire ?

Je regarde les *Vies des hommes illustres*, dit aussi Joubert, comme un des plus précieux monuments que l'antiquité nous ait légués. Ce qui a paru de plus grand dans l'espèce humaine s'y montre à nos yeux, et ce que les hommes ont fait de meilleur nous y sert d'exemple La sagesse antique est là tout entière.

Avec Silvestre de Sacy et Joubert, nous sommes loin de Mgr Gaume, de Mgr de Langres et de tous nos Seigneurs les évêques. Sans doute, s'il s'agit de former des chrétiens, il convient de leur faire lire de préférence et même exclusivement des auteurs sacrés ; mais s'agit-il de faire des hommes ? S'agit-il d'élever de jeunes Français, d'en faire des citoyens éclairés, des hommes instruits, de leur former le style et le goût ?

Où chercher alors des maîtres et des modèles plus complets que dans les œuvres de Plutarque et de Sénèque, de Démosthène et de Tacite, d'Homère et de Virgile, d'Hérodote et de Thucydide, de Tite-Live et de Cicéron ? Mais si les partisans de l'enseignement classique, fervents disciples de la religion des lettres, constatent avec plaisir la supériorité morale et littéraire des auteurs païens, leurs adversaires s'inquiètent peu de la moralité et du beau, et ne songent qu'à maintenir l'intégrité de la Foi. C'est pourquoi la plupart de nos évêques, conduits à l'assaut par Louis Veuillot, ont attaqué avec violence l'enseignement universitaire et condamné pêle-mêle, Plutarque et Sénèque, Virgile, Horace, Tacite et Cicéron, pour leur substituer saint Basile, saint Jean Chrysostôme, saint Jérôme, saint Augustin, saint Paulin, etc.

Montaigne, qui a butiné, comme l'abeille, sur toute l'antiquité, se serait volontiers fixé à Plutarque où il trouvait tout. Avec lui, il avait *dressé commerce*, y puisant, « comme les Danaïdes, » remplissant et versant sans cesse.

Plutarque et Sénèque lui ont appris à ranger ses opinions. Ils ont tous deux cette notable commodité pour son humeur, que la science qu'il y cherche y est traitée « à pièces décousues, » ne demandant pas l'obligation d'un long travail, duquel il se déclare incapable ; aussi les opuscules de Plutarque et les *Epîtres* de Sénèque sont-ils pour lui la plus belle partie de leurs écrits et celle qui lui paraît la plus profitable.

« Leur instruction est de la crème de philosophie, et présentée d'une façon simple et pertinente. Plutarque est plus uniforme et constant ; Sénèque plus ondoyant et divers. Plutarque a les opinions platoniques, douces et accommodantes à la société civile ; l'autre les a stoïques et épicuriennes, plus éloignées de l'usage commun, mais selon moi, plus commodes en particulier et plus fermes. Sénèque est plein de pointes et de saillies ; Plutarque, de choses. Celui-là vous échauffe plus et vous émeut ; celui-ci vous contente davantage et vous paie mieux ; il nous guide, l'autre nous pousse.

C'est en lisant Plutarque « depuis qu'il est français, » dit Montaigne, que j'apprend à ranger mes opinions et conditions. Les écrits de Plutarque, à les bien savourer, nous le découvrent assez ; et je pense le connaître jusque dans l'âme. Et cependant Montaigne regrette de ne pas avoir quelques mémoires plus intimes de sa vie.

Ce goût de Montaigne pour Plutarque, cette grande préférence s'explique parce qu'il lui ressemble et qu'il se retrouve en lui. Plutarque est le Montaigne des Grecs. Il a quelque chose de cette manière pittoresque et hardie de rendre les idées et de cette imagination de style qui donnent tant de prix au *Essais*.

Nul historien n'a excellé comme lui à reproduire l'âme des personnages historiques, à les peindre, à les faire vivre, agir et marcher.

Quels plus grands tableaux, dit Villemain, que les adieux de Brutus et de Porcie, que le triomphe de Paul Emile, que la navigation de Cléopâtre sur le Cydnus, que le spectacle si vivement décrit de cette même Cléopâtre, penchée sur la fenêtre de la tour inaccessible où elle s'est réfugiée, et s'efforçant de hisser et d'attirer vers elle Antoine, vaincu et blessé, qu'elle attend pour mourir !

Et à côté de ces brillantes images, quelle naïveté de détails, vrais, intimes, qui prennent l'homme sur le fait.

C'est ce double caractère d'éloquence et de vérité qui l'a rendu si puissant sur toutes les imaginations vives. Shakespeare lui doit les scènes les plus sublimes et les plus naturelles de son *Coriolan* et de son *Jules César*. Montaigne, Montesquieu, Rousseau sont trois grands génies sur lesquels on retrouve l'empreinte de Plutarque.

Cette immortelle vivacité du style de Plutarque, s'unissant à l'heureux choix des plus grands sujets qui puissent occuper l'imagination et la pensée, explique le prodigieux intérêt de ses ouvrages historiques. Il a peint l'homme ; il a dignement retracé les plus grands caractères et les plus belles actions de l'espèce humaine.

Peintre excellent des caractères, Plutarque ne se contente pas de nous faire connaître les hommes par le détail de leurs actions ou par les traits originaux de leur parole, il nous découvre, en moraliste, l'intérieur de ses personnages par une fine analyse psychologique.

Dans la réalité de la vie, l'homme se manifeste en dehors de ses discours, par le geste, l'attitude, la démarche, le costume. Plutarque a soin de saisir et de peindre ces traits extérieurs par où se trahit la nature morale de ses personnages.

Plutarque, nous dit Rousseau, devint sa lecture favorite. Le plaisir qu'il prit à le lire le guérit un peu des romans. En voyant agir Brutus ou Aristide, il s'enflammait à leur exemple, il devenait le personnage dont il lisait la vie, il se croyait grec ou romain.

Plutarque écrit des *Vies* et non pas une histoire. L'histoire, dit Jean-Jacques, montre bien plus les actions que les hommes ; elle n'expose, du moins, que l'homme public dans ses vêtements de parade, alors qu'il s'est arrangé pour être vu ; elle ne le suit point dans sa maison, dans son cabinet, dans sa famille, au milieu de ses amis ; elle ne le peint que quand il représente ; c'est bien plus son habit que sa personne qu'elle peint.

La lecture des *Vies* particulières est excellente pour commencer l'étude du cœur humain ; car alors l'homme a beau se dérober, le biographe le poursuit partout ; il ne lui laisse aucun moment de relâche, aucun recoin pour éviter l'œil du spectateur. Plutarque, dit Rousseau, excelle à peindre les hommes par le détail de leur caractère. Il a une grâce inimitable à peindre les grands hommes dans les petites choses, et il est si heureux dans le choix de ses traits, que souvent un mot, un sourire, un geste lui suffit pour caractériser son héros.

Avec un mot plaisant, Annibal rassure son armée et la fait marcher en riant à la bataille qui lui livra l'Italie ; Agésilas à cheval sur un bâton me fait aimer le vainqueur du grand roi ; César traversant un pauvre village et causant avec ses amis décèle, sans y penser, le fourbe qui disait ne vouloir être que l'égal de Pompée ; Alexandre avale une médecine et ne dit pas un seul mot : c'est le plus beau moment de sa vie ; Aristide écrit son propre nom sur une coquille et justifie ainsi son surnom ; Philopœmen, le manteau bas, coupe du bois dans la cuisine de son hôte. Voilà le véritable art de peindre.

L'art littéraire consiste à faire revivre les hommes, à représenter les choses devant nos yeux. Plutarque, dit La Bruyère, sait peindre un héros par une historiette, par un détail en apparence sans valeur, qui pourtant le fait plus vivement connaître que ne feraient de longues réflexions.

Sainte-Beuve, qui avait fait un plan d'instruction populaire par la biographie, y faisait en première ligne, entrer Plutarque, dont les *Vies* nous représentent d'une manière sensible et vivante l'antiquité.

Théodore Gaza, — dit Amyot cité par Montaigne, — personnage grec d'érudition sincère et digne de l'ancienne Grèce, était quelquefois enquis par de familiers amis, quel auteur il choisirait entre tous s'il était réduit à n'en pouvoir retenir qu'un seul, répondit qu'il élirait Plutarque, parce que, tout compris, il n'y en a pas un qui soit si profitable et si délectable ensemble à lire que lui.

Le XVIe siècle nous est sympathique, parce qu'il a découvert et fait revivre l'Antiquité; nous retrouvons dans ses grands hommes notre esprit de curiosité en tous sens, notre goût de libre examen. Les prosateurs seuls y représentent la vraie mesure de l'esprit français. Rabelais et Calvin, Amyot et Montaigne, voilà les vrais classiques du XVIe siècle. Pour la première fois, à la fin du moyen âge, ils inaugurent en France l'étude enthousiaste des lettres et par elles, les vœux de tolérance, de réforme politique et civile qui triompheront enfin de toutes les résistances en 1789.

Avec Plutarque, Sénèque aussi est un grand maître dans l'art de vivre. Ses livres qu'on peut regarder comme le manuel de tous les hommes qui aiment la philosophie et surtout la morale pratique, renferment une infinité d'observations tendant à corriger et à ennoblir le caractère, à assurer l'empire de la raison sur les passions, à apprendre à se modérer dans la prospérité et à supporter avec patience et courage l'adversité. Il y en a peu où l'on trouve autant de tableaux des différentes situations où l'homme peut se trouver.

Les *Epîtres* de Sénèque à Lucilius sont un trésor de morale et de saine philosophie. Sénèque s'y entretient avec son ami des exercices du corps, de l'utilité de la lecture, de la richesse, de la pauvreté, des persécutions, de la calomnie ; des amusements du sage, de la colère, des passions, des vices, des vertus, des avantages du repos, de l'ambition, des fonctions publiques, de la société, du bonheur.

Rendez-vous à vous-même, écrit Sénèque à Lucilius. Nos moments nous sont enlevés et nous les laissons perdre Une grande partie de la vie se passe à mal faire, la plus grande à ne rien faire, le tout à faire autre chose que ce qu'on devrait. On remet de vivre à plus tard et la vie s'écoule. L'économie vient trop tard, quand le vase est à la fin ; car, au fond du vase, la qualité baisse en même temps que la quantité.

Le bon emploi du temps est le premier principe de l'art de vivre ; il faut s'éloigner de la foule, bien choisir ses amis.

Retirez-vous en vous-même, conseille Sénèque à Lucilius, songez à vous autant que vous le pourrez ; attachez-vous à ceux qui peuvent vous rendre meilleur ; recevez ceux que vous pourrez rendre meilleurs à votre tour.

Dans son traité *de la retraite du sage*, Plutarque conseille la retraite et la solitude comme le meilleur moyen d'échapper au mal, au vice, au péché. La foule est essentiellement corruptrice ; il ne s'y trouve pas un homme qui ne nous communique quelque vice ; on ne peut améliorer son âme qu'en se séparant du commun des hommes.

Toute la morale consiste à se perfectionner. Par nos efforts vers le but idéal auquel nous voulons atteindre, nous rendons service à la société Comme celui qui se déprave nuit à l'humanité; celui qui travaille à s'améliorer lui-même est utile à l'humanité tout entière.

Un bon moyen est de faire, chaque soir, son examen de conscience.

Ainsi faisait Sentius, dit Sénèque : la journée terminée, retiré dans sa chambre pour le repos de la nuit, il interrogeait son âme. De quelle maladie t'es-tu guérie aujourd'hui ? quel vice as-tu combattu? En quoi es tu devenue meilleure? Moi aussi, dit Sénèque, j'exerce cette magistrature et me cite chaque jour à mon tribunal. Quand on a enlevé la lumière. et que ma femme, qui sait mon usage, s'est renfermée dans le silence, je repasse ma journée entière et reviens sur toutes mes actions et toutes mes pensées.

Toute la vie, dit Sénèque, il faut apprendre à vivre.

Il faut aimer la pauvreté. Ce n'est pas assez de ne pas la craindre, on doit y aspirer. La richesse est une décoration; elle éblouit et elle passe. Tourne-toi vers les richesses véritables.

Dans son traité de *Vita beata*, Sénèque se justifie en ce qui concerne ses richesses : « C'est de la vertu que je parle, dit-il, et non pas de moi; et quand j'éclate contre les vices, c'est d'abord contre les miens.

Cependant mes richesses m'appartiennent, mais je ne leur appartiens pas ; le jour où elles s'écouleront, elles ne m'ôteront rien qu'elles-mêmes.

En effet, sa manière de vivre était simple malgré ses richesses. Sénèque était frugal, remarque Diderot, dans son *Essai sur les règnes de Claude et de Néron* ; riche, il vivait comme s'il eût été pauvre parce qu'il pouvait le devenir en un instant. Sa fortune était, d'ailleurs, le fonds de sa bienfaisance ; son luxe n'était que la décoration incommode de son état. C'étaient ses amis qui jouissaient de son opulence ; il n'en recueillait que l'embarras de la conserver et la difficulté d'en faire un bon usage.

On voit, en effet, dans les ouvrages et dans la vie privée de Sénèque, que son régime était austère et que son bonheur était parfaitement isolé de sa richesse.

« Mon matelas est à terre, écrit-il, (*Lettre* 87) et moi sur mon matelas. Des deux vêtements que j'ai, l'un me sert de drap, l'autre de couverture. Nous dînons avec des figues. Mes tablettes font ma bonne chère quand j'ai du pain, et me tiennent lieu de pain quand il me manque. Ma voiture est grossière, et mes mules sont si maigres, qu'on voit bien qu'elles fatiguent. J'en rougis ; je ne suis donc pas sage. Celui qui rougit d'une mauvaise voiture, sera vain d'une belle. Ah ! Sénèque, tu tiens encore au jugement des passants. »

Sénèque, qui faisait tous les soirs son examen de conscience, faisait ainsi plusieurs *retraites* par an.

Les utiles pratiques de la piété religieuse, celles qui peuvent servir au perfectionnement de l'âme, n'ont point été inventées par le christianisme et sont toutes empruntées aux philosophes. M. Constant Martha l'a prouvé avec abondance.

Libre penseur, Sénèque guérit ses contemporains de la cruelle crainte de l'enfer et de la mort.

Persuade-toi bien, dit-il, que celui qui n'est plus n'a pas à souffrir, que toutes ces terreurs des enfers ne sont que des fables ; qu'il n'y a pour les morts ni ténèbres, ni cachots, ni rivières de feu, ni fleuve d'oubli, ni tribunaux, ni accusations, et que dans cette liberté suprême on ne retrouve pas de tyrans.

Sénèque a beaucoup écrit. Si l'on excepte la *Consolation à Marcia*, à *Helvia* et à *Polybe*, qu'il composa durant son exil en Corse, ce qui nous est parvenu de ses ouvrages est le fruit des heures du jour et des nuits qu'il dérobait à ses fonctions, à la cour et au sommeil.

Sans être parfaitement vertueux, Sénèque avait le goût de la vertu et il aimait à en écrire. Il était, comme La Fontaine : *ami de la vertu plutôt que vertueux.*

Quelle qu'ait été la conduite de Sénèque, sa morale est bonne.

Ce qu'il a écrit du caractère et des suites de

l'ambition, de l'avarice, de la dissipation, de l'injustice, de la colère, de la perfidie, de la lâcheté, de toutes les passions et de tous les vices, de toutes les vertus, du vrai bonheur, du malheur réel, des dignités, de la fortune, de la douleur, de la vie, de la mort, est utilement conforme à l'expérience et à la raison.

La gloire de Sénèque, dit C. Martha, est d'avoir recueilli dans toutes les doctrines ces prescriptions éparses, d'en avoir compris l'utilité, d'en avoir fait usage pour lui-même, et, en les réunissant dans ses ouvrages comme il les pratiquait dans sa vie, d'avoir enrichi la science morale et l'art de conduire les âmes.

Dans les *Soirées de Saint-Pétersbourg*, Joseph de Maistre est du même avis. Il ne croit pas que, dans les livres de piété, on trouve, pour le choix d'un directeur, de meilleurs conseils que ceux qu'on peut lire dans Sénèque. « Il y a telles de ses lettres, dit Joseph de Maistre, que Bourdaloue et Massillon auraient pu réciter en chaire, avec quelques légers changements.

Sénèque s'entendait à la direction spirituelle, parce qu'il avait une grande expérience des hommes et de la vie. Il n'y a presque aucune condition dans la société qui ne puisse trouver dans Sénèque d'excellents préceptes de conduite. Il avait médité dans la retraite sur les différents caractères des hommes qu'il avait vus en action dans le grand tourbillon du monde.

Il faut, disait-il, régler chacune de nos journées comme si elle devait être la dernière. Pacuvius, qui avait fini par s'approprier la Syrie, célébrait tous les soirs ses propres obsèques par un repas funéraire, fort arrosé de vin ; puis, de la salle du festin, ses compagnons de débauche le portaient en pompe dans sa chambre, et l'on chantait en chœur : *Il est mort, il est mort !* Il s'enterrait ainsi régulièrement tous les soirs. Ce qu'il faisait par dépravation, faisons-le par principes ; prêts à nous livrer au sommeil, répétons avec allégresse : « J'ai vécu, j'ai fourni la carrière que m'assignait la fortune. » Si Dieu nous accorde le lendemain, recevons-le avec joie. On est heureux, on jouit de soi sans inquiétude quand on attend sans trouble le lendemain.

A l'exemple de Sénèque, tenons nous toujours prêts

A mépriser la mort en savourant la vie.

comme le dit Voltaire dans son *Epitre à Horace*.

Les anciens seuls ne vieillissent pas. On retourne à leurs œuvres immortelles, comme à une fontaine jaillissante qui nous verse la sagesse et le bonheur.

La société de ces morts illustres est plus agréable que celle de beaucoup d'écrivains du jour ; et qui nous empêche de faire comme Montaigne, et de lier, comme lui, commerce d'amitié avec Xénophon et Plutarque, avec Cicéron et Sénèque, avec Virgile, avec Horace, avec lui-même Montaigne, devenu pour nous un ancien?

Sénèque donne à son ami Lucilien les meilleurs conseils sur l'art de lire. Il lui recommande de ne lire que des livres choisis et de choisir de préférence ceux qui se rapportent aux mœurs. On lit, lui dit-il, pour se rendre habile ; si on lisait pour se rendre meilleur, bientôt on deviendrait à la fois meilleur et plus habile.

— Ne pouvant lire autant de livres que vous en pouvez acquérir, n'en acquérez qu'autant que vous en pourrez lire.

— La méditation doit faire entrer dans le cœur ce que la lecture donne à l'esprit.

— La morale profite plus quand elle s'insinue dans l'âme par pensées détachées.

— Un homme d'esprit, dit Helvétius, s'inspirant ici de Sénèque, se plaît au commerce des grands écrivains, parce qu'il se trouve alors avec ses pairs. Il n'a qu'à perdre dans le commerce du monde. Il est mieux à sa place avec ses livres et ses pensées.

C'était aussi la manière de voir de Montaigne qui nous raconte avec tant de justesse et d'agrément ses goûts littéraires et ses préférences en fait de livres.

Je n'aime, nous dit il, que des livres ou plaisants et faciles qui me chatouillent, ou ceux qui me consolent et conseillent à régler ma vie et ma mort.

Je suis bien marri que nous n'ayons une douzaine de Laertius (Diogène Laerce) ou qu'il ne soit plus étendu ; car je suis pareillement curieux de connaître les fortunes et la vie de ces grands précepteurs du monde, comme de connaître la diversité de leurs dogmes et fantaisies.

Si mon inclination me porte plus à l'imitation du parler de Sénèque, je ne laisse pas d'estimer davantage celui de Plutarque.

Montaigne estime la personne de Sénèque dont il imite le style, il récuse avec raison le témoignage détracteur de Dion, il montre que Dion se contredit, puisqu'il appelle tantôt Sénèque un homme très sage, et tantôt il en fait un faux philosophe ambitieux et voluptueux tout ensemble.

La vertu de Sénèque, dit Montaigne. paraît si vive et si vigoureuse en ses écrits, et la défense y est si claire à aucune de ses imputations, comme de sa richesse et dépense excessive, que je n'en croirais aucun témoignage contraire. Il est bien plus raisonnable de croire en telles choses les historiens romains, que les grecs et les étrangers. Or, Tacite et les autres parlent très honorablement et de sa vie et de sa mort, et nous le peignent en toutes choses personnage très excellent et très vertueux.

Dans la conduite, dans les discours et dans les écrits de Sénèque, Diderot voit aussi un homme vertueux, un philosophe qui, affermi sur le témoignage de sa conscience, marche avec une fierté dédaigneuse, au milieu des bruits calomnieux de de quelques citoyens qui attaquent sa vertu et ses talents, par une basse jalousie qui souffre de la richesse qu'il possède, des honneurs dont il est décoré, et de la considération générale dont il jouit. Et en quel temps, demande Diderot, cela ne s'est-il pas fait ?

Il n'y a qu'à lire Sénèque pour voir qu'il avait l'âme belle. Jamais malhonnête homme n'a conçu d'aussi belles pensées.

Quoiqu'obligé par ses fonctions de fréquenter la cour d'un mauvais prince, il aime la solitude où il cultive son âme par l'étude et se trouve meilleur.

Toutes les fois, dit-il, (Epîtres VII) que j'ai été dans la compagnie des hommes, j'en suis revenu moins homme que je n'étais. Il comprend alors pourquoi Epicure conseillait au sage de ne prendre point de part aux affaires publiques. si quelque raison ne l'y oblige. La vie politique est salissante ; et si le stoïcien sait qu'il se doit aux hommes,

Il faut se séparer pour penser de la foule

et ne s'y confondre que pour agir. L'homme est né pour penser, pour méditer et pour agir. Il est habitant du monde, dit Sénèque, et citoyen d'Athènes.

Il sert la grande république dans la solitude, et la petite dans les tribunaux et dans le ministère. Chrysippe et Zénon, dans leur retraite, ont mieux mérité du genre humain que s'ils avaient conduit des armées, occupé des emplois et promulgué des lois.

Et Sénèque lui-même n'aurait-il pas mieux fait d'écrire tranquillement dans son cabinet, de s'entretenir dans son jardin avec Lucilius et ses amis, de causer avec ses disciples comme Epicure, au lieu de suivre son élève à la cour et de partager avec Burrhus, le ministère qui les a exposés tous deux à la calomnie.

Par sa grandeur d'âme, Sénèque était digne de mépriser plus qu'il n'a fait, les richesses et l'ambition. Il ne voulut pas s'abstenir, mais se contenir, ce qui est plus difficile Ses livres lui font plus d'honneur que l'éducation de Néron, quoique l'éducation de Néron ait été excellente ; elle n'a pu triompher des suites de la débauche et des entraînements de la toute-puissance ; mais rend-on responsable Bossuet de l'incapacité, de la stupidité invincible du grand Dauphin ?

Sénèque est agréable à lire et plein de détails curieux. Sans lui, remarque Diderot, combien de mots, de traits historiques, d'anecdotes, d'usages nous aurions ignorés.

Comme tous les observateurs, comme tous les philosophes qui ont étudié les hommes sur de grandes périodes historiques, Sénèque affirmait le progrès ; il était bien éloigné de l'étroitesse d'esprit de ces ignorants conservateurs *laudatores temporis acti*.

Sénèque se moque avec raison de ces gens moroses qui font toujours le procès de leurs contemporains, qui vont partout criant : « Les mœurs sont perdues ! La méchanceté triomphe ! Toute vertu, toute justice disparaît ! Le monde dégénère ! » — Voilà, dit-il, ce que l'on criait déjà du temps de nos pères ; ce que l'on répète aujourd'hui, et ce qui sera encore le cri de nos enfants.

Sénèque constatait les progrès accomplis : notre jeunesse, disait-il vaut mieux que la jeunesse d'autrefois.

« Combien de conquêtes sont réservées aux siècles futurs ; un jour viendra où ce qui est caché aujourd'hui se révélera. L'avenir saura ce que nous ignorons et s'étonnera que nous ayons ignoré ce qu'il sait. Il est des mystères qui ne soulèvent pas en un jour tous leurs voiles. Eleusis garde des révélations pour les fidèles qui viennent l'interroger. La nature ne livre pas à la fois tous ses secrets. Nous nous croyons initiés, et nous ne sommes encore qu'au seuil du temple. » *Quest naturalis* VII.

Je ne me prends guère aux livres nouveaux, dit Montaigne, parce que les anciens me semblent plus pleins et plus roides.

La préférence de Montaigne s'explique et se justifie par la sélection naturelle qui résulte du temps. Il y a un combat pour la vie et une survivance des plus dignes parmi les livres, aussi bien que parmi les animaux et les plantes. Mais l'abbé Gaume et les évêques du *Ver Rongeur* n'admettent point cette évolution. Tout ce qui est scientifique leur répugne, comme tout ce qui est vraiment littéraire, et c'est pourquoi ils condamnent et excommunient tous les grands philosophes, tous les grands écrivains anciens que, d'ailleurs, ils ne connaissent pas, n'ayant guère d'autres moniteurs littéraires que la *Semaine religieuse*, l'*Univers religieux*, suivant les indications pieuses de Veuillot à qui Montaigne « n'agréait point de sa personne », et ne lisant guère que les auteurs sacrés, les saintes Ecritures, les écrivains à miracle, les hagiographies et leur bréviaire.

Quoique préférant les anciens, Montaigne se plaisait à lire le *Décaméron* de Boccace, Rabelais et les *Baisers* de Jean Second ; il adorait Amyot ; il avait en estime nos premiers chroniqueurs Froissard, Villehardouin, Philippe de Comines, dont il trouve le langage doux et agréable, d'une naïve simplicité. Il fait de lui un éloge senti et mérité, vantant sa narration pure, « en laquelle la bonne foi de l'auteur reluit évidemment, exempte de vanité parlant de soi et d'envie parlant d'autrui. Ses discours et exhortements accompagnés plus de bon zèle et de vérité que d'aucune exquise suffisance et tout partout de l'autorité et gravité, représentant son homme de bon lieu et élevé aux grandes affaires. »

Montaigne aime les historiens ou fort simples ou excellents. Les simples qui n'ont pas de quoi y mêler quelque chose du leur, et qui n'y apportent que le soin et la diligence de ramasser tout ce qui vient à leur connaissance, et d'enregistrer «à la bonne foi» toutes choses, sans choix et sans triage, nous laissant le jugement entier pour la critique et la découverte de la vérité. «Tel est, entre autres, pour exemple, le bon Froissard.

« C'est la matière de l'histoire nue et informe; chacun en peut faire son profit autant qu'il a d'entendement.

Les biens excellents ont la suffisance de choisir ce qui est digne d'être su; ils peuvent trier, de deux rapports, celui qui est le plus vraisemblable; de la condition des princes et de leurs humeurs, ils en concluent les conseils et leur attribuent les paroles convenables, ils ont raison de prendre l'autorité de régler notre créance à la leur; mais ajoute Montaigne, ce bon jugement critique est rare et n'appartient à guère de gens.

Montaigne qui aime à dire ses goûts de toute sorte, dans une confession littéraire, sincère et précieuse confidence, nous fait connaître les lectures qui lui plaisent, celles qu'il évite; il avoue franchement sa manière de lire par fragments, souvent décousue, il indique aussi ses auteurs, ses livres préférés.

Nous voyons ainsi sa manière particulière de cultiver la paisible et charmante religion des lettres.

Dans ses voyages continuels à travers les livres, c'est l'homme qu'il veut connaître, l'homme de tous les temps ; pour lui l'histoire et la morale qui en sort résument toutes les sciences.

C'est dans les historiens que l'homme paraît « plus vif et plus entier qu'en nul autre lieu. »

Montaigne y cherche la variété et vérité « de ses conditions internes, en gros et en détail, la diversité des moyens de son assemblage et des accidents qui le menacent.

« Or, ceux qui écrivent les vies, d'autant qu'ils s'amusent plus aux conseils qu'aux événements, plus à ce qui part du dedans qu'à ce qui arrive au dehors, ceux-là me sont plus propres : voilà pourquoi, en toutes sortes, c'est mon homme que Plutarque.

Dans une «Confession littéraire» étroite et sectaire, écrite dans un cloître, Louis Veuillot nous apprend que *Gil Blas* est « un mauvais livre, plein de misanthropie, avec du venin contre la religion. » Il nous apprend qu'il trouve Béranger «canaille », et s'étonne de trouver tant d'élégance et tant d'esprit dans Rabelais qu'il appelle «un pourceau».

« Amyot, continue-t-il, me divertit beaucoup, sans me rendre fou des grands hommes de Plutarque, passion que je laisse à Rousseau de Genève et à Madame Roland de Paris. »

On trouvera l'injure légère, la définition incomplète, mais comme il a dit ailleurs ce qu'il fallait penser de l'hérétique Genève et de l'infâme ville de la Révolution, dans la phrase anodine du pamphlétaire chrétien, dans la pieuse imagination de ses dévots lecteurs, les voilà, tous deux, suffisamment désignés dénoncés, flétris.

Mme Roland « de Paris » aime, en effet, Plutarque autant que Rousseau « de Genève. » Je n'oublierai jamais, dit elle, le Carême de 1763, pendant lequel j'emportai, tous les jours, Plutarque à l'Eglise. en guise de livre de prières ; c'est de ce moment que datent les impressions et les idées qui me rendirent républicaine, sans que je songeasse à le devenir.

Les *Vies des Hommes illustres* produisent sur tous les cœurs jeunes et généreux la même impression libérale. Nous voyons le même enthousiasme républicain, chaudement exprimé dans les *Mémoires* d'Alfieri : « A la lecture de Plutarque, je commençai à m'enflammer de l'amour de la gloire et de la vertu. Ce fut le livre des livres qui me fit passer bien des heures de bonheur et de ravissement. Il en est, celles, par exemple, de Timoléon, de César, de Brutus, de Pélopidas, de Caton, et d'autres encore, que je relus jusqu'à quatre et cinq fois. Souvent, à la lecture de quelques beaux traits de ces grands hommes, je me levais tout hors de moi, et des pleurs de rage et de douleur jaillissaient de mes yeux, à la seule idée que j'étais né en Piémont, dans un temps et sous un gouvernement où rien de grand ne pouvait se faire ni se dire, et où, tout au plus, on pouvait sentir et penser, stérilement. de grandes choses. Ainsi, à vingt ans, j'avais lu et chaudement senti Plutarque. »

La vue des grands hommes de Plutarque, qui ravissait Montaigne, enflamme le cœur d'Alfieri ; elle lui fait éprouver le même enthousiasme qu'elle inspirait à Mme Roland, à Jean-Jacques, à Vauvenargues.

A vingt-cinq ans, le 22 mars 1740, Vauvenargues écrit à son cousin, l'*Ami des Hommes*, le père de Mirabeau : « Plutarque est une lecture touchante ; j'en étais fou à votre âge ; le génie et la vertu ne sont nulle part mieux peints ; l'on y peut prendre une teinture de l'histoire de la Grèce et même de celle de Rome. L'on ne mesure bien, d'ailleurs, la force et l'étendue de l'esprit et du cœur humains que dans ces siècles fortunés, la liberté découvre jusque dans l'excès du crime la vraie grandeur de notre âme. Pour moi, je pleurais de joie, lorsque je lisais ces *Vies*; je ne passais point de nuit sans parler à Alcibiade, Agésilas et autres ; j'allais dans la place de Rome pour haranguer les Gracques, et pour défendre Caton, quand on lui jetait des pierres.

« Vous souvenez-vous César voulant faire passer une loi trop à l'avantage du peuple, le même Caton voulut l'empêcher de la proposer, et lui mit la main sur la bouche, pour l'empêcher de parler? Cette manière d'agir, si contraire à nos mœurs, faisait grande impression sur moi. Il me tomba, en même temps, un Sénèque dans les mains, je ne sais par quel hasard ; puis les lettres de Brutus à Cicéron, dans le temps qu'il était en Grèce, après la mort de César. Ces lettres sont si remplies de hauteur, d'élévation, de passion et de courage, qu'il m'était bien impossible de les lire de sang-froid ; je mêlais ces trois lectures, et j'en étais si ému, que je ne contenais plus ce qu'elles mettaient en moi ; j'étouffais, je quittais mes livres, et je sortais comme un homme en fureur, pour faire plusieurs fois le tour d'une assez longue terrasse (la terrasse du château de Vauvenargues, que l'on voit encore aux environs d'Aix), en courant de toute ma force jusqu'à ce que la lassitude mît fin à la convulsion.

Voilà les nobles lectures qui, réfléchies dans une âme généreuse font l'héroïque sagesse, la philosophie humaine, la morale et la vertu désintéressée des grands hommes.

Voilà ce que le *Ver Rongeur*, de l'évêque Gaume, et les pasquinades de ce pitre dévot qui a insulté toutes nos gloires cherchent à atteindre et à flétrir.

Voilà ce que les théologiens catholiques voudraient remplacer par leurs pieuses divagations, par la scolastique de saint Thomas d'Aquin ou par les visions apocalyptiques de Jocrisse à Pathmos !

Le grand historien Macaulay, cet habile administrateur, cet homme politique si sagace, si pratique et si délié, ce modèle de l'Anglais moderne, ne partageait point la doctrine du pape et des évêques sur le mauvais effet de la lecture des anciens. Il aurait méprisé Veuillot et son *Ver Rongeur*. Comme Montesquieu, il aimait et vénérait l'antiquité profane et cet homme si pratique, cet Anglais, gouverneur des Indes, ne cessait pas le commerce de sa jeunesse avec tous les écrivains anciens.

« Pendant les treize derniers mois, écrit-il, j'ai lu Eschyle deux fois, Sophocle deux fois, Euripide une fois, Pindare deux fois, Callimaque, Apollonius, de Rhodes, Quintus Calaber, Théocrite deux fois ; Hérodote, Thucydide ; presque toutes les œuvres de Xénophon, presque tout Platon, la *Politique* et une grande partie de l'*Organon*, d'Aristote, sans compter des excursions dans plusieurs autres de ses ouvrages ; environ la moitié de Lucien, deux ou trois livres d'Athénée, Plaute deux fois, Térence deux fois, Lucrèce deux fois, Catulle, Tibulle, Properce, Lucain, Stace, Silius Italicus, Tite-Live, Velleius Paterculus, Salluste, César et enfin Cicéron. Il me reste encore à voir un peu de Cicéron, mais j'aurai fini dans quelques jours. En ce moment je suis plongé dans Aristophane et Lucien. »

Aristophane aussi amusant que Rabelais, Lucien le philosophe sceptique, railleur aussi profond, aussi spirituel que Voltaire. En voilà un auquel Monseigneur Gaume, Monseigneur Dupanloup, Veuillot ne pardonneraient pas. L'évêque d'Orléans et le rédacteur de l'*Univers* se réconcilieraient plutôt dans cette haine commune. Rappelez-vous le récit si amusant et si exact aussi de la mort volontaire de Pérégrinus qui eut lieu l'an 165, et qui faillit fonder une religion nouvelle. Comme il raille la folie de ce vieil imbécile !

« Il s'était fait instruire dans l'admirable religion des Chrétiens ! en s'affiliant en Palestine avec quelques-uns de leurs prêtres et de leurs scribes.

Bientôt après prophète, chef d'assemblée, pontife, législateur, il fut regardé par nombre de gens comme un Dieu égal à celui qui est honoré en Palestine, où il fut mis en croix pour avoir introduit un nouveau culte parmi les hommes.

Ayant été aussi lui-même arrêté pour ce motif, il fut jeté en prison. Mais cette persécution lui procura pour le reste de sa vie une grande autorité, et lui valut le bruit d'opérer des miracles, ce qui flattait sa vanité.

Le vertueux Pérégrinus, sous le prétexte de sa prison, voyait arriver de bonnes sommes et se fit un gros revenu.

Plusieurs villes d'Asie lui envoyèrent des députés au nom des Chrétiens. Ces malheureux se figurent qu'ils sont immortels et qu'ils vivront éternellement. Renonçant aux dieux des Grecs, ils adorent le sophiste crucifié dont ils suivent les lois. Méprisant tous les biens terrestres. ils les mettent en commun, *en sorte que s'il vient à se présenter parmi eux un imposteur, un fourbe adroit, il n'a pas de peine à s'enrichir fort vite, en riant sous cape de leur simplicité.*

Cependant Pérégrinus est bientôt délivré de ses fers par le gouverneur de Syrie, amateur de philosophie, et qui savait notre cynique assez fou pour se livrer à la mort dans le dessein de s'illustrer.

Pérégrinus reprend sa vie errante, accompagné dans ses courses vagabondes, par une troupe de chrétiens. Sa renommée s'accroît, car il trouvait partout des niais pour admirer son extravagance. Enfin il imagine la fameuse affaire du bûcher. C'est à Olympie, devant une assemblée générale, qu'il veut se faire cuire, comme sur une scène. Et comme il le dit, il l'a fait. Il est clair qu'il voulait des autels et qu'il s'est fait périr par vanité. Il veut qu'on le regarde après sa mort comme un dieu.

Parmi cette foule d'imbéciles qui viennent se dire guéris par lui, beaucoup proposent déjà d'élever sur son bûcher un temple où il rendra des oracles; je jurerais que, sous peu, l'on instituera des prêtres qui célébreront son culte. Comme il l'avait promis, Pérégrinus arrive à Olympie suivi d'un immense concours de peuple Avide de mourir, il déclare qu'il veut rendre, en mourant, service aux hommes et leur apprendre à mépriser la mort.

Arrivés au bûcher, chacun y met le feu de son côté, et il s'élève aussitôt une grande flamme. Pérégrinus demande de l'encens pour le jeter sur le feu.

Après quoi, il s'élance, courageusement, dans le brasier et disparaît enveloppé par une grande flamme qui s'élève.

Les disciples, rangés autour du bûcher, ne pleuraient pas, mais, les yeux fixés sur la flamme, ils gardaient un silence qui peignait leur douleur.

Pour moi, mon cher ami, en m'en allant, je réfléchis à tout ce qu'a de violent l'amour de la gloire. En revenant je rencontrai encore une foule de gens qui arrivaient trop tard pour voir ce spectacle. Ils se flattaient de trouver Pérégrinus en vie, le bruit s'étant répandu qu'il ne monterait sur le bûcher qu'après avoir salué le soleil levant, comme on dit que font les Brahmanes. La plupart s'en retournèrent, quand je leur eus dit que la chose était finie. Mais il me fallut répondre en détail à toutes leurs questions et raconter le fait dans ses moindres circonstances. Quand je rencontrais un habile homme, je lui racontais, comme à toi, la simple vérité. Mais pour les imbéciles, sottement avides du merveilleux, j'ajoutais, de mon cru, quelque détail tragique : par exemple, qu'au moment où le bûcher flambait et que Pérégrinus s'y précipitait, il y avait eu un tremblement de terre, accompagné d'un mugissement affreux, et qu'on avait vu du milieu de la flamme s'élancer un vautour, volant vers le ciel et criant d'une voix humaine : « J'abandonne la terre et je monte vers l'Olympe. » Mes gens, stupéfaits et frissonnants, se jetaient à genoux et me demandaient si le vautour s'était envolé du côté de l'orient ou de l'occident. Je leur répondais ce qui me passait par la tête.

Arrivé à l'assemblée, je m'arrêtai devant un homme en cheveux blancs, auquel sa barbe épaisse donnait un air grave et digne. Il parlait de Pérégrinus, et disait qu'un instant après s'être brûlé, ce héros lui était apparu revêtu d'une robe blanche et qu'il l'avait laissé se promenant gaiement sous le portique des sept échos, couronné d'olivier sauvage.

Il ajouta l'histoire du vautour, *qu'il jurait avoir vu lui-même* s'envoler du milieu du bûcher, tandis que c'était moi qui lui avait donné l'essor, pour me moquer des stupides et des fous.

Vois par là toutes les merveilles auxquelles cet événement va donner lieu; que d'abeilles vont se réunir, que de cigales vont se rassembler, que de corneilles vont s'abattre, comme autrefois sur le tombeau d'Hésiode. Les Eléens ne vont pas manquer de lui élever des statues, et je sais de bonne source qu'il en sera de même chez les autres Grecs, auxquels on prétend qu'il a écrit. C'est un bruit, en effet, que dans toutes les cités considérables il a envoyé des lettres avec son testament, ses conseils et ses recommandations. Il a chargé de cette mission quelques-uns de ses amis qu'il appelle ses apôtres.

Telle fut la fin du pauvre Protée, qui, pour le dire en deux mots, ne considéra jamais la vérité, ne prit pour règle de ses discours et de ses actions que la vanité et le désir immodéré des louanges de la foule, au point de se jeter dans le feu pour les obtenir.

J'ai vu, dit Montaigne, la naissance de plusieurs miracles de mon temps; encore qu'ils s'étouffent en naissant, nous ne laissons pas de prévoir le train qu'ils eussent pris, s'ils eussent vécu leur âge, car il n'est que de trouver le bout du fil, on en dévide tant qu'on veut; et il y a plus loin de rien à la plus petite chose du monde, qu'il n'y a de celle-là à la plus grande. Or, les premiers qui sont abreuvés de ce commencement d'étrangeté, venant à semer leur histoire, sentent, par les oppositions qu'on leur fait, où loge la difficulté de la persuasion, et vont calfeutrant cet endroit de quelque pièce fausse.

L'erreur particulière fait premièrement l'erreur publique, et, à son tour après, l'erreur publique fait l'erreur particulière.

Ainsi va tout ce bâtiment, s'étoffant et formant de main en main; de manière que le plus éloigné témoin en est mieux instruit que le plus voisin; et le dernier informé mieux persuadé que le premier.

C'est un progrès naturel : car *quiconque croit quelque chose, estime que c'est ouvrage de charité de le persuader à un autre*; et, pour le faire, ne craint point d'ajouter, de son invention, autant qu'il voit être nécessaire en son conte pour suppléer à la résistance et au défaut qu'il pense être en la conception d'autrui.

Les hommes sont toujours les mêmes; l'ignorance crédule a toujours aimé le merveilleux; et pour les ignorants tout est mystère. La foule qui ne comprend rien, parce qu'elle ne sait rien, ne voit rien d'impossible.

Elle croit volontiers tout ce qu'on lui dit.

Le miracle lui plaît et elle est enchantée qu'il y ait, dans la religion, des vérités réputées incompréhensibles à tous; cela diminue la distance qui la sépare des savants; et c'est pourquoi saint Paul trouvait la populace des villes où il annonçait le miracle de sa conversion, si disposée à accueillir le mystère de la foi.

Toutes les religions du monde se sont ainsi

établies sur des miracles et des mystères, par des récits merveilleux fabriqués par des enthousiastes, par des hallucinés ou par des farceurs, comme celui du vautour et de la résurrection de Peregrinus.

Tandis que les anciens philosophes cherchant à connaître les rapports des choses, admettaient tous l'éternité de la matière et ne trouvaient ensuite rien que de naturel dans la nature, les imposteurs faisaient leurs prodiges pour convaincre l'aveugle crédulité des foules. Tous les charlatans religieux ont établi pour faire la création de la nature, des dieux et des superstitions sans lesquels ils n'avaient aucune raison d'être; et l'invention de ces dieux, de ces dogmes divins qu'ils ont prétendu connaître par des révélations surnaturelles, les a dispensés du travail, du courage guerrier, des charges de famille et leur a beaucoup rapporté. Les frelons vivent toujours au milieu des abeilles et Lucien devrait revenir.

Montaigne le continue; il fait pour nous la chaîne entre Sénèque, Lucrèce et Spinoza. Il nous conduit à Bayle, à Fontenelle et à Voltaire, qui nous mènent à Herbert Spencer, à Macaulay et à Darwin.

Il n'est rien, écrit-il, à quoi communément les hommes soient plus tendus qu'à donner voie à leurs opinions : où le moyen ordinaire manque, ils y ajoutent le commandement, la force, le fer et le feu. Il y a du malheur d'en être là, que la meilleure touche de la vérité ce soit la multitude des croyants, en une presse où les fous et les stupides surpassent de tant les sages en nombre.

Il m'a toujours semblé, dit Montaigne, qu'en la poésie, Virgile, Lucrèce, Catulle et Horace, tiennent de bien loin le premier rang. Quant au bon Térence, je le trouve admirable à représenter au vif les mouvements de l'âme et la condition de nos mœurs; à toute heure nos actions me rejettent à lui; et je ne le puis lire si souvent que je n'y trouve quelque beauté et grâce nouvelle. J'aime aussi Lucain et le pratique volontiers, non tant pour son style que pour sa valeur propre, pour la vérité de ses opinions et jugements.

Montaigne préfère les *Géorgiques* à l'*Enéide* et c'est, dans l'*Enéide*, le cinquième chant qui lui semble le plus parfait. Virgile y raconte le retour d'Enée en Sicile, il y décrit les jeux troyens qui rappelaient aux contemporains d'Auguste les jeux institués au Champ de Mars et au Cirque en souvenir du triomphe d'Actium. Virgile s'y est inspiré des jeux donnés, dans Homère, par Achille pour célébrer les funérailles de son ami Patrocle. Les détails sont intéressants, mais le quatrième chant est plus tendre et le sixième plus philosophique. La préférence de Montaigne pour les *Géorgiques* s'explique mieux. Virgile a l'amour de la campagne et le talent spécial de décrire, comme feront

Jean-Jacques et George Sand, les choses de la nature. Il a de plus le patriotisme romain, tempéré par un esprit déjà moderne d'humanité. Horace intéresse Montaigne par ses détails anecdotiques. Il aime à voir passer dans Rome toutes ces figures qui lui sont mieux connues que les gens qu'il voyait passer dans les rues de Paris pendant ses séjours, ou dans les rues de Bordeaux durant les deux années qu'il y fut maire. Tacite l'attache et l'intéresse. Ce n'est pas un livre à lire, c'est un livre à étudier ; on y apprend la politique. Subtil de pensée et de style comme Sénèque, Tacite lui semble « plus charnu, Sénèque plus aigu. Son service est plus propre à un état trouble et malade, comme est le nôtre présent ; vous diriez souvent qu'il nous peint et qu'il nous pince. »

Dans les œuvres de Cicéron, il préfère la Correspondance, les épîtres *ad Atticum*, non seulement parce qu'elles contiennent une très ample instruction de l'histoire et des affaires de son temps ; mais beaucoup plus pour y découvrir ses humeurs privées. « Car j'ai, dit-il, une singulière curiosité de connaître l'âme et les naïfs jugements de mes auteurs. »

Toute correspondance, fût-elle de gens inconnus, pique la curiosité. Certaines lettres sont plus agréables à lire que bien des livres. C'est la vie elle-même, au lieu de l'imitation de la vie. J'ai mille fois regretté, dit Montaigne, que nous ayons perdu le livre que Brutus avait écrit *de la Vertu*; car il fait beau apprendre la théorie de ceux qui savent si bien la pratique.

Cependant il aime autant voir Brutus « chez Plutarque que chez lui-même. »

« Je choisirais plutôt de savoir au vrai les devis qu'il tenait en sa tente à quelqu'un de ses privés amis, la veille d'une bataille, que les propos qu'il tint le lendemain à son armée, et ce qu'il faisait en son cabinet et en sa chambre, que ce qu'il faisait dans la place et au Sénat.

« Quant à Cicéron, les ouvrages qui me peuvent servir chez lui à mon dessein, ce sont ceux qui traitent de la philosophie, spécialement morale. Mais, à confesser hardiment la vérité (car, puisqu'on a franchi les barrières de l'impudence, il n'y a plus de bride), sa façon d'écrire me semble ennuyeuse ; car ses préfaces, définitions, partitions, étymologies, consument la plupart de son ouvrage ; ce qu'il y a de vif et de moelle est étouffé par ses longueries d'apprêts. Quant à son éloquence, elle est du tout hors de comparaison ; je crois que jamais homme ne l'égalera. »

Montaigne aimait mieux Sénèque que Cicéron ; comme il avait tourné toutes ses études du côté de la morale, il préférait, naturellement, l'écrivain qui lui fournissait, dans ce genre, les richesses les plus abondantes. Cicéron fournit moins de maximes que Sénèque et cela n'est pas étonnant, puisque Sénèque n'écrivait guère qu'en maximes et qu'il n'a traité que des sujets de morale. Tandis qu'il cisèle des camées et peint des portraits à la loupe, Cicéron, à grands traits, peint à fresque ; il lui faut de l'espace pour se développer, et ses discours écrits, dans leur abondante éloquence, rappellent toujours la foule du forum et l'orateur.

Montaigne, dit Vauvenargues, a repris Cicéron de ce qu'après avoir exécuté de grandes choses pour la République, il voulait encore tirer gloire de son éloquence ; mais Montaigne ne pensait pas que les grandes choses qu'il loue, Cicéron ne les avait faites que par la parole.

Les traités des *devoirs*, de l'*amitié*, de *la vieillesse*, n'ont point de longueurs ; ils sont, à tout âge, délicieux à lire, pleins de détails intéressants. Toute la vie agricole des Romains se trouve dans le *de Senectute* et Doudan, ce juge délicat, y trouvait « une odeur de terre nouvellement labourée qui porte à la tête. »

Montaigne apprécie le style nombreux de Cicéron, mais il lui préfère la concision de César. Il veut des discours qui donnent la première charge dans le plus fort du doute ; « ceux de Cicéron languissent autour du pot. »

César semble à Montaigne mériter qu'on l'étudie, non pour la science de l'histoire seulement, mais pour lui-même. S'il est intéressant de savoir ce qu'a fait Alexandre, il est plus intéressant encore de savoir ce qu'Aristote a pensé. En César se trouvent réunis le penseur et l'homme d'action. Il n'y a, dit Montaigne, aucun écrit qui puisse être comparé aux *Commentaires*.

César attire et garde l'attention tant il a de perfection et d'excellence par dessus tous les autres.

« Les plaisirs ne lui firent jamais dérober une minute, ni détourner un pas des occasions qui se présentaient pour son agrandissement ; cette passion maîtresse régenta en lui si souverainement toutes les autres et posséda son âme d'une autorité si pleine, qu'elle l'emporta où elle voulut.

« Fut-il jamais âme si vigilante, si active et si patiente que la sienne ? Les exemples de sa douceur et de sa clémence envers ceux qui l'avaient offensé sont infinis. Jamais homme n'apporta ni plus de modération en sa victoire, ni plus de résolution en la fortune contraire.

« Mais, toutes ces belles inclinations furent altérées et étouffées par cette furieuse passion ambitieuse à laquelle il se laissa si fort emporter, qu'on peut aisément maintenir qu'elle tenait le timon et le gouvernail de toutes ses actions. D'un homme libéral, elle en fit un voleur public, pour fournir à ses profusions et largesses.

« Ce seul vice, dit Montaigne, perdit en lui le plus beau et le plus riche naturel qui fut jamais ; et a rendu sa mémoire abominable à tous les gens de bien, pour avoir voulu chercher sa gloire de la ruine de son pays.

Montaigne, qui parlait la langue des Anciens comme la sienne, et dont les citations sans nombre montrent combien la lecture lui en était familière, s'entendait en style comme en morale et en bonne logique. Parmi le grand nombre de jugements divers qu'il prononce en ce chapitre des livres, il n'y en a pas un où l'on ne reconnaisse un tact sûr et délicat.

Diderot aime Montaigne et l'en loue ; il voit en lui un grand penseur et un grand écrivain, « un auteur original qui a passé pour le bréviaire des honnêtes gens, qui n'est pas encore tombé de leurs mains, et qui pourrait bien y rester à jamais. »

Montaigne, continue Diderot, est riche en expressions; il est énergique, il est philosophe, il est grand peintre et grand coloriste. Il déploie en cent endroits tout ce que l'éloquence a de force; il est tout ce qu'il lui plaît d'être. Il a tout le goût que l'on pouvait avoir de son temps, et qui convenait à son sujet.

Etudions donc de plus près, non seulement dans ses goûts littéraires et dans ses lectures préférées, mais dans sa vie et même dans sa famille, cet honnête homme si aimable et si grand esprit.

Montaigne nous conseille de tenir, à son exemple, un registre de nos impressions et souvenirs, dans un journal intime où nous recueillerons nos observations, nos manières de voir, nos jugements et nos pensées sur les hommes, les livres et les choses.

« Quel contentement me serait-ce d'ouïr ainsi quelqu'un qui me récitât les mœurs, le visage, la contenance, les plus communes paroles, et les fortunes diverses de mes ancêtres ! Combien j'y serais attentif !

» Vraiment cela partirait d'une mauvaise nature, d'avoir à mépris les portraits mêmes de nos amis et prédécesseurs, la forme de leurs vêtements et de leurs armes. J'en conserve l'écriture, le seing, des heures et une épée particulière qui leur a servi ; et n'ai point chassé de mon cabinet de longues gaules que mon père portait ordinairement en la main.

Ai-je perdu mon temps de m'être rendu compte de moi, si continuellement, si curieusement ? Montaigne a fait de se connaître son étude, son ouvrage et son métier.

« Je n'ai pas plus fait mon livre, que mon livre m'a fait ; livre consubstantiel à son auteur, d'une occupation propre, membre de ma vie, non d'une occupation et fin tierce et étrangère, comme tous autres livres.

» Et quand personne ne me lira, ai-je perdu mon temps, de m'être entretenu tant d'heures oisives à des pensements si utiles et si agréables ? »

Montaigne aime à suivre librement sa fantaisie où elle le mène. Il ne suit point un ordre didactique arrêté d'avance. Il sait rarement ce qu'il va dire, mais il sait admirablement ce qu'il dit. Il aime l'imprévu. Son allure primesautière est « à sauts et gambades ». Les noms de ses chapitres n'en embrassent pas toujours la matière ; il s'amuse, comme un écolier, aux digressions, aux fuites et aux escapades. Il fait, avec joie, l'école buissonnière. C'est une continuelle aventure.

« J'entends que la matière se distingue soi-même : elle montre assez où elle se change, où elle conclut, où elle commence, où elle se reprend, sans l'entrelacer de paroles de liaison et de couture, introduites pour le service des oreilles faibles ou nonchalantes, et sans me gloser moi-même.

Montaigne trouve l'ambition assujettissante : *magna servitus est magna fortuna* ; il lui préfère l'indépendance et ne redoute point la solitude où il s'amuse à lire et à écrire ses essais. Suivons-le dans sa tour et dans sa librairie, d'où, tout d'une main, dit-il, il commande à son ménage.

« Je suis sur l'entrée, et vois sous moi mon jardin, ma basse-cour, ma cour, et dans la plupart des membres de ma maison. Là je feuillette à cette heure un livre, à cette heure un autre, sans ordre et sans dessein, à pièces décousues. Tantôt je rêve, tantôt j'enregistre et dicte, en me promenant, mes songes que voici.

» Ma librairie est au troisième étage d'une tour : le premier, c'est ma chapelle ; le second, une chambre et sa suite, où je me couche souvent, pour être seul ; au-dessus, elle a une grande garde-robe ; c'était, au temps passé, le lieu le plus inutile de la maison. Je passe là et la plupart des jours de ma vie, et la plupart des heures du jour ; je n'y suis jamais la nuit.

A sa suite est un cabinet assez poli, capable à recevoir du feu pour l'hiver, très plaisamment percé ; et si je ne craignois non plus le soin que la dépense, le soin qui me chasse de toute besogne, j'y pourrais facilement coudre à chaque côté une galerie de cent pas de long et douze de large, à plein pied, ayant trouvé tous les murs montés, pour autre usage, à la hauteur qu'il me faut. Tout lieu retiré requiert un promenoir ; mes pensées dorment, si je les assois ; mon esprit ne va pas seul, comme si les jambes l'agitent ; ceux qui étudient sans livre en sont tous là.

La figure de ma tour est ronde et n'a de plat que ce qu'il en faut à ma table et à mon siège ; et vient m'offrant, en se courbant, d'une vue, tous mes livres, rangés sur des pupitres à cinq degrés tout à l'environ.

Elle a trois vues de riche et libre perspective, et seize pas de vide en diamètre. En hiver, j'y suis moins continuellement ; car ma maison est juchée sur un tertre, comme dit son nom, et n'a point de pièce plus éventée que celle-ci, qui me plaît d'être un peu pénible et à l'écart, tant pour le fruit de l'exercice, que pour reculer de moi la presse.

C'est là mon siège : j'essaye à m'en rendre la domination pure, et à soustraire ce seul coin à la communauté et conjugale, et filiale et civile.

Misérable à mon gré, qui n'a chez soi où être à soi ; où se faire particulièrement la cour, où se cacher ! Je trouve plus supportable d'être toujours seul que ne le pouvoir jamais être.

Montaigne, autant qu'Erasme, mérite toute la haine chrétienne de monseigneur Gaume. Habitant par la pensée le monde antique où les religions eurent relativement peu d'influence, il les considère comme un besoin à la fois factice et nuisible et voit surtout le mal qu'elles font.

Je vois cela, évidemment, dit-il, que nous ne prêtons volontiers à la dévotion que les offices qui flattent nos passions ; notre zèle fait merveilles quand il va secondant notre pente vers la haine, la cruauté, l'ambition, l'avarice, la rébellion. Faite pour extirper les vices, notre religion les couvre, les nourrit, les incite.

Montaigne a la religion des lettres. Il voit peu la nécessité des associations dans une foi. Un commerce libre avec de grands esprits sages lui paraît suffire, comme viatique moral. La philosophie pure et la dignité personnelle, l'amour du perfectionnement et de l'idéal entretenus par de bonnes lectures lui paraissent, avec raison, tout ce qu'il faut.

Avec Rabelais, Erasme et son ami Charron

Montaigne retourne à l'hellénisme ; l'enseignement de Sénèque, de Socrate, de Cicéron et de Plutarque lui paraît préférable à l'éducation scolastique, au piteux état d'âme que le moyen âge avait fait durer jusqu'à lui.

Aristote dégagé de l'apport mystique et métaphysique de saint Thomas lui paraît suffire ; il redevient avec joie païen et nous qui avons avec lui et par lui cette heureuse fortune, nous avons à continuer hardiment sa tradition libérale et son bon ouvrage.

Le fond de la morale de Montaigne, remarque très bien M. Faguet, c'est un stoïcisme déridé et souriant. Avec le « *abstine sustine* » et le « *conformément à la nature* », on referait les *Essais*.

Les chrétiens croyant mieux faire ont dit : « *conformément à la volonté de Dieu* » ; mais comme personne ne connaît Dieu, ni ses volontés, nous sommes tombés avec eux dans l'arbitraire des théologiens, puis dans les insanités des casuistes, tandis que la nature humaine nous est accessible dans l'homme ; nous savons fort bien ce qui procure une vie noble, honorable, estimée, une belle et heureuse vieillesse, comme la veut Cicéron, et l'homme raisonnable ne doit pas désirer mieux.

Les amis du progrès, les fidèles du « grand diocèse » et de la religion des lettres ont à poursuivre et à faire aboutir, avec une activité prudente, les conséquences heureuses de la Renaissance, de la Réforme et de la Révolution.

Malgré les différences qui sautent aux yeux, il y a bien des ressemblances entre l'œuvre de Plutarque et celle de Sainte-Beuve.

Comme Carlyle, Taine, Emerson, Montaigne a le respect des grands hommes, il a le culte des héros. Parlant des *Vies illustres* racontées par Plutarque, il faut, dit-il, avoir les reins bien fermes pour entreprendre de marcher de front avec ces gens-là.

« Il me plaît de considérer leur visage, leur port et leurs vêtements. Je remâche ces grands noms entre les dents, et les fais retentir à mes oreilles, [comme Chateaubriand criant aux Thermopyles : Léonidas ! Léonidas !]. *Ego illos veneror, et tantis nominibus semper assurgo.* Des choses qui sont en quelque partie grandes et admirables, j'en admire les parties même communes : je les vois volontiers deviser, promener et souper. »

Il admire Alexandre, César, Pompée, Epaminondas et Caton. Il admire plus encore Socrate. Ces hommes sont pour lui les représentants supérieurs de l'humanité. Ils sont maîtres d'eux-mêmes ; ils maîtrisent leur passions ; ils se dominent. Or, Montaigne prise la volonté et si l'on cherchait la pensée maîtresse des *Essais*, on verrait que tout l'art de vivre qui s'y développe en mille détails ingénieux, dépend, quant à la racine, de la formation du caractère, de l'éducation, de la volonté.

Aimant la force d'âme, Montaigne nous fait voir que notre vie dépend de nous, qu'une vie humaine est œuvre humaine, qu'une belle vie est une œuvre d'art, que l'homme fait lui-même sa destinée.

Par sa méthode ou, si l'on préfère, par ses habitudes d'esprit, Montaigne devance Bacon et Descartes ; il a peu de goût pour la métaphysique platonicienne. A son exemple, les modernes éclairés depuis Montaigne, Bacon, Galilée et Descartes, n'hésitent plus entre la méthode d'observation d'Aristote et l'ordre d'idées de Platon. La méthode d'observation a ruiné la métaphysique.

Montaigne est né en 1533, en pleine aurore de la Renaissance. Erasme, Rabelais exhument l'antiquité. Montaigne se l'assimile, la savoure et l'admire.

En 1492, Christophe Colomb vient de découvrir l'Amérique ; en 1507, Copernic a trouvé le système du monde. La pensée moderne commence à se répandre grâce à l'imprimerie.

L'odieux catholicisme du moyen âge survit encore, n'enfantant rien de bon, empêchant les autres d'agir, gênant les efforts généreux des libres penseurs, tels que Montaigne et Rabelais qui voulaient rétablir la joie et le bonheur en ce monde.

« Suis la nature », ce mot des stoïciens fut l'adieu de l'antiquité.

« Reviens à la nature », c'est, dit Michelet, le salut que nous adresse la Renaissance, son premier mot.

Et c'est le dernier mot de la Raison.

« Fondez la foi profonde », dit Rabelais.

— Colomb, Copernic et Luther y travaillent.

La Renaissance, mère de la vie moderne, se chercha longtemps à tâtons. Elle marche à la nature ; elle s'y assimile lentement.

« La nymphe en Daphné devient arbre, dit Michelet. Et ici, de l'arbre gothique, la nymphe sort, au contraire, plante et femme, animale, humaine, tout ensemble ; elle est l'efflorescence confuse, pénible de la vie. C'est l'enfant de Léda qui brise sa coquille, et dont l'incertain mouvement, l'œil oblique, peu humain encore, accuse la bizarre origine. Léda en tient aussi ; son cygne s'humanise ; elle, par le regard et l'étrange sourire, elle est cygne et s'animalise. Telle est la profonde peinture de Vinci qui vit le premier la grande pensée moderne : l'universelle parenté de la Nature. »

Michelet parle ici de la Léda qui était à La Haye. La Léda, dit-il, est le sujet propre de la Renaissance. Vinci, Michel-Ange et Corrège y ont lutté, élevant ce sujet à la sublime idée de l'absorption de la nature. Vinci a vu le fond même de la question scientifique. C'est le prédécesseur direct de Lamarck, Geoffroy Saint-Hilaire, etc.

« Un monde d'humanité commence, de sympathie universelle. L'homme est enfin le frère du monde. »

Ce qu'on a dit d'un précurseur de l'art : « Il y mit la bonté », on le dira du temps nouveau : il mit en nous *plus de bonté*. — Ce mot admirable est de Vasari, *Vie des peintres*, parlant de Giotto : « Il renouvela l'art, parce qu'il mit plus de bonté dans les têtes. » — C'est là le vrai sens de la Renaissance : tendresse, bonté pour la nature. Le parti des libres penseurs, c'est le parti *humain* et sympathique.

C'est le parti de Montaigne, d'Erasme et de Rabelais.

Montaigne veut adoucir les mœurs. Il croit que l'homme peut agir sur lui-même, réformer son caractère, régler sa vie, faire sa destinée. Il croit que sur l'individu le moraliste peut avoir une influence salutaire, et c'est l'office qu'il a choisi.

Mon métier et mon art, c'est vivre : Fais donc ton fait et te connais ; qui aurait à faire son fait, verrait que sa première leçon est connaître ce qu'il est, ce qui lui est propre et qui se connaît ne prend plus le fait étranger pour le sien, s'aime et se cultive avant toute chose, refuse les occupations superflues et les pensées et propositions inutiles.

Montaigne peint les esprits crédules, démissionnaires d'eux-mêmes, ceux qui n'ont pas su se faire une véritable personnalité.

Montaigne est un homme d'expérience. Il n'a pas toujours vécu dans sa tour et dans sa librairie, en compagnie de César, d'Aristote, de Plutarque et de Sénèque. Il a fréquenté la cour et la ville. Il connaît Bordeaux et Paris. Il a voyagé, beaucoup observé, beaucoup vu. Et c'est pourquoi il a su montrer les folies et les ridicules de son temps. Il y a dans Montaigne, dit E. Faguet, un La Bruyère du XVI° siècle.

Moraliste beaucoup plus qu'apôtre, il veut suivre le bon parti jusques au feu, mais *exclusivement* s'il le peut.

Il ne prétend point à d'autre gloire en sa vie studieuse que de l'avoir vécue tranquille.

Il a horreur du dogmatisme qui conduit à l'intolérance. Il voit de toutes parts, sous ses yeux, éclater les résultats du fanatisme; il connaît le danger de la superstition et il le déplore. C'est mettre, écrit-il, ses conjectures à bien haut prix, que d'en faire cuire un homme tout vif. Il ne fait pas de belles phrases, ni de belles périodes. Bien que l'éloquence ne lui manque jamais au besoin, il est plus causeur qu'orateur.

On ne peut guère séparer Montaigne de son ami La Boétie, dont il a publié les œuvres, et de son disciple Charron, qui a donné dans sa *Sagesse* comme une édition didactique des *Essais*.

La Boétie fut l'ami de cœur, l'ami de jeunesse de Montaigne et, par conséquent, il mérite l'intérêt non-seulement des érudits, mais de tous ceux qui aiment la religion des lettres et la pratiquent au point de vue de la morale et du profit pratique qu'on en peut tirer. Ce qui frappait Sainte-Beuve dans tous les endroits où Montaigne parle de La

Boétie, outre l'affection si vive, si passionnée qu'il a pour lui, c'est le respect et l'admiration, sentiments que Montaigne ne prodiguait pas.

Quant au théologal Charron, il est théologal sans doute, mais il est encore plus le disciple et l'ami de Montaigne. La théologie, dont il est le gardien, ne lui inspire qu'une bien médiocre estime.

Sceptique de méthode, rompu à l'habitude du doute, il méprise les dogmatistes et, plus encore, ceux qui les écoutent, « gens nés à la servitude. »

Il se garde bien de confondre la croyance et la vérité ; il sait distinguer la piété de la vertu, la dévotion de la conscience, « la religion de la prudhomie. »

Il sépare l'homme vrai de son rôle et de son métier ; car le personnage public joue un *rôle* qui l'oblige à tenir toujour le langage qui convient à sa profession, tandis que l'homme, dans le secret de son cœur, garde sa pensée propre, sa manière de voir personnelle.

C'est au lendemain des guerres civiles et des fanatismes sanglants qu'il écrivait. Charron avait vu, de ses yeux, les horreurs commises par le grand zèle religieux des dévots.

Il avait vu traiter comme criminels et malhonnêtes gens tous ceux qui n'étaient point orthodoxes en matière de foi.

Voilà ce qui lui avait appris à distinguer la croyance de la vérité et la religion fanatique de la sagesse et de la vertu. Tandis que le doute du sage lui apprend la tolérance, les dogmatistes, orgueilleux et opiniâtres, veulent contraindre tous les hommes à croire leurs superstitions et « où le moyen ordinaire fait défaut, ils y ajoutent le commandement, la force, le fer et le feu . »

Pour lui, Charron, il pratique le doute méthodiquement et la sagesse qu'il a puisée dans le commerce affectueux de Montaigne, lui enseigne à suivre la bonne loi de nature, « l'équité et raison universelle qui luit pour tous et éclaire un chacun de nous. »

TABLE

ALPHABÉTIQUE ET ANALYTIQUE

A

About (Edmond). — Sur Homère, 298.

Aguesseau (d'). — Dit le vrai mot sur la religion des jésuites, 106; a pour successeur Joly de Fleury, 259.

Alacoque (Marie). — Extraits de sa biographie, par l'évêque de Soissons, 134-135; les jésuites lui élèveraient une statue, 224; son culte remplace la religion des lettres, 308.

Albert-le-Grand. — 266-267; théologie bizarre de —, 341.

Alembert (d'). — Fait progresser les sciences, 41; aide Voltaire, 71; comment il comprend l'influence des livres, 195-196; interdit par Dupanloup, 247; contribue à introduire l'humanité dans le monde, 253; cherche à calmer Diderot, 255; ce qu'il représente dans le XVIII° siècle, 256; remis en lumière, 263; connaissances que nous lui devons, 293; sa religion, 311.

Alexandre. — Sa prédilection pour Homère 385, 428.

Alexandre VI. — Conversation avec Pic de la Mirandole sur la loi, 245-246.

Alexandrie. — (École d') —, 201.

Alfieri. — S'enflamme sur Plutarque, 414-415.

Allemane (M.) — 362.

Alphonse d'Aragon, mari de Lucrèce Borgia. — 245.

Ambroise (saint). — Son étrange opinion sur la copulation de la Vierge, 134.

Ame. — Culture de l' —, 3 ; sa définition par Montesquieu, 20.

Amiel. — *Journal* d' —, 7 ; apprécié par Scherer, 297.

Ammonius. — Enseignait l'éternité du monde, 189.

Amyot. — Païen, 320 ; réprouvé par Mgr Gaume, 321 ; bréviaire de Montaigne, 386-387 ; Montaigne donne la palme à —, 389 ; original quoique traducteur, 390 ; cite Théodore Gaza, 398 ; vraie mesure de l'esprit français, 399 ; Montaigne admire —, 411 ; — divertit Veuillot, 414.

Anabaptistes — Etaient de vrais chrétiens, 354.

Anacharsis. — Enseigné par Fénelon, 321.

Anaxagoras. — Idées fécondes d' —, 202-203 ; enseigné par Fénelon, 321.

Anaximandre. — Idées fécondes d' —, 202-203.

Anciens. — Commerce de Montesquieu avec les —, 17-18 ; grandeur et beauté de leur philosophie, 193-194 ; peu lus, 298-299 ; utilité de les faire connaître, 304 ; aiment la musique, 306 ; campagne du clergé contre les —, 328-329 ; lus par Macaulay, 417.

Angélique (docteur). — Sur Aristote et saint Thomas, 266-269.

Anges (les). — 268-269.

Antiquité. — Jeunesse du monde, 241 ; condamnée par les prélats, 311-313.

Antisthène. — Sa réponse de philosophe, 54 ; célèbre par sa vertu ; enseigné par Fénelon, 321.

ANTOINE (saint). — Hanté par de vains fantômes, 30.

ANTONELLI (cardinal). — Appuie et consacre la thèse de Mgr Gaume, 328.

ANTONINS (les). — Qualifiés par Montesquieu, 17.

APOCALYPSE (l'). — 417.

APOLLONIUS de Rhodes. — Lu par Macaulay, 417.

ARGENSON (marquis d'). — Sur Montesquieu, 19 ; représente le XVIII° siècle, 257.

ARIEN. — Pourquoi il a combattu la doctrine catholique, 222.

ARISTIDE. — Soutenu par l'idéal antique, 98.

ARISTIPPE. — Ses réponses de philosophe, 55 ; enseigné par Fénelon.

ARISTOCRATIE. — La vraie, 379.

ARISTOPHANE.— Apprécié par About, 298 ; réprouvé par l'Eglise, 314 ; lu par Macaulay, 418.

ARISTOTE. — Pris pour type, 5 ; lu par moi, 6 ; excellent philosophe, homme de goût, 27 ; détrôné par Bacon, 41 ; son influence sur saint Thomas, 51-52 ; règne sous le nom de saint Thomas, 100 ; reproduit par saint Thomas, 122 ; sa morale, 191 ; connaît le vrai, 195 ; dépouillé par saint Thomas, 201 ; propagateur des vues morales de Socrate, 207-208 ; en quoi consiste le vrai bonheur, 210-212 ; enseigne le contraire de l'Evangile, 224 ; sa religion se passe de clergé, 225 ; dissipe l'ignorance, 240 ; respect superstitieux, 266-267, 274 ; 282 ; son instruction universelle, 284, 288 ; son influence sur l'humanité, 293 ; pense que les lettres rendent vertueux, 306 ; sa religion, 311 ; réprouvé par Mgr Gaume, 313 ; vérités qui sont des erreurs selon l'Eglise, 314 ; enseigné par Fénelon, 321 ; réprouvé par le clergé,

329 ; dans la bibliothèque de Montaigne, 387 ; lu par Macaulay, 417 ; 429.

Arnaud (abbé). — Montre le charme de la morale, 255.

Arnauld (le grand). — Ne parvient pas à sauver Port-Royal, 108 ; peu lu, 299.

Art (l') et la vie. — But et sujet de mon livre de jeunesse, préface générale de l'—, 2 ; idéal de la Grèce, 195.

Arvède Barine. — Sépare le sentiment religieux de la théologie, 220 ; 229 ; 231 ; sur les préoccupations sociales de la chaire, 236.

Assemblée nationale. — Droits rendus à la nation, 41.

Association (liberté d')—, 149.

Athénagore. — Philosophe moniste, 189.

Athénée. — Lu par Macaulay, 417.

Atticus. — Philosophie d' —, 276.

Aubineau (M. Léon). — Sur Benoît Labre, 143.

Auguste. — Son siècle littéraire condamné par l'Eglise, 314, 425.

Augustin. — Doit toute sa partie raisonnable à Platon, 51-52 ; sur le péché originel, 74 ; combat Pélage, 75-76 ; comparé à Montaigne, 80 ; substitué à Platon, 100 ; dépouille Platon, 201 ; prend la prédestination à la Bible, 209-210 ; se défie des prestiges de l'art, 306 ; substitué aux anciens, 394.

Auteurs. — Bons — peu lus, 299.

Autodafés. — Au xviiie siècle, 192-193.

B

Babeuf (Gracchus). — Veut la communauté des biens, comme les premiers chrétiens, 354, 356.

TABLE ALPHABÉTIQUE ET ANALYTIQUE 447

Bacon. — Utile philosophe, 27 ; contribue à dissiper les superstitions religieuses, 41 ; ancêtre de Descartes, 82-85 ; a amélioré la condition humaine, 181 ; a fait progresser les sciences par l'observation et par l'expérience, 307.

Bailly. — Représente le xviii° siècle, 256.

Balzac (l'ancien). — Sur Montaigne, 77 ; peu lu, 299.

Baragnon (Numa). — Veut faire marcher la France, 360.

Barante (M. de). — Lettre de M. de Montlosier à —, 158.

Bardouville. — Ami du maréchal d'Hocquincourt, 88-89.

Barrière. — Armé par les jésuites, 107.

Basile (saint). — Croit utile la lecture des auteurs profanes, 122 ; substitué aux anciens, 394.

Bayle. — Pris pour type, 5 ; et pour modèle, 6 ; courses à la —, 15 ; aimable philosophe, 27 ; sert de transition aux philosophes du xviii° siècle, 57 ; aime Montaigne, 77 ; enseigne le respect de la vérité, 192 ; comment il comprend l'influence des livres, 195-196 ; est notre bienfaiteur, 198 ; en quoi consiste le vrai bonheur, 212 ; science de —, 274 ; n'est pas un perturbateur, 275 ; connaissances que nous lui devons, 292 ; a rendu la parole au bon sens, 333 ; 424.

Beccaria. — Ecrit sous l'influence de Montesquieu, 24.

Beaumarchais. — Représente l'esprit de révolte contre la noblesse à la fin du xviii° siècle, 258.

Beaumont (l'évêque). — Lettres de J.-J. Rousseau à —, 33.

Bembo (cardinal). — Raconte la conversation du pape avec Pic de la Mirandole, 245.

Benoit xiv. — Blâme les jésuites, 109.

Béranger.— 288 ; jugé par Veuillot, 413.

Bernadette.— Voy. Soubirous.

Berquin.— Proscrit par Mgr Gaume, 322.

Bias.— Enseigné par Fénelon, 321.

Bible.— Les vieilles —, 31 ; Dieu de la —, 33 ; aveugle Bossuet, 185 ; n'est pas exclue de la religion des lettres, 188 ; contraire à la morale, 209 ; livre unique, 265 ; lue par les esprits libres, 272 ; instrument de règne, 291-292.

Bibliothèques.— Utilité des —, 287-288.

Bigot (Charles). — Prévoit le ralliement des cléricaux à la République, 160-163.

Biographie.— Partie utile de l'histoire, 5 ; son avantage sur l'histoire, 6.

Bion.— Enseigné par Fénelon, 321.

Blanc (Louis). — Interdit par Dupanloup, 247 ; n'a pas d'émule catholique, 264.

Boccace. — Digne qu'on s'y amuse, 386 ; lu par Montaigne, 411.

Boileau. — Lu par S. de Sacy, 287.

Bonald (de).— Lamennais plus clairvoyant que —, 345.

Bonheur. — Comment s'obtient le —, 239.

Bonnechose (cardinal de).— Veut faire marcher les curés comme au régiment, 152.

Borgia (François de). — Prophétie de — troisième général des jésuites, 105.

Borgia (Lucrèce). — Fille du pape Alexandre VI, 245.

Bossuet. — Satisfait du Dieu de la Bible, 33 ; comparé à Montesquieu, 35 ; apprécié par M. Vacherot 68 ; condamne les jésuites, 108 ; s'est empêché de voir, 185 ; partage la doctrine de Calvin, 209 ; condamne le théâtre et les romans, 226 ; interrompt l'œuvre de la Renaissance, 254 ; lu par les esprits libres, 272 ; lu par S. de Sacy, 287 ; réprouve la musique, 306 ; dénonce Fénelon, 319 ; n'était pas socialiste comme on l'est à présent, 332; sa doctrine, 336 ; remplacé par M. Gouthe-Soulard, 339 ; l'infaillibilité du pape inconnue au temps de —, 341 ; n'est pas libéral, 342 : n'est pas responsable de l'incapacité du grand Dauphin, 409.

BOUDDHA. — Révélateur de vérités nécessaires, 216-217.

BOUGAUD (M. l'abbé). — Auteur d'un livre sur *le doute et ses victimes*, 188-189.

BOULAINVILLIERS (comte de). — N'est pas un perturbateur, 275.

BOULANGER (le général). — Rôle de l'Eglise envers le —, 47 ; chef accepté de la coalition monarchique et religieuse, 165 ; allié du parti catholique, 361 ; le boulangisme continué par les « ralliés », 372, 373.

BOURDALOUE. — Comparé à Sénèque, 404.

BOURGOGNE (duc de). — Son éducation, 321.

BOUTEVILLE. — La Frette s'était battu contre —, 89.

BROGLIE (les de). — Un voltairien chez les —, 29.

BROGLIE (prince de). — 175.

BROGLIE (M. le duc de). — N'eût pas été content du miracle des porcs, 234.

BRUNEAU (abbé). — Célèbre assassin, 169, 190.

BRUNO (Giordano). — Martyr de la religion des lettres, 42 ; brûlé par l'Eglise, 101.

BRUTUS. — Réprouvé par Mgr Gaume, 321 ; sa prédilection pour Polybe, 385.

BUFFON. — Fait progresser les sciences, 41; interdit par Dupanloup, 247 ; représente le XVIIIe siècle, 256 ; remis en lumière, 263 ; lu par les libres penseurs, 310 ; sa religion, 311.

BURNOUF. — Vie du chrétien laïque, 120.
BURRHUS. — S'est exposé à la calomnie, 409.
BYZANTINISME. — 32.

C

CABANIS. — Interdit par Dupanloup, 247 ; célèbre par sa vertu, 317.
CALAS. — Roué par l'Eglise, 257.
CALLIMAQUE. — Lu par Macaulay, 417.
CALVIN. — Ramène la liberté d'examen, 101 ; a contre lui les jésuites, 103 ; Montesquieu sur —, 108 ; partage la doctrine de Bossuet, 209 ; vraie mesure de l'esprit français, 399.
CANAYE (le père). — Immortalisé par Saint-Evremond, 88-94.
CAPITAL (le). — M. de Mun s'élève contre le —, 356.
CAREZANI. — Ce qu'il voit sur Benoît Labre, 143.
CASSAGNAC (M Paul de). — Battu à Mirande par ordre du pape, 49.
CATHÉCHISME. — Des Romains, 293.
CATHOLICISME. — Funeste, 182 ; contraire à la raison, 222 ; a eu besoin de la persécution, 222 ; principal obstacle au progrès, 258-260 ; réduit à l'état de secte, 333-334 ; libéral, 342-343 ; 346-347 ; ce que veut le parti catholique, 358-359 ; associations catholiques, 359 ; ne reconnaît pas les droits de l'homme, 360.
CATHOLIQUE (parti). — Son mot d'ordre, 45 ; actuel, 47.
CATON. — Célèbre par sa vertu, 317.
CATULLE. — Lu par Macaulay, 417 ; tient le premier rang, 425.

Celse. — Pourquoi il a combattu la doctrine catholique, 222 ; revendique le libre examen, 339.

Cervantès. — Moraliste, 9.

César. — Lu, 6 ; philosophie de —, 276 ; son instruction universelle, 284 ; interrogé, 288 ; réprouvé par Mgr Gaume, 321 ; apprécié par Montaigne, 385 ; lu par Macaulay, 417 ; préféré à Cicéron, 428-429 ; Montaigne sur —, 429.

Chaine. — de Sénèque à Darwin, 424.

Chamfort. — Moraliste, 8 ; fait progresser la science, 41 ; interdit par Dupanloup, 247 ; montre le charme de la morale, 255.

Channing. — Sa religion libérale, 154.

Chardin. — Lu par Montesquieu, 21.

Charlemagne. — Saint empereur selon Mgr Gaume, 320-321.

Charles X. — La congrégation sous —, 339.

Charles-Quint. — Sa prédilection pour Philippe de Comines, 385.

Chateaubriand. — A suivi, de loin, l'évolution de Lamennais, 343.

Chatel (Jean). — Armé par les jésuites, 107.

Chaufepied. — Connaissances que nous lui devons, 292.

Cherbuliez (Victor). — Bienfaits de la lecture, 290-291.

Chilon. — Enseigné par Fénelon, 321.

Choiseul (duc de). — Sa maîtresse, 259.

Chrétiens. — Premiers — communards, 353.

Christianisme. — Antinaturel, 64-65 ; la part du vrai et du nouveau dans le —, 199, 202 ; folie dangereuse, 356.

Chrysippe. — Comparé à Homère, 283 ; dans la retraite, 409.

Cicéron. — Lu, 6 ; sur la lecture, 11, et l'étude, 12 ; dénigré par Louis Veuillot, 12-13 ; loué par Daunou ; aimé par S. de Sacy, 13 ; aimable philosophe, 27 ; sa philosophie pratique est éclectique, 28 ; comparé à Voltaire, 29 ; ne croit pas au surnaturel, 29-30 ; supériorité de sa morale et de sa religion, 30 ; les jésuites lui substituent Ignace, 31 ; pratique l'humanité, 55 ; libre penseur et philosophe, quoique chef des augures, 186-187 ; personnifie l'honnête homme, 191 ; les dieux du temps de —, 203 ; représente la religion des lettres, 206 ; sa religion, 222 ; enseigne le contraire de l'Évangile, 224 ; sa religion se passe de clergé, 225 ; dissipe l'ignorance, 240 ; n'admet rien de surnaturel, 275-276 ; critique Platon, 276 ; sur la superstition, 277 ; son noble amour de la gloire, 277-278 ; comparé à Voltaire, 278-279 ; son instruction universelle, 284 ; charmante intimité de —, 286 ; lu par Doudan, 293 ; 310 ; sa religion, 311 ; apprend à bien penser, 312 ; condamné par saint Jérôme, 313 ; condamné par Mgr Gaume, 313 ; réprouvé par l'Église, 315 ; reproduit par Manuce, 315 ; plaît à Erasme, 316-317 ; célèbre par sa vertu, 317 ; excommunié, 318 ; réprouvé par le clergé, 329 ; modèle complet pour former l'homme et le citoyen, 393 ; condamné par Veuillot, 394 ; lu par Montaigne, 406 ; apprécié par Vauvenargues, 416 ; lu par Macaulay, 417-418 ; correspondance de — préférée par Montaigne, 426-427 ; comparé à Sénèque, 428.

Civilisation. — Opposée aux fondateurs du christianisme, 57.

Clarke. — Apprécié par M. Vacherot, 68.

CLASSIQUES. — Moraux, 317 ; les anciens sont des modèles, 331.

CLEMENCEAU (M.). — Ses alliés contre Ferry 369, 370, 373 ; explication de la défaite de —, 381.

CLÉMENT (Jacques). — Honoré comme un saint par les jésuites, 107.

CLÉMENT XIV. — Empoisonné et déshonoré par les jésuites, 109.

CLÉOBULE. — Enseigné par Fénelon, 321.

CLERGÉ. — Rôle actuel du — ; ses agissements, 115 et suiv.; sans fidèles 124, 126 ; formation de son ordre, 127 ; aspirations du bas —, 152 ; plébéien et démocrate, 153 ; mis aux mains des évêques par Napoléon, 153, 154 ; la religion des lettres se passe de —, 225.

CLÉRICALISME. — 332-333.

COLBERT, évêque de Montpellier. — Sur les jésuites, 110-111.

COLLECTIVISME. — Est un leurre, 362.

COLLIGNON (M. Albert). — Lettre de Sainte-Beuve à —, 31-32.

COMBALOT (l'abbé). — Appelle Condillac sensualiste, 228; publication de ses œuvres, 261 ; sur la théologie, 261-262 ; fait juger sa religion, 264 ; lu par les esprits libres, 272 ; procède de l'ignorance, 274.

COMINES (Philippe de). — Préféré par Charles-Quint, 385 ; loué par Montaigne, 411.

COMTE (Auguste). — Positiviste et honnête homme, 229 ; 273.

CONCORDAT. — Vaine menace contre les prélats, 123 ; recours du petit clergé contre les évêques, 155.

Condillac. — Fait progresser la logique, 41 ; réforme l'homme par la raison, 58 ; sensationniste et honnête homme, 228 ; interdit par Dupanloup, 247 ; représente le XVIII° siècle, 256 ; 262 ; remis en lumière, 263.

Condorcet. — Fait progresser les sciences, 41 ; interdit par Dupanloup, 247 ; représente le XVIII° siècle, 256 ; soutient le progrès successif de l'humanité, 256 ; remis en lumière, 263 ; célèbre par ses vertus, 317 ; les fils de 89 selon —, 334.

Confucius. — Morale de —, 59 ; révélation de —, 207 ; enseigne le contraire de l'Evangile, 224.

Congrégation. — Sous Charles X, 339.

Connaitre. — Appétit de —, 20.

Constantin. — Ne vit pas la portée de son œuvre, 128 ; joug fatal imposé par —, 200 ; saint empereur selon Mgr Gaume, 320-321 ; 330.

Contemporains. — Nous impressionnent plus que les anciens, 300.

Copernic. — Contribue à dissiper les erreurs religieuses, 41 ; contemporain de Luther, 67 ; persécuté par l'Eglise, 101.

Coquerel (Athanase). — Sa religion libérale, 154.

Correspondances. — Intérêt des —, 426.

Cousin. — Cherche à flétrir Condillac comme l'abbé Combalot, 228.

Crantor. — Comparé à Homère, 283.

Cratès. — Enseigné par Fénelon, 321.

Critique. — Le siècle de la — et ses pélerinages, 137 ; — littéraire au XIX° siècle, 282.

Cuvillier-Fleury. — Sur Doudan, 29.

D

Dante. — Imprègne le monde de ses couleurs, 293.

Darwin. — Ses idées rejoignent celles des philosophes grecs, 203 ; 273 ; opposé à saint Thomas, 424.

Daunou. — Admire Cicéron.

Dauphin (le grand). — Elevé par Bossuet, 409.

David. — 186 ; revendiqué par saint Jérôme, 313 ; lumière de l'Eglise, 330.

Deffand (madame du). — Aime la simplicité du style, 296.

Démocrite. — Idées fécondes de —, 202-203 ; enseigné par Fénelon, 321.

Demogeot (J.) — Transmission de la pensée par la lecture, 290.

Démosthènes. — 288 ; condamné par Mgr Gaume, 313 ; réprouvé par l'Eglise, 315 ; reproduit par Manuce, 315 ; réprouvé par le clergé, 329 ; modèle complet pour former des hommes et des citoyens, 393.

Denis (saint). — Miracle de —, 191.

Descartes. — Observateur, 4 ; enseigne à douter, 5 ; aimable philosophe, 27 ; le xviiie siècle est son disciple, 32 ; complété par les encyclopédistes, 41 ; enseigne le doute, 41 ; apprécié par M. Vacherot, 68 ; Montaigne, précurseur de —, 70 : deux ancêtres de —, 82 ; comparé à Bacon, 83, 85 ; exposition de sa méthode, 83-84 ; apprécié par Diderot, 85, 86 ; croit qu'on pourra prolonger indéfiniment la vie, 181 ; en quoi consiste le vrai bonheur, 210-212 ; comparé à Voltaire, 251 ; son critérium est l'évidence, 254 ; n'est pas un perturbateur, 275 ; sur la lecture, 288 ; a rendu la parole au bon sens, 333.

Des Houx (M.). — Conversation de Jules Ferry rapportée par —, 369.

Desjardins (M. Paul). Exagère le libéralisme du pape, 341.

Desmares (le père). — Sermons du —, 92.

Destutt de Tracy — Sa vertu, 317.

Dévotes (les). — 52-54.

Le Diable. — 230-231 ; fabricant de miracles, 233, 234.

Diagoras. — Philosophe moniste, 189.

Diderot. — Aimable philosophe, 27 ; célèbre la nature, 33 ; veut établir la tolérance, 39 ; fait progresser les sciences, 41 ; sa philosophie expérimentale, 58 ; prépare la Révolution, 69-70 ; aide Voltaire, 71 ; sur Descartes, 85 ; sur la sagesse, 86 ; comment il comprend l'influence des livres, 195-196 ; est notre bienfaiteur, 198 ; fait retour à la philosophie grecque, 203 ; le grand siècle est celui de —, 244 ; interdit par Dupanloup, 247 ; chef du xviii° siècle, 248 ; son humanité, 253 ; général en chef de la grande armée encyclopédiste, 254 ; conseils trop prudents que lui adresse d'Alembert, 255 ; ce que représente dans le xviii° siècle, 256, — à Vincennes, 259 ; — remis en lumière, 263 ; science de —, 274 ; aime à connaître la vie intime des grands écrivains, 292 ; sa religion, 311 ; de la morale, 344 ; sur Sénèque, 402 ; rend justice à Sénèque, 408 ; sur les services rendus par Sénèque, 409-410 ; éloge de Montaigne, 430.

Didon (le père Henri). — A des idées libérales sur la religion, 218-219 ; tolérant et libéral, 264 ; 341-342.

Dieu. — Simple idée de l'homme, personnage métaphysique, 26 ; le — de la Bible, 33 ; idée de —, 140 ; celui de Renan, 141 ; idée de —, 151 ; le — des théologiens, 196 ; 209.

Dimanche. — Repos du —, 361.

Diocèse. — Le grand — des hommes éclairés, 149.

Diogène Laerce. — Enseigné par Fénelon, 321 ; regrets de Montaigne, 407.

Dion.— Récusé par Montaigne, 407.

Dix-huitième siècle. — Les plus grands représentants du —, 256 ; ce qu'ils poursuivent, 257 ; — inaugure une ère nouvelle, 260 ; — a fondé la critique, 263 ; treize ans du —, 263-264 ; anathèmes de Lacordaire contre le —, 310 ; — écrivains qui honorent le —, 264 ; caractéristique des écrivains du —, 310.

Dogmes.— S'il est vrai qu'ils sont immuables, 27 ; deux nouveaux —, 45.

Dolet (Etienne).— Martyr de la religion des lettres, 42.

Dominique (saint). — Moins d'ascétisme dans l'ordre de —, 233.

Doudan (X).—Lettres de—, 7 ; moraliste, 8 ; esprit d'élite apprécié par Sainte-Beuve, 28-29 ; pratique la religion des lettres, 29 ; sa belle page sur Voltaire et Cicéron, 29-30 ; sa timidité, 30 ; ne croit pas à la mort du xviiie siècle, 31 ; sa morale, 56 ; sur les romans, 284 ; sur les poètes, 293 ; sur Cicéron et le *De senectute*, 428.

Doute. — Enseignement du —, 5 ; le — enseigné par Montaigne et Descartes, 41 ; le — fondement de la méthode de Descartes, 83-84.

Dragonnades. — Continuées sous Louis XV, 258-259.

Dreyfous (M. Maurice).—Editeur de Paul Parfait, 136.

Droits. — De Dieu et de l'homme, 164 ; — des peuples proclamés par Voltaire, 251.

Drouot (général). — Son éloge par Lacordaire, 1.

Duclos. — Fait progresser la science, 41 ; interdit par Dupanloup, 247 ; montre le charme de la morale, 255 ; remis en lumière, 263.

Dupanloup (l'évêque). — Sa manie de dénonciation, 246 ; ceux qu'il met à l'index, 247 ; singulier éducateur, 248 ; 249 ; excommunie en bloc tout le xviiiᵉ siècle, 260 ; fait juger une religion, 264 ; dépassé par Lacordaire, 271 ; 272 ; polémique avec Mgr Gaume, 327 ; ne pardonnerait pas à Lucien, 418.

Durand-Morimbaud (M.). — Voy. M. des Houx, 369.

E

E*** (M. E. des). — Lettres à —, 335, 342, 350.

Église. — Rallie la royauté à sa cause, 40 ; — toujours du côté du pouvoir, 46 ; aujourd'hui socialiste, 46-47 ; allait à Boulanger, 47 ; comme elle tourne au socialisme, 48 ; sa puissance, 52 ; au moyen âge, 98-101 ; ce qui rend de plus en plus difficiles les relations entre les pouvoirs civils et l'—, 115, 120 et suivantes ; — ses transformations, 129 ; — grecque, 130 ; embrasse despotiquement toute la vie de l'homme, 130-131 ; — crie à la persécution dès qu'elle ne domine pas, 169 ; menacée par l'esprit nouveau du XVIᵉ siècle, 307 ; lumières de l'—, 330-331 ; socialisme de l'—, 332-333 ; on ne ramènera jamais l'— qui tire sa puissance du surnaturel et de la crédulité qu'elle exploite, 379.

Emerson. — Sur la lecture, 284.

Emilia (la courtisane). — 245.

Empédocle. — Enseigné par Fénelon, 321.

Encyclopédie. — Ses ennemis naturels, 40; ses collaborateurs, 41.

Enseignement. — Monopole de l'—, but suprême du clergé, 119; moyens d'— public et gratuit, 302-305.

Epictète. — Idée de l'humanité, 65; bon à lire, 179; en quoi consiste le vrai bonheur, 212; révélateur de vérités nécessaires, 217; sa religion se passe de clergé, 225; sa religion, 311; hausse l'idéal humain, 384.

Epicure. — Et la religion des lettres, 206; en quoi consiste le vrai bonheur, 212; révélateur de vérités nécessaires, 217; athée et honnête homme, 228; son instruction universelle, 284; montre que les lettres rendent vertueux, 306; sa religion, 311; enseigné par Fénelon, 321; sa répugnance à se mêler des affaires publiques, 408, 409.

Epicurisme. — A prendre pour exemple, 308-309.

Epidaure. — Comparé à Lourdes, 138-139; le Lourdes des anciens dieux, 234.

Epiménide. — Enseigné par Fénelon, 321.

Erasme. — Sa religion, 311; ses prédilections littéraires, 316; païen, 320.

Erreurs. — Religieuses, 41.

Eschyle. — Apprécié par Edmond About, 298; lu par Macaulay, 417.

Escobar. — Les jésuites voudraient remplacer les statues de Pascal et de Voltaire par celles d'—, 224.

Esope. — La lecture d'— défendue par l'Eglise, 314 329.

Esprit nouveau. — Impropre et fâcheuse expression, cause de malentendus et d'équivoques, 166-167; 307; 367.

Esprits forts. — 88, 89.

Esséniens. — Secte anarchiste et communiste, 180, 354.

Estissac (madame d'). — Lettres de Montaigne à —, 102.

Eucharistie. — Moyen mystique d'une extrême puissance, 130.

Euripide. — Apprécié par About, 298 ; sur les choses, 334; lu par Macaulay, 417.

Evangile. — *Libre* sentiment religieux de l'—, 40 ; parfois contraire à la morale, 179 ; tout le contraire des vertus bourgeoises, 223 ; simplicité de l'—, 225 ; comment il est antisocial, 353-361.

F

Faguet (M. Emile). — Sur Montesquieu, 25 ; dates prises dans ses Etudes sur le XVIII° siècle, 263.

Falloux (le comte de). — Ce grand éleveur n'eût pas été content du miracle des porcs, 234.

Fayet (M.) — Missionnaire très couru des dames, 159.

Femmes. — Ignorance des — chrétiennes, 52 ; influence des — sur la civilisation, 56 ; influence de l'Eglise sur les —, 323.

Fénelon. — A pitié des paysans, 66 ; apprécié par M. Vacherot, 68 ; quiétiste, 209 ; croit que les lettres rendent vertueux, 306 ; n'est pas dédaigné des libres penseurs, 310 ; excommunié, 318-319 ; préfère l'architecture grecque à la gothique, 319-320 ; réprouvé par Mgr Gaume, 321; regrette le vieux langage d'Amyot, 390.

Ferry (Jules). — Sa vraie pensée sur le péril à gauche, 368-369 ; contre les intransigeants, 370 ; dénonce partout la coalition cléricale, 370 ; sur la séparation de l'Eglise et de l'Etat, 372 ; ses ennemis, 373.

Ficin (Marsile). — 381 ; opposé à Pomponace, 382.

Firdousi. — Condamné par Mgr Gaume, 313.

Fleury (Omer de). — 39.

Floquet (M.). — 381.

Fontenelle. — Fait progresser les sciences, 41; singulier quiétisme de sa mère, 54 ; se fait une opinion des dieux d'après les hommes, 203 ; interdit par Dupanloup, 247 ; montre le charme de la morale, 255 ; d'Alembert a de sa prudence, 255 ; définit l'esprit cultivé, 291 ; connaissances que nous lui devons, 292-424.

France (M. Anatole). — La reconnaissance envers les ancêtres nous enseigne à aimer, connaître et vouloir, 243.

Franck (Ad.) — Danger de fonder le droit sur la foi, 60.

Franklin. — Enseigne le contraire de l'Evangile, 224.

Franc-Maçonnerie. — Le clergé s'efforce d'exagérer son importance ; tous les libres-penseurs, sans faire partie de la Franc-Maçonnerie, sont parfaitement franc-maçons, 158.

Frary (Raoul). — Sur l'ingérence de Rome dans le choix des évêques, 154.

Frédéric II. — Lu, 6.

Freppel (évêque). — Veut rendre obligatoire le repos du dimanche, 361.

Fréron. — Approuvé par Dupanloup.

Froissart. — Aimé par Montaigne, 411, 412.

G

Gage (Thomas). — Lu par Montesquieu, 21.

Galien — Le moyen âge eût brûlé —, 194.

Galilée. — Forcé de se rétracter, 101.

Gambetta. — Sur le cléricalisme, 332 ; les fils de 89 selon, — 334 ; 336-337 ; ferme adversaire de l'Eglise, 370.

Garcia Moreno. — Sa République théocratique, 159-160 ; établie en France, 175 ; son odieux joug, 381.

Gardair (M.-J.). — Professe sincèrement le surnaturel, 266 ; écrivains qu'il aurait dû lire, 274.

Garnier (M. l'abbé). — Socialiste, 47.

Gassendi. — Epicurien, 88 ; non perturbateur, 275.

Gaume (Mgr). — Dénigre Cicéron, 13 ; *le Ver rongeur*, 246 ; condamne tous les philosophes anciens, 311-313 ; 313, 316, 317, 318 ; contre Fénelon, 319-320 ; contre Amyot, 320-321 ; revendique, pour l'Eglise, l'éducation de la jeunesse, 326-327 ; 330 ; 331 ; loin de Sacy et de Joubert, 393 ; causes de ses anathèmes ; méconnait la belle religion des lettres ; ne pardonnerait pas à Lucien, 418.

Gaza (Théodore). — Préfère Plutarque, 398-399.

Gazette de France. — Anathématisée par les *Moniteurs de Rome*, 166.

Genèse. — Des philosophes anciens et modernes, 202, 206.

Gérard. — Armé par les jésuites, 107.

Gil Blas. — Jugé par Louis Veuillot, 413.

Giraud (Charles). — Fait naître Saint-Evremond en 1610, 88.

Giraud (Maximin). — Apparition miraculeuse, 117.

Goblet (M.). — Se porte à l'extrême gauche socialiste, 377.

Gœthe. — Grandeur et beauté de la sagesse antique, 193 ; 203 ; représente la religion des lettres, 206 ; 212 ; combat la doctrine catholique, 222 ; son instruction universelle, 284 ; influencé par Spinoza, 286.

Gousset (cardinal). — Condamne en bloc tous les philosophes antiques, 311 ; félicite Mgr Gaume, 327.

Gouthe-Soulard (M.) — Est notre Bossuet, 339 ; 342.

Grace. — Dispute sur la — 73-76 ; théorie des élus et des réprouvés, 209.

Gratry (père). — Maltraité par dom Guéranger, 235.

Grégoire XVI. — 336, 342 ; 348.

Grignan (Pauline de). — Madame de Sévigné à —, 281.

Grimm. — Interdit par Dupanloup, 247.

Guéranger (dom Prosper). — Recette miraculeuse pour faire pondre les poules, 235-236, 275.

Guéroult (Adolphe). — Lettre de Renan à —, 69.

Guerre sociale. — Prêchée par les gens d'Eglise, 357.

Guesde (M. Jules). — 362 ; ne sera pas dangereux à la tribune, 367 ; exploite le socialisme comme M. de Mun, 381.

Guyau. — Auteur de l'*Irréligion de l'avenir*, 190.

H

Habit. — Pouvoir de l' — particulier sur les esprits simples, 235.

Haine — Inspirée par la religion, 200.

Harlay (de) (procureur général). — Stigmatise les livres démoralisateurs des jésuites, 108.

Harvey. — Contribue à dissiper les erreurs religieuses, 41.

Havet (Ernest). — Compare l'hellénisme au christianisme, 199 ; sur l'école d'Alexandrie, 201, 202 ; sur les Israélites, 202.

Heine (Henri). — Sur les mœurs, 58-59.

Hellénisme. — Supérieur au christianisme, 202.

Helvétius. — Consulté par Montesquieu, 26 ; fait progresser les sciences, 41 ; sa philosophie expérimentale, 58 ; matérialiste et honnête homme, 228 ; interdit par Dupanloup, 247 ; montre le charme de la morale, 255 ; représente le XVIII° siècle, 256; cherche le fondement terrestre de la morale, 256; remis en lumière, 264; s'inspire de Sénèque, 406.

Héraclite. — Enseigné par Fénelon, 321.

Herbert-Spencer. — Opposé à saint Thomas, 341 ; devancé par Vauvenargues, 239, 424.

Herbinger (colonel). — Echec accidentel du —, 370.

Hérodote. — Condamné par Mgr Gaume, 313 ; comparé à Plutarque, 387; utile pour former des hommes, 393 ; lu par Macaulay, 417.

Hervé (M. Edouard). — Interprète les votes des ralliés, 175.

Hésiode. — Condamné par Mgr Gaume, 313 ; enseigne le contraire de l'Evangile, 224 ; corneilles rassemblées sur son tombeau, 422.

Histoire. — Néglige le détail des mœurs, 6 ; sa définition, 9; moyens pratiques d'enseigner l' — de France, 302-303.

Hobbes. — N'est pas un perturbateur, 275.

Hœckel. — Fait retour à la philosophie grecque, 203.

Holbach (d') — Célèbre la nature, 33 ; fait progresser les sciences, 41 ; sa philosophie expérimentale, 58 ; interdit par Dupanloup, 247 ; représente le XVIIIe siècle, 256 ; nécessité de la morale, 344 ; cherche le fondement terrestre de la morale, 356.

Hocquincourt (maréchal d'). — Saint-Evremond chez le —, 88.

Homère. — Lu, 6 ; idée de l'humanité, 65 ; la religion des lettres commence à —, 187 ; les dieux du temps d' —, 203 ; représente la religion des lettres, 206 ; sur la lecture d' —, 283 ; imprègne le monde de ses couleurs, 293 ; blasés sur —, 300 ; crée l'amour tendre, 306 ; réprouvé par le clergé, 328 ; traité de criminel par Mgr Gaume, 313 ; réprouvé par l'Eglise, 314 ; préféré par Alexandre, 385 ; la religion dans —, 390 ; utile pour former des hommes, 393 ; Virgile s'inspire d' —, 425.

Homme. — Sa mission, 27 ; primitif, 140 ; 213-214 ; 241-242 ; compagnie des — amoindrissante, 408.

Hommes (grands). — Pris pour sujets d'observation et d'étude, 2 ; nécessité qui s'impose au citoyen actif de les connaître, 2, 5, 6 ; consultés tous les jours, 8 ; représentants de l'humanité, 9 ; la religion des lettres inspire le culte des —, 16 ; nationaux, 18 ; utilité de leur biographie, 188 ; 282 ; amis des livres, 284 ; pensées de Nisard sur les —, 286 ; curiosité de Diderot à l'égard des —, 292 ; leur biographie utile au peuple, 304 ; on peut les imiter en se les assimilant, 308.

Honneur. — Culte de l'—, 4.

Horace.—Aimable philosophe, 27 ; pratique l'humanité, 55 ; en quoi consiste le vrai bonheur, 212 ; sur Homère, 283, 288 ; blasés sur —, 300 ; loué par Voltaire, 308, 310 ; condamné par saint Jérome, 313 ; condamné par l'Église, 314 ; imprimé par Manuce, 315 ; réprouvé par le clergé, 329 ; hausse l'idéal humain, 384 ; Montaigne est notre —, 385 ; condamné par Veuillot, 394 ; lu par Montaigne, 406 ; tient le premier rang, 425 ; intéresse Montaigne, 426.

Huet (l'évêque). — Sur Montaigne, 80.

Hugo (Victor). — N'a pas d'émule catholique, 264 ; attaqué par le père Possevin, 324 ; opinion sur l'*Essai sur l'indifférence*, de Lamennais, 343.

Hulst (d') (Mgr). — Catholique et monarchique, 166 ; fait juger une religion, 264.

Humanité — S'élève lentement à la justice, 74 ; religion de l' —180 ; sentiment d'— introduit dans le monde par Voltaire, 253.

Huss (Jean). — Martyr de la religion des lettres, 42.

Hygiène.— Sur l' —, 144-145 ; premiers éléments d'—, 214.

Hypatie.— Martyre de la religion des lettres, 42.

I

Idéal.—Antique, remplacé par des capucins, 98 ; transmission de l'—, 293.

Ignace de Loyola. — Hanté par de vains fantômes, 30 ; substitué à Voltaire, 31 ; dénature l'Evangile, 40 ;

n'est pas confondu avec Jésus-Christ par tout le clergé, 152 ; 273.

Iliade. — Sur l' —, 283.

Imitation. — Bonne à lire, 179 ; admirée par les esprits libres, 272.

Immaculée-Conception.— 30 ; 45.

Index (Congrégation de l'). — Continue l'Inquisition, 336.

Infaillibilité (L'). — Du pape n'existait pas du temps de Bossuet, 341 ; nuisible au pape, 124.

Innocent III.— Point culminant de la papauté sous —, 128.

Inquisition. — Continuée par l'Index, 336 ; ironie sanglante de Montesquieu contre l'—, 34-35 ; 39.

Intolérance.— Religieuse, date du Dieu des juifs, 200.

Ireland (Mgr). — Encourage le roman et le théâtre, 226-227 ; 229.

Israélites.— Mœurs cruelles des —, 202.

J

Janet (M. Paul).— Libre penseur, 67.

Jansénisme.— Son rigorisme, 224.

Jean-Baptiste. — Enseigne la doctrine de Jésus, 127.

Jean Chrysostome (saint) — Substitué aux anciens, 394.

Jean l'évangéliste.— Sur Marie, 136.

Jean de Leyde.— Socialiste chrétien, 355.

Jeanne d'Arc.— Oubli d'elle-même, 212.

Jérôme (saint) — condamne les auteurs païens, 313 ; substitué aux anciens, 394.

JÉSUITES. — 30 ; leur charlatanisme, 31 ; leur dépravation morale, 40 ; expulsés, 41 ; contre le libre examen, 103 ; leur pratique assidue du mensonge, 104 ; prêchent le régicide, 105 ; leur imposture qualifiée par les Anglais, 110 ; leur puissance, 110-112 ; ont mené *le 16 mai*, 111 ; on a tort de croire à leur impuissance actuelle, 111 ; vœu du conseil général d'Eure-et-Loir contre les —, 114-115 ; gouvernent l'Église, 125 ; — préservés du bûcher par Voltaire, 192.

JÉSUS. — Aime les pauvres, 26 ; morale avant —, 28 ; dénaturé par les jésuites, 40 ; anarchiste en lutte avec l'état social de son temps, 127 ; 180 ; n'est pas théologien, 188 ; impossibilité de se donner de ses propres mains, 191 ; sur quoi repose son œuvre, 204 ; révélateur de vérités nécessaires, 217 ; prêche l'imprévoyance, 223-224 ; 289 ; mystique, 352-353 ; communiste-collectiviste, 354-355 ; 357.

JOLY DE FLEURY. — Successeur de d'Aguesseau, 259.

JOSUÉ. — 186 ; lumière de l'Église, 331.

JOUBERT. - Pensées de —, 7 ; moraliste, 8 ; sur Plutarque, 393.

JOURNAUX. — Seuls lus, 298 ; indispensables, 301-302 ; ne dispensent pas du livre, 302 ; religion des lettres par les —, 302-303.

JULES II. — République pontificale de —, 381.

JUSTE-LIPSE. — Sur Montaigne, 77.

JUVÉNAL. — Imprimé par Manuce, 315.

K

KANT. — Qualifie de faux culte et de vertu fantastique les pratiques dévotieuses, 56 et 57 ; sceptique et honnête homme, 228 ; notion de l'impératif catégorique, 214 ; révélateur de vérités nécessaires, 217.

L

Labarre.— Roué par l'Eglise, 257.

Labre (Benoit).— Substitué à Voltaire, 31 ; sa béatification et sa canonisation ; sa saleté, 143-144 ; 195.

La Bruyère. — Moraliste, 8 ; a pitié des paysans, 66 ; comparé à Vauvenargues, 72 ; sur Montaigne, 81 ; comparé à Montaigne, 82; l'homme distrait de --, 205 ; sur l'interdiction de la politique, 252 ; peinture de l'homme, 285 ; comment — juge un livre, 285 ; lu par S. de Sacy, 287 ; sur la difficulté de tirer profit de la lecture, 294 ; 295; rajeunit la sagesse antique, 313 ; sur Plutarque, 398.

La Chaise (Père). — Auxiliaire de Mme de Maintenon, 104.

Lacordaire.—Eloge du général Drouot, 1 ; sa crédulité, 274 ; inconséquence, 342; collaborateur de Lamennais, 346; se soumet, 348; renchérit sur Dupanloup, 271; lu par les esprits libres, 272 ; ses anathèmes, 310.

Lafage (le pasteur).— Exécuté, 258.

Lafargue (M).— 362.

La Fayette (madame de).— Sur Montaigne, 80.

La Ferté.— Va secourir Arras, 94.

La Fontaine. — Condamné par l'Eglise, 314 ; morale universelle de —, 322 ; ami de la vertu, 403.

La Frette.— Ami du maréchal d'Hocquincourt, 89.

LAGRANGE (Mgr).— Condamne tous les philosophes de l'antiquité, 311.

LAÏCITÉ. — Opposée à la piété, 142 ; réserves à son sujet de l'archevêque de Cambrai, 156-157 ; supprimée dans l'enseignement par M. de Mun, 359.

LAÏQUES.— Définition des —, 169-170.

LAMARCK.—Développe les pensées des philosophes grecs, 203.

LAMARTINE.— Fausse idée sur l'homme, 241 ; — n'a pas d'émule catholique, 264 ; a évolué dans le même sens que Lamennais, 343.

LAMBERT (madame de). — Croit à la droiture naturelle, 281 ; précepte moral de —, 195.

LAMENNAIS. — Mis à l'index par Dupanloup, 247 ; 342-350 ; inconséquence des *Paroles d'un croyant*, 348.

LA ROCHEFOUCAULD. — Moraliste, 8 ; comparé à Vauvenargues, 72 ; cause comme il écrit, 87 ; comment il juge la dévotion, 95 ; rajeunit la sagesse antique, 313.

LA SALETTE.— Comparée à Epidaure.

LAVOISIER. — Contribue à dissiper les erreurs religieuses, 41.

LECONTE DE LISLE.— N'a pas d'émule catholique, 264.

LECTURE.—Eloge de la —, 288-290 ; publiques, 303-304 ; préférées des grands hommes, 385.

LE FRANC DE POMPIGNAN.—Seul écrivain du XVIIIe siècle admiré par Dupanloup. 247.

LE GALLIENNE (M. Richard) — La *Religion d'un homme de lettres*, 236-238 ; son opinion sur la douleur semblable à celle des stoïciens, 239.

LEIBNITZ.— Apprécié par M. Vacherot, 68.

LEMIERRE. — Vers de — faussé par Mgr Gaume, 326.

LEMIRE (l'abbé). — Socialiste, 47 ; socialiste chrétien, 166.

LÉON X. — République pontificale de —, 381 ; vend des indulgences, 382.

LÉON XIII. — Sa politique, 48 ; dirige les élections de France, 49 ; a rétabli la philosophie scolastique du XIII° siècle dans les séminaires, 51 ; son infaillibilité, 168 ; anathématise les royalistes qui refusent de se rallier, 168 ; fait son métier de pape, 169 ; se mêle de ce qui ne le regarde pas, 171 ; plus politique que théologien, 173 ; empiète sur la conscience, 174-175 ; félicite Mgr Ricard de son livre sur Berdadette Soubirous, 196 ; les ralliés sous —, 261 ; remet saint Thomas en honneur, 273 ; 327 ; sa doctrine, 336-337 ; attitude sournoise de —, 340-341 ; son libéralisme, 346-347 ; suit Lamennais, 348 ; résumé de son évolution politique, 364-365 ; 366 ; catholiques plus catholiques que —, 374 ; inutilité de ses exhortations, 380.

LÉONIDAS. — Soutenu par l'idéal antique, 98.

LE SAGE. — Moraliste, 8.

LESSING. — Il faut continuer l'œuvre de —, 199.

LETTRES (religion des). —, 1, 4 ; S. de Sacy avait l'amour des —, 14 ; 20 ; Montesquieu pratique la religion des —, 16 ; la — substituée aux vieilles croyances, 27 ; — pratiquée par Doudan, 29 ; — au XVIII° siècle, 33 ; martyrs de la —, 42 ; n'a jamais persécuté personne, 42 ; doit son affranchissement aux philosophes du XVIII° siècle, 42-43 ; — seule religion raisonnable, 56 ; ce qu'enseigne la religion des —, 142, 150 ; 187-188 ; 195 ; — plus florissante que jamais, 204-206 ; — ce qu'elle enseigne,

207 ; — est la base du vrai bonheur, 212 ; n'est pas une nouveauté, 218 ; son but, 219 ; aimable et raisonnable, 222 ; se passe de clergé, 225 ; prélats qui l'ont encouragée, 226-227 ; définie par M. Le Gallienne, 236-238 ; par Vauvenargues, 279-281 ; 289 290 ; par le journal, 302-303 ; 305 ; rend vertueux, 306 ; Marie Alacoque substituée à la —, 308 ; fidèles de la —, 309-311 ; fait partie de la morale, 344-345 ; dernière — de Lamennais, 349-350 ; de Plutarque, 387 ; de Montaigne, 413.

LETTRES DE CACHET. — Sous Louis XV, 259.

LE VAYER. — N'est pas un perturbateur, 275.

LIBERTÉ DE PENSER. — 28, 31 ; grand diocèse de la —, 42 ; admise par les spiritualistes, 66-67 ; dans la société actuelle, 183 ; rien dans les lois romaines contre la —, 194 ; condamnée par le judaïsme, 200-201 ; — n'exclut pas les grands écrivains religieux, 310.

LIBRE EXAMEN. — Voies qu'il ouvre, 5 ; redouté des jésuites, 40 ; renaît au XVIᵉ siècle, 101 ; traqué par les jésuites, 103-104 ; en quoi consiste le —, 198.

LIGUE. — De l'Enseignement, 147.

LIGUE. — Nouvelle —, 376.

LIRE (art de). — 9, 10 ; 11, 13 ; pratiqué par Montesquieu, 14 ; selon Montaigne, 282-283 ; 294-295 ; pratiqué par Sénèque, 296 ; varie selon les âges, 297-298.

LITTRÉ. — Sa morale, 56 ; il faut continuer l'œuvre de —, 199 ; représente la religion des lettres, 206 ; en quoi consiste le vrai bonheur, 212 ; maître de la pensée moderne, 217 ; pourquoi il a combattu la doctrine catholique, 222 ; pense sur la mort comme

Vauvenargues, 226 ; positiviste et honnête homme, 228-229 ; dénoncé par Dupanloup, 246 ; mis à l'index par Dupanloup, 247 ; n'a pas d'émule catholique, 264 ; interdit par Dupanloup, 272 ; science de —, 274.

Livre. — Pouvoir du —, 10 ; agrément des —, 11 ; charme qui résulte du goût des —, 19 ; danger d'un seul —, 185 ; influence des —, 195-196 ; culture du —, 219 ; 248 ; ce que dit Voltaire du —, 282 ; amour des —, 284 ; instrument de liberté, 291-292 ; gouvernement du —, 294 ; conseils de Sénèque, 406.

Locke. — Établit les fondements de la morale, 57, 60 ; 262 ; ignoré du plus grand nombre, 274.

Loriquet (le Père). — Sa mauvaise foi proverbiale, 109 ; à l'opposé des maîtres de la pensée moderne, 217 ; les jésuites lui élèveraient une statue, 224 ; 272.

Louandre (Ch.) — Sur Montaigne, 79.

Louis IX. — Saint roi selon Mgr Gaume, 320-321.

Louis-Philippe. — Tentative du clergé sous —, 119.

Louis XIV. — Encouragé par l'Eglise, 46 ; nourriture des paysans sous —, 66 ; la religion sous —, 163 ; son siècle n'est pas le grand siècle, 244 ; 247 ; interrompt l'œuvre de la Renaissance, 254 ; 287 ; ce que Bossuet n'a pas exposé devant —, 332 ; idéal des ordres monastiques, 333.

Louis XV. — Rôle de l'Eglise envers —, 46 ; la religion sous —, 163 ; aussi intolérant que Louis XIV à l'égard des religionnaires, 258-259 ; lettres de cachet sous —, 259.

Lourdes. — 31 ; 117 ; comparé à Epidaure, 139, 234.

Loyson (père Hyacinthe). — 264 ; Inconséquence de —, 342.

Luc. — Invoqué par le peintre Véréchaguine, 136.

Lucain. — Imprimé par Manuce, 315 ; lu par Macaulay, 417 ; pratiqué par Montaigne, 425.

Lucien. — Le moyen âge eût brûlé —, 194 ; reproduit par Manuce, 315 ; lu par Macaulay, 417-418 ; continué par Montaigne, 424.

Lucilius. — Epîtres de Sénèque à —, 399 ; 403 ; sur l'enfer, 403 ; 406 ; 409.

Lucrèce. — Remplacé par les litanies, 100 ; représente la religion des Lettres, 206 ; déterminisme de Socrate exprimé par —, 208 ; en quoi consiste le vrai bonheur, 212 ; condamné par l'Eglise, 314 ; haussé l'idéal humain, 384 ; lu par Macaulay, 417 ; 421 ; tient le premier rang, 425.

Lulli. — Réprouvé par Bossuet, 306.

Luther. — Contemporain de Copernic, 67 ; ramène la liberté d'examen, 101 ; a contre lui les jésuites, 103 ; Montesquieu sur —, 108 ; premières tendances de l'esprit moderne, signalé par les jésuites, 125 ; païen, 320 ; donne raison à Pomponace, 383.

Lycurgue. — Révélation de —, 207 ; réprouvé par Mgr Gaume, 321.

M

Mably. — Fait progresser les sciences, 41 ; interdit par Dupanloup, 247 ; représente le XVIIIe siècle, 256, 257.

Macaulay. — Anciens lus par —, 417 ; 424.

Mahomet. — *Lettres persanes*, 37 ; prend la prédestination dans la Bible, 209-210 ; 330.

Maintenon (madame de). — Fait triompher les jésuites, 104.

Maistre (Joseph de). — Contre Bacon et Descartes, 85; Lamennais plus clairvoyant que —, 345; sur les lettres de Sénèque, 404.

Malagrida (Père). — Brûlé par l'Inquisition, 192-193, 194.

Malebranche. — Sur Montaigne, 81-82; fou, 86; apprécié par Vacherot, 68.

Mame, de Tours. — Collection — seule autorisée au petit séminaire, 247.

Manuce (Alde). — Reproduit les auteurs païens, 315.

Marc. — Invoqué par le peintre Véréchaguine, 136.

Marc-Aurèle — Penchant de Montesquieu pour —, 17; son élévation de pensée, 27; sa religion, 31; idée de l'humanité, 65; remplacé par les litanies, 100; bon à lire, 179; personnifie l'honnête homme, 191; en quoi consiste le vrai bonheur, 212; révélateur de vérités nécessaires, 217; sa religion se passe de clergé, 225; réprouvé par le clergé, 328.

Marchand. — Connaissances que nous lui devons, 292.

Marie. — Culte de —, inventé après coup, 136.

Mariolatrie. — 201.

Marius. — Sa vie interdite par Mgr Gaume, 321.

Marivaux. — Moraliste, 8.

Marmontel. — Représente l'esprit du XVIIIe siècle, 257.

Martha (M. Constant). — Sur les plaisirs littéraires, 304-305; sur Plutarque, 392; démontre les emprunts chrétiens faits au paganisme, 403; sur Sénèque, 404.

Massillon — N'est pas dédaigné des libres-penseurs, 310; comparé à Sénèque, 404.

MATTHIEU. — Invoqué par le peintre Véréchaguine, 136.

MAUPERTUIS. — Lettres de Montesquieu à —, 17 ; sur Montesquieu, 19 ; 25 ; contribue à dissiper les erreurs religieuses, 41 ; interdit par Dupanloup, 247 ; cherche le fondement terrestre de la morale, 256 ; représente l'esprit du XVIII° siècle, 256.

MAYNARD (l'abbé). — Citations de son livre sur *la Vierge Marie*, 132-133.

MÉNANDRE. — Traité de criminel par Mgr Gaume, 313 ; condamné par l'Eglise, 314.

MÉRIMÉE. — Dévotion d'Arsène Guillot, 136.

MÉTAPHYSIQUE. — Dédaignée par Cicéron, 28.

MÉZERAY. — Peu lu, 299.

MICHELET. — Mis à l'index par Dupanloup, 247 ; n'a pas d'émule catholique, 264 ; 288.

MIGNET. — N'a pas d'émule catholique, 264.

MILTON. — Imprègne le monde de ses couleurs, 293.

MIRABEAU. — Fait triompher les principes des philosophes, 41 ; prêche la religion des lettres, 207 ; interdit par Dupanloup ; représente l'esprit du XVIII° siècle, 256, 258.

MIRABEAU (père). — Lettre à Vauvenargues —, 415-416 ; *L'Ami des hommes*, 257.

MIRACLES. — Formation des —, 423-424.

MOÏSE. — 186 ; 196 ; révélation de —, 207 ; morale grossière de —, 221 ; Lumière de l'Eglise, 331.

MOLIÈRE. — Moraliste, 8 ; amour de l'humanité, 65 ; réprouvé par Bossuet, 306 ; morale universelle de —, 322.

MONSABRÉ (le Père). — Croit toujours au Diable, 230-232, 233, 235 ; sur les démons, 269 ; croit au Diable, 306.

Montaigne. — Observateur, 4 ; enseigne à douter, 5 ; pris pour type, 5 ; et pour modèle, 6, 7 ; moraliste, 8 ; sur la lecture, 10-11 ; aime à relire les anciens, 11 ; butine dans Plutarque, 15 ; aimé de Montesquieu, 20, 21 ; aimable philosophe, 27 ; complété par les Encyclopédistes, 41 ; a pour continuateur Descartes, 41 ; son influence sur la civilisation, 56 ; comparé à Vauvenargues, 72 ; n'admet pas la « grâce », 74 ; représente la raison, 76 ; sur les *Essais*, 77 ; lettre de Voltaire sur —, 78 ; précurseur de tous nos progrès et de notre civilisation, 79 ; Saint-Evremond, Mme de Sévigné, Mme de Lafayette, l'évêque Huet sur —, 79-80 ; La Bruyère, Nicole, Malebranche sur —, 81-82 ; ancêtre de Descartes, 82 ; Saint-Evremond forme sa raison avec —, 95 ; veut qu'on tire la philosophie de l'histoire, 96 ; du parti de la tolérance, 97 ; parle toujours avec franchise, 97 ; ramène la liberté d'examen, 101 ; affranchisseur d'âmes, 101 ; lettres à madame d'Estissac, 102 ; Voltaire pratique l'art de vivre comme —, 102 ; sa façon d'entendre le gouvernement, 103 ; a contre lui les jésuites, 103 ; sa devise de libre penseur, 176 ; sépare la morale de la religion, 184 ; enseigne le respect de la vérité, 192 ; comment il comprend l'influence des livres, 195-196 ; est notre bienfaiteur, 198 ; en quoi consiste le vrai bonheur, 212 ; dissipe l'ignorance, 240 ; continué par Voltaire, 254 ; n'est pas un perturbateur, 275 ; sur le gain de l'étude, 281 ; sur l'art de lire, 282-283 ; son instruction universelle, 284 ; peinture de l'homme, 285 ; charmante intimité de —, 286 : 288 ; apprécié par Scherer, 297 ; conseille de faire, en lisant les anciens, un cours d'humanité, 307; rend son siècle sceptique, 307 ; 309 ; rajeunit la sagesse antique, 313 ; condamné par l'Eglise, 314 ; son précurseur, 316 ; excommunié, 318 ; païen, 320 ; anti-chrétien, 322 ; rend la parole au bon sens, 333; indique les lectures préférées de quelques grands hommes, 385 ; sur la lecture, 385-386 ; sur Amyot, 386 ; 389 ; sur Plutarque, 390 ; sur Plutarque et Sénèque, 394-396 ; cite Théodore Gaza, 398 ; vraie mesure de l'esprit français, 399 ; est un ancien, 405-406 ; livres qu'il aime, 406-407 ; ne se prend guère aux livres nouveaux, 410-411 ; ceux qu'il lit, 411, 412, 413 ; sur la formation des miracles, 422-423 ; continue Lucien, 424 ; sur Virgile, 425 ; Horace, 426 ; Tacite 426 ; Sénèque, 426 ; Cicéron, 426 ; Brutus, 427 ; préfère Sénèque à Cicéron, 427, 428 ; préfère César, 428-429 ; s'entend en style comme en morale, 430 ; conseille de tenir un journal intime, 431 ; son étude de lui-même, 431-432.

MONTALEMBERT. — Inconséquence de —, 342; collaborateur de Lamennais, 346; se soumet, 348.

MONTBAZON (madame de). — Aimée du maréchal d'Hocquincourt, 90-93.

MONTESQUIEU. — Observateur, 4; aime à relire les anciens, 11; très grand esprit, 14; bel exemple dans l'art de vivre, 14; rapporte de ses voyages l'Histoire naturelle des lois, 14; introduit l'érudition, la politique et la législation dans la littérature, 15; battues à travers les livres, renouvelées de Bayle, 15; aussi hardi que Voltaire, 16; sa seule religion, 16; sa vie, ses mœurs, son caractère, 16-17; sa vie pratique, 17-18; son commerce avec les anciens, 17-18;

ce qu'il en rapporte, 18 ; sa galerie de grands hommes nationaux, 18 ; témoignages sur —, 19 ; aime Montaigne, 20 ; ressemble à Montaigne, 20 ; voyage plus que Montaigne, 21 ; sur la dévotion, 21 ; définit la vertu, 22 ; son éclectisme, 22 ; l'*Esprit des lois*, 22-24 ; souverainement intelligent, 25 ; conseille à de jeunes amis d'éclairer le peuple, 26 ; aimable philosophe, 27 ; hardiesse des *Lettres persanes*, 33-39 ; plus pénétrant que Bossuet, 35 ; affranchit la morale du dogme, 38 ; précurseur de la tolérance, 39 ; fait progresser les sciences morales et politiques, 41 ; rend à l'humanité ses titres, 58 ; prépare la Révolution, 69-70 ; aide Voltaire, 71 ; devancé par Saint-Evremond, 96 ; sur les jésuites, 108 ; craint les jésuites, 108 ; qualifie leur imposture d'après les Anglais, 110 ; sur les jésuites, 112 ; sa devise de libre penseur, 176 ; sépare la morale de la religion, 184 ; est notre bienfaiteur, 198 ; intérêt des prêtres à maintenir l'ignorance, 225 ; le grand siècle est celui de —, 244 ; comment compris par Dupanloup, 246 ; interdit par Dupanloup, 247 ; supériorité d'esprit des lecteurs de —, 248 ; représente l'esprit du XVIII° siècle, 248 ; chef des politiques, 254 ; ce qu'il représente dans le XVIII° siècle, 256 ; remis en lumière, 263 ; interdit par Dupanloup, 272 ; n'est pas un perturbateur, 275 ; lu par les libres penseurs, 310 ; sa religion, 311 ; célèbre par sa vertu, 317 ; a rendu la parole au bon sens, 333 ; sur Rollin, 390 ; empreinte de Plutarque sur —, 396.

MONTLOSIER (de). — Lettre sur les missionnaires, 158-159.

MORALE. — Substituée au Christianisme par Voltaire, 1 ;

vrai fondement de la —, 4 ; dans quels livres la chercher avant Jésus, 28 ; nouvelle, 32 ; affranchie du dogme par Montesquieu, 38 ; celle des jésuites, 40 ; la — universelle se passe de miracles, 56 ; celle des philosophes modernes supérieure à la — chrétienne, 56 ; affranchie par le XVIII° siècle, 57 ; indépendante des religions, 56 et suivantes ; définition de la —, 70 ; la grâce contraire à la —, 75-76 ; foulée aux pieds par l'Eglise au moyen âge, 98 ; est une science humaine, 102 ; — humaine supérieure à la — chrétienne, 141, 144 ; indépendante, 155 ; est l'Art de vivre, 177 ; contribue à la civilisation, 185 ; supérieure aux religions, 187 ; ruinée par la Bible, 209 ; premiers éléments de la —, 214 ; se conforme au progrès des idées, 221 ; simplicité de la —, 225 ; ne se distingue pas de la religion sous Louis XIV et Bossuet, 254 ; en action, 301 ; la vraie —, 305 ; fait partie de la religion des Lettres, 344-345 ; celle de Sénèque, 403-404.

Moralistes. — Littérature française riche en —, 8.

Morceaux choisis. — 299.

Morellet (abbé). — Interdit par Dupanloup, 247 ; représente le xviii° siècle, 256-257 ; à la Bastille, 259.

Morelli. — Représente le xviii° siècle, 256.

Moréri. — Connaissances que nous lui devons, 292.

Mort. — Idée de la —, 226.

Moyen age. — Eglise au —, 98 ; triste tableau du —, 98-101.

Mun (M de). — Socialiste, 47 ; rallié à la République, 49 ; catholique et monarchique, 166 ; ce qu'il faut penser de son ralliement, 171-172 ; félicité par M. Spuller, 173 ; interprété par M. Hervé, 175 ;

ses cercles ouvriers, 197 ; son évolution, 338 ; son libéralisme, 346-347 ; suit Lamennais, 348 ; socialiste chrétien, 355-359 ; veut rendre obligatoire le repos du dimanche, 361 ; fait le jeu des révolutionnaires, 362-363 ; subordonne la réorganisation sociale à la restauration religieuse, 374-375 ; son obéissance passive au pape et au père Du Lac, 376 ; exploite le socialisme au profit de l'Eglise, 381.

MUNCER. — Socialiste chrétien, 354-355.

MUSIQUE. — Utilité morale de la —, 306.

MUSSET (Alfred de). — Vers cité, 65 ; 288 ; crée l'amour tendre, 306.

N

NAPOLÉON. — Lu, 6 ; rôle de l'Eglise envers —, 46 ; traite les évêques militairement, 153.

NATURALISME. — Fondé par les Grecs, 202 ; visé par le *Syllabus*, 331.

NECKER. — Représente une tendance du XVIII° siècle, 258.

NÉRON. -- Son éducation par Sénèque, 409.

NEWTON. — Contribue à dissiper les erreurs religieuses, 41.

NICOLE. — Réfuté sur Montaigne, 81 ; peu lu, 299.

NISARD (Désiré). — Envie celui qui peut voir et connaître les hommes supérieurs, 286.

NONNOTTE. — Approuvé par Dupanloup, 248.

O

OBSERVATEURS. — Grands types d'—, 4, 14.

ODYSSÉE (l'). — 283.

Omar. — Danger de l'homme d'un seul livre, 185.
Oubli. — De soi-même, 212-213.
Ovide. — Condamné par l'Eglise, 314.

P

Pacôme. — Groupe sept mille cénobites, 128.
Pacuvius. — Célèbre ses funérailles, 405.
Paléologue (M.). — Livres qu'il met au-dessus des plus grands événements politiques, 248-249.
Palissot. — Comédie des *Philosophes* de -, 259.
Pape (le). — Raillé par Montesquieu, 33-34 ; son infaillibilité, 45.
Parfait (Paul). — L'idiotisme religieux, 136.
Paris (comte de). — Allié du parti catholique, 361.
Parisis (Mgr). — Félicite l'auteur du *Ver Rongeur*, 327.
Parker (Th.). — Sa religion libérale, 154.
Parménide. — Idées fécondes de —, 202-203.
Parny. — Attaqué par le père Possevin, 324.
Pascal. — Moraliste, 8 ; affolé, 58 ; ni ange, ni bête, 65 ; comparé à Vauvenargues, 72-77 ; devancé par Montaigne sur les progrès des sciences, 79 ; 1656, année des *Provinciales*, 87 ; ce que Sainte-Beuve appelle *la 19ᵉ Provinciale*, 95 ; vaincu par les jésuites, 104 ; ne parvient pas à sauver Port-Royal, 108 ; fait exception aux écrivains du XVIIᵉ siècle par la sobriété du style, 244 ; pose le principe de la morale, 254 ; invoqué par Veuillot, 340.
Pasquier (Etienne). — Honore Montaigne, 77.
Patouillet. — Approuvé par Dupanloup, 248.
Paul (saint). — Sur la grâce, 74-76 ; sur Marie, 136 ; doctrine immorale de —, 209 ; revendiqué par saint Jérôme, 313 ; trouve la populace favorable, 423.

Paulin (saint). — Substitué aux anciens, 394.
Paysans (les). — Définis par Montesquieu, 17.
Péchés. — Nouveaux — mortels, 174-175.
Pélage. — N'admet pas la Grâce, 74; condamné par l'Eglise, 75.
Pellisson. — Peu lu, 299.
Penseurs. — Ne sont pas des perturbateurs, 274.
Pérégrinus. — Raillé par Lucien, 418-422.
Périandre. — Enseigné par Fénelon, 321.
Périclès. — Instruction universelle de —, 284 ; son siècle condamné par l'Eglise, 314; réprouvé par Mgr Gaume, 321.
Perier (Casimir). — Ferry autoritaire comme —, 369.
Perriot (l'abbé F.). — Consultation sur la direction politique imprimée par le pape aux catholiques, 363.
Perron (cardinal du). — Sur Montaigne, 77.
Petau (Père). — Sur les Anges, 269.
Peuple (le). — Défini par Montesquieu, 17.
Pharisiens. — 354.
Phèdre. — Réprouvé par l'Eglise, 314.
Phidias. — Aime le beau, 195.
Philon. — Comment il désigne les Esséniens, 354.
Philippe II — Soutient les jésuites, 107.
Philosophes. — Visèrent surtout le pouvoir temporel de l'Eglise, 40; complétèrent Montaigne, Rabelais, Descartes, 41 ; imitons ceux du XVIII° siècle, 42-43; préceptes humains des —, 55; supériorité des — modernes, 56 ; — spiritualistes et libres penseurs, 66 ; leur bonne foi, 68 ; condamnés par Mgr Gaume, 313-314.
Philosophie. — Vraie et pratique —, 27-28 ; bonheur que procure la —, 54-55; religion des esprits éclai-

rés, 186 ; platonicisme du christianisme, 201-202 ;
— maltraitée par l'abbé Combalot, 262 ; fruits de la
—, selon Plutarque, 388.

Picard (R. P.). — Président du Congrès catholique,
360-361 ; fait moins de miracles que le Diable,
233.

Pic de la Mirandole. — Conversation avec le pape sur
la foi, 245-246.

Pichon (S.). — 381.

Pie (cardinal). — Recommande le livre de l'abbé Maynard, 132.

Pie IX. — Son infaillibilité, 168 ; n'empiétait pas sur la
vie politique de la France, 174 ; ami de dom Guéranger, 235 ; consacre officiellement la thèse de
Mgr Gaume, 328 ; sa doctrine, 336-338 ; son libéralisme, 342 ; proclame le *Syllabus*, 351 ; en contradiction avec Léon XIII, 352 ; auteur de l'Immaculée-Conception, 384.

Piété. — Opposée à la laïcité, 142.

Pigault-Lebrun. — Attaqué par le père Possevin, 324.

Pindare. — Idée de l'humanité, 65 ; réprouvé par le
clergé, 328 ; lu par Macaulay, 417.

Piou (M.). — Son évolution, 338 ; suit Lamennais, 348 ;
subordonne la réorganisation sociale à la restauration religieuse, 374.

Pittacus. — Enseigné par Fénelon, 321.

Platon. — Son influence sur saint Augustin, 51-52 ; appréciée par M. Vacherot, 68 ; règne sous le nom de
saint Augustin, 100 ; en quoi il excelle, 195 ; dépouillé par saint Augustin, 201 ; propagateur des
vues morales de Socrate, 207-208 ; en quoi il fait
consister le vrai bonheur, 212 ; critiqué par Cicé-

ron, 276 ; instruction universelle de —, 284 ; 288 ; croit que les Lettres rendent vertueux, 306 ; réprouvé par Mgr Gaume, 313 ; célèbre par sa vertu, 317 ; enseigné par Fénelon, 321 ; réprouvé par le clergé, 329 ; lu par Macaulay, 417.

PLAUTE. — Apprécié par About, 298 ; condamné par Mgr Gaume, 313 ; lu par Macaulay, 417.

PLINE. — Réprouvé par le clergé, 329.

PLOTIN. — Le moyen âge eût brûlé —, 194.

PLUTARQUE. — Assimilé à Sainte-Beuve, 6 ; butiné par Montaigne, 15 ; utile à Montesquieu, 18 ; Saint-Evremond préfère Montaigne à —, 79 ; connaissances que nous lui devons, 292 ; devrait être populaire, 304 ; donné pour modèle par Amyot, 320 ; sourit à Montaigne, 387 ; 388 ; sa bonne fortune d'être traduit par Amyot, 389 ; sceptique, 390 ; sur l'athéisme, 391-392 ; modèle complet pour former des hommes, 393 ; condamné par Veuillot, 394 ; comparé à Montaigne, 395 ; 396 ; 397 ; 398 ; 399 ; 400 ; lu par Montaigne, 406 ; estimé par Montaigne, 407 ; est l'homme de Montaigne, 413 ; jugé par Veuillot, 414 ; par Alfieri, 415 ; Brutus chez —, 427.

POÈTES. — Condamnés par Mgr Gaume, 313-314.

POLITIQUE. — La bonne —, 378.

POLYBE. — Préféré par Brutus, 385.

POMPONACE. — N'est pas un perturbateur, 275 ; libre penseur sous Léon X, 381-383.

PORTALIS. — N'aurait pas souffert les pétitions d'évêques, 123.

POSITIVISME. — Attaqué par le cardinal-archevêque de Cambrai, 155.

POSSEVIN (le père). — Illustre jésuite, 324.

Prédestination. — 76 ; doctrine immorale, 209.

Première communion. — Parti qu'en tire l'Eglise latine, 130.

Prévost (l'abbé). — Moraliste, 8

Properce. — Lu par Macaulay, 417.

Propriété. — La division parcellaire fait la garantie de la — actuelle, 362.

Protestants. — Ordonnances contre les —, 258.

Proudhon (P. J). — Interdit par Dupanloup, 247 ; n'a pas d'émule catholique, 264.

Pyrrhon. — Enseigné par Fénelon, 321.

Pythagore. — Idées fécondes de —, 202-203 ; révélation de —, 207 ; réprouvé par Mgr Gaume, 313 ; célèbre par sa vertu, 317 ; enseigné par Fénelon, 321.

Q

Quesnay. — Représente le XVIIIe siècle, 256, 257.

Question sociale. — Mot d'ordre clérical, 45 ; celle que notre temps doit résoudre, 70.

Quinault. — Réprouvé par Bossuet, 306.

Quinet (Edgar). — Sur l'enseignement de l'Eglise, 43 ; dénaturé par M. Spuller, 173 ; vrai sens de l'*Esprit Nouveau*, 176 ; interdit par Dupanloup, 247 ; n'a pas d'émule catholique, 264.

Quinte-Curce. — Réprouvé par l'Eglise, 314.

Quintus Calaber. — Lu par Macaulay, 417.

R

Rabelais. — Complété par les Encyclopédistes, 41 ; s'intéresse aux malheureux, 65-66 ; ramène la liberté d'examen, 101 ; sa façon d'entendre le gouvernement, 103 ; les jésuites sont contre —, 103 ; continué par Voltaire, 254 ; conseille un cours d'humanité, 307 ; païen, 320 ; antichrétien, 322 ; rongé par Veuillot, 322 ; digne qu'on s'y amuse, 386 ; vraie mesure de l'esprit français, 399 ; lu par Montaigne, 411 ; jugé par Veuillot, 413 ; comparé à Aristophane, 418.

Racine. — Lu par S. de Sacy, 287

Racine (Louis). — Approuvé par Dupanloup, 247.

Raison (la). — Réponse aux jésuites, 41-45 ; centre des choses, 76.

Ralliés. — 166-167.

Ramel (M. de). — 175.

Rancé (abbé de). — Familier de Mme de Montbazon, 92.

Ravaillac. — Armé par les jésuites, 107.

Ravignan (Père de). — Apologie des jésuites, 105-106.

Raynal (l'abbé). — Conseillé par Montesquieu, 26 ; fait progresser les sciences, 41 ; interdit par Dupanloup, 247 ; représente le XVIIIe siècle, 256 ; condamné par le Parlement, 257.

Reclus (Elisée). — Sa pensée sur quelques philosophes antiques, 384.

Régulus. — Soutenu par l'idéal antique, 98.

Reille (baron). — De concert avec M. de Mun, 357 ; rallie l'armée catholique, 360.

Religion. — N'est pas l'âme de l'État, 43 ; instrument de règne des jésuites, 105 ; les jésuites ont fait de la — chrétienne une mythologie ridicule, 112 ; — nouvelle, créée par Lourdes ; — de garçons bouchers, 137 ; son fétichisme et son matérialisme, 137-138 ; utilité de l'histoire des —, 203 ; petite vérole de l'esprit, 218 ; seuls prêtres de la — de l'avenir, 227.

RENAISSANCE. — A affranchi l'esprit humain, 67 ; réprouvée par l'Eglise, 314-315 ; a été un bienfait, 331.

RENAN. — 5 ; moraliste, 8 ; sur les prêtres, 43-44 ; sur la Providence, 68-69 ; le Dieu de —, 141 ; sa devise de libre penseur, 176 ; il faut continuer l'œuvre de —, 199 ; sur les Israélites, 202 ; sur les religions, 203 ; pourquoi il a combattu la doctrine catholique, 222 ; en quoi consiste le vrai bonheur, 212 ; sur les progrès de l'humanité primitive, 214 ; révélateur de vérités nécessaires, 217 ; maître de la pensée moderne, 217 ; mis à l'index par Dupanloup, 247 ; n'a pas d'émule catholique, 264 ; interdit par Dupanloup, 272 ; science de —, 274 ; 282 ; mis à l'index, 308 ; fermeture de son cours, 332 ; demandée par les catholiques, 347.

RENARD (M. Georges). — La démocratie définie par —, 378.

RÉPUBLIQUE. — Cléricale au Paraguay, 159 ; ce qu'elle doit craindre, 332.

RÉVÉLATION. — Seule —, 205 ; — successives, 207 ; — par les philosophes, 216.

REVUES. — Précieux secours, 300.

RICARD (Mgr). — Auteur de la vie de l'abbé Combalot, 261 ; félicité par Léon XIII pour son livre sur Bernadette Soubirous, 196-197 ; félicite Mgr Gaume, 327.

RICHARD LE GALLIENNE (M.) — 186 ; sur les dogmes, 229 ; 231.

RICHELIEU (cardinal de). — Le maréchal d'Hocquincourt contre —, 88-89.

RICHEPIN (le poète Jean). — Cité, 5.

ROBECQ (madame de). — Maîtresse du duc de Choiseul, 259.

ROCHEFORT (M.). — Les cléricaux le prennent pour alliés, 373.

ROCHEJACQUELEIN (M. de la). — 175.

ROD (Edouard). — 335.

ROLAND (madame). — Veuillot lui abandonne Plutarque, 414-415.

ROLLIN. — Qualifié par Montesquieu, 390.

ROMANS. — Leur utilité, 284-285 ; les — répandent les vérités morales, 306.

ROOTHAAN (P.). — Charge le Père de Ravignan d'écrire l'histoire apologétique des jésuites, 105.

ROUSSEAU (Jean-Baptiste). — Approuvé par Dupanloup, 247.

ROUSSEAU (Jean-Jacques). — Déiste, 33 ; son influence civilisatrice, 56 ; réforme l'homme par la raison, 58 ; prépare la Révolution, 69-70 ; Montaigne plus sincère que —, 80 ; sa statue serait abattue par les jésuites, 224 ; dénoncé par Dupanloup, 246-247 ; représente une phase du XVIII° siècle, 248 ; veut que la loi soit l'expression de la volonté générale, 255 ; prépare l'égalité civile, 256 ; commente l'abbé de Saint-Pierre, 257 ; proscrit, 259 ; remis en lumière, 263 ; sur l'abus des livres, 294 ; réfutation de —, 295 ; mis à l'index, 308 ; lu par les libres penseurs, 310 ; porte l'empreinte de Plutarque, 396 ; sur Plutarque, 397 ; Veuillot lui abandonne Plutarque, 414-415 ; talent descriptif de —, 426.

S

Sacré-Cœur. — Blâmé par Benoît XIV, 109 ; triomphe des jésuites à Montmartre, 135 ; invention des jésuites, 225.

Sacy (S. de). — Aimait à relire Cicéron, 13-14 ; 20 ; se plaît à lire, 287 ; — sur Plutarque, 392-393.

Sagesse. — La vraie —, 26-27 ; — antique, enseignée par Fénelon, 321.

Saint-Cyran. — Croit au péché originel, 224.

Saint-Evremond. — Sur Montaigne, 79-80 ; cause comme il écrit, 87-88 ; voit plus loin que Pascal, 95 ; forme sa raison avec Montaigne, 95 ; estime la dévotion comme La Rochefoucauld, 95 ; type de l'honnête homme au XVII° siècle, 96 ; devance Montesquieu, 96 ; scepticisme de —, 96 ; du parti de la tolérance, 97 ; parle toujours avec franchise, 97 ; préfère Plutarque à Sénèque, 387.

Saint-Ibal. — Ami du maréchal d'Hocquincourt, 88-89.

Saint-Lambert. — Interdit par Dupanloup, 247.

Saint-Pierre (abbé de). — Représente le XVIII° siècle, 257.

Saint-Saens (M. Camille). — *Problèmes et Mystères*, par —, 177-178.

Saint-Simon. — On est contemporain de Louis XIV en lisant —, 287.

Sainte-Beuve. — Assimilé à Plutarque, 6 ; pris pour modèle, 6 ; moraliste, 8 ; sur Doudan, 28-29 ; lettre de — sur la science et la foi, 31-32 ; son grand diocèse, 42 ; sa morale, 56 ; 59 ; compare La Bruyère à Montaigne, 82 ; sur la langue de Saint-Evremond, 87-88 ; appelle la conversation du père Canaye et du maréchal d'Hocquincourt, racontée par Saint-Évremond, *la 19° Provinciale*, 95; caractérise Saint-Évremond, 96; sa devise de libre penseur, 176; il faut continuer l'œuvre de —, 199; représente la religion des Lettres, 206; en quoi consiste le vrai bonheur, 212; maître de la critique moderne, 217; compare le christianisme à un grand arbre vermoulu, 222-223; sur nos *parents pauvres*, 241-242; sur les écrits du XVIII° siècle, 244; sur la supériorité du XVIII° siècle, 244; interdit par Dupanloup, 247; a Voltaire pour précurseur, 252; n'a pas d'émule catholique, 264; sur le groupe disséminé des gens sensés, 266; sur l'inintelligible des théologiens catholiques, 273; science de —, 274; 282; sur l'art de lire, 294; saison dans la vie où l'on relit, 308; sur l'auteur préféré, 309; sur le XVIII° siècle, 310-311; sur Montaigne, 385; sur Amyot et Homère, 389, 390; met Plutarque en première ligne dans un plan d'instruction populaire par la biographie, 398.

SAISSET (M. Emile). — Dénoncé par Mgr Gaume, 318.

SALETTE (la). — 31.

SALLUSTE. — Condamné par Mgr Gaume, 30; réprouvé par le clergé, 329; lu par Macaulay, 417.

SALOMON. — 186; cité par Doudan, 293.

SANCHEZ (R. P.). — Obscénité du —, 133.

SAND (George). — Interdit par Dupanloup, 247; talent descriptif, 426.

SAUVEBŒUF. — Ami du maréchal d'Hocquincourt, 89.

SCHERER. — Sur Montaigne et Amiel, 297.

SCHOPENHAUER. — Moniste, 189; 273.

SCIPION L'AFRICAIN. — Soutenu par l'idéal antique, 98; sa prédilection pour Xénophon, 385.

Scribe (Eugène). — Dénoncé par le Père Possevin, 324.

Second (Jean). — Digne qu'on s'y amuse, 386; lu par Montaigne, 411.

Séguier (chancelier). Maxime du —, 259.

Séminaire. — Définition du —, 121, 122.

Sénèque. — Ses préceptes humains et cléments, 55; idée de l'humanité, 65; comparé à Montaigne, 77; Saint-Evremond préfère Montaigne à —, 79; remplacé par les litanies, 100; en quoi consiste le vrai bonheur, 212; sa religion se passe de clergé, 225; sur la lecture de —, 283; savait tirer un profit moral de ses lectures, 295-296; sa religion, 311; réprouvé par le clergé, 328, 329; hausse l'idéal humain, 384; comparé à Plutarque, 387; modèle complet pour former des hommes, 393; condamné par Veuillot, 394; Montaigne sur —, 394; comparé à Plutarque, 399; moraliste, 404; lu par Montaigne, 406; Montaigne incline vers —, 407; sur la compagnie des hommes, 409; n'est pas responsable des crimes de Néron, 409; constate le progrès, 410; apprécié par Vauvenargues, 416; 424; comparé à Tacite, 426; à Cicéron, 427-428.

Sentius. — Pris pour modèle par Sénèque, 401.

Sévigné (madame de). — Ce qu'elle pense des paysans bretons, 66; aime Montaigne, 80; sur les solides lectures, 281; charmante intimité de —, 286.

Shaftesbury. — N'est pas un perturbateur, 275.

Shakespeare. — Sa connaissance du cœur humain, 284; doit à Plutarque, 396.

Siècle (XVIII°). — Sa philosophie, 33.

Silius Italicus — Lu par Macaulay, 417.

Socialisme. — Chrétien, 166 ; 332-333 ; dangers du — chrétien, 352, 355, 361 ; formule du — chrétien, 375.

Société. — Moyen de défense de la — contre le clergé, 147-149.

Socrate. — Sagesse de —, 26 ; aimable philosophe, 27 ; martyr de la religion des Lettres, 42 ; personnifie l'honnête homme, 191 ; en quoi il excelle, 195 ; déterminisme moral constaté par —, 207-209 ; 210 ; en quoi il fait consister le vrai bonheur, 212 ; révélateur des vérités nécessaires, 216-217 ; enseigne le contraire de l'Evangile, 224 ; sa religion se passe de clergé 225, 288 ; sa religion, 311 ; réprouvé par Mgr Gaume, 313 ; célèbre par sa vertu, 317 ; enseigné par Fénelon, 321 ; réprouvé par le clergé, 329 ; leçons qu'en tire Plutarque, 388-389.

Solon. — Révélateur, 207 ; condamné par Mgr Gaume, 313 ; enseigné par Fénelon, 321 ; réprouvé par Mgr Gaume, 321.

Sophocle. — 293 ; apprécié par About, 298, reproduit par Manuce, 315 ; réprouvé par le clergé, 328 ; lu par Macaulay, 417.

Sorbonne. — Contre l'*Encyclopédie*, 40.

Soubirous (Bernadette). — Miracle de Lourdes, 117 ; la miraculée de Lourdes, 195 ; livre de Mgr Ricard sur —, 196-197.

Sorel (M. Albert). — Sur Montesquieu, 25 ; 38.

Soulié (Frédéric). — Dénoncé par le père Possevin, 324.

Spinoza. — Préconise les passions nobles, 86-87 ; utilité de le relire, 179-180 ; sépare la morale de la religion, 184 ; moniste, 189 ; est notre bienfaiteur, 198 ; en quoi consiste le vrai bonheur, 210-212 ; révélateur des vérités nécessaires, 217 ; pense sur la mort comme Vauvenargues, 226 ; panthéiste et honnête homme, 228 ; n'est pas un perturbateur, 275 ; son influence sur Gœthe, 286 ; 424.

SPULLER. (M. Eugène). — Son *esprit nouveau*, 48-49 ; 166-167 ; 173 ; dénature l'*Esprit nouveau* d'Edgar Quinet, 173 ; 382.

STACE. — Lu par Macaulay, 417.

STENDHAL. — Observateur, 4 ; pris pour modèle, 6 ; supériorité d'esprit des lecteurs de —, 248.

STOBÉE. — Cite Euripide, 334.

STOÏCIENS. — M. Le Gallienne pense comme les —, 238.

STROSSY (maréchal de). — Sa prédilection pour César, 385.

SUARD. — Conseillé par Montesquieu, 26 ; montre le charme de la morale, 255 ; représente le XVIII° siècle, 256.

SUE (Eugène). — Dénoncé par le père Possevin, 324.

SULLY-PRUDHOMME (M.). — Crée l'amour tendre, 306.

SURNATUREL (le). — Ne préoccupe pas Cicéron, 29-30.

Syllabus. — La politique de Léon XIII aussi dangereuse que celle du — 174 ; pas de — dans l'antiquité, 194, 338 ; renouvelle l'Encyclique de Grégoire XVI 348-349 ; 351-352.

T

TACITE. — 288 ; modèle, 393 ; condamné par Veuillot, 394 ; parle honorablement de Sénèque, 407 ; intéresse Montaigne, 426.

Taine. — Moraliste, 8; sa morale, 56 ; il faut continuer l'œuvre de —, 199 ; en quoi consiste le vrai bonheur, 212; maître de la pensée moderne, 217 ; pourquoi il a combattu la doctrine catholique, 222; sur l'homme primitif, 241 ; mis à l'index par Dupanloup, 247 ; supériorité d'esprit des lecteurs de —, 248 ; sur Voltaire, 250 ; n'a pas d'émule catholique, 264 ; science de —, 274 ; 232.

Térence. — Idée de l'humanité, 65 : apprécié par About, 298 ; condamné par l'Eglise, 314 ; lu par Macaulay, 417; admiré par Montaigne, 425.

Tertullien. — Croyance inepte, 191.

Têtes. — Les meilleures —, 284.

Thalès. — Idées fécondes de —, 202-203 ; enseigné par Fénelon, 321.

Theiner (le P.) — Défenseur de Clément XIV, 109.

Théocrite. — Lu par Macaulay, 417.

Théodose. — Saint empereur selon Mgr Gaume, 320-321.

Théognis. — Condamné par Mgr Gaume, 313.

Théologiens. — Parlent de ce qu'ils ignorent, 264-265 ; chefs de parti, 295.

Thésée. — Défense de lire sa vie, 321.

Thiers. — La lecture des livres de — interdite par Dupanloup, 247; 264.

Thomas. — A l'esprit du XVIII° siècle, 257.

Thomas (saint d'Aquin). — Doit toute sa partie raisonnable et philosophique à Aristote, 51-52 ; substitué à Aristote, 100; reproduit Aristote, 122; n'ajoute rien à la moralité humaine, 190-191 ; dépouille Aristote, 201 ; soumet tout à la théologie, 261-262; admiré sincèrement par M. Gardair, 266-269 ; lu par les esprits libres, 272; 273 ; ne connaissait guère qu'Aristote et la Bible, 274 ; litanies de Mgr Gaume sur —, 325 ; auteur préféré du clergé, 329 ; théologie bizarre de —, 341 ; substitué à Plutarque, 417.

THRASYBULE. — Réprouvé par Mgr Gaume, 321.

THUCYDIDE. — Réprouvé par le clergé, 329 ; modèle pour former des hommes, 393 ; lu par Macaulay, 417.

TIBULLE. — Condamné par l'Eglise, 314 ; lu par Macaulay, 417.

TITE-LIVE. — Réprouvé par le clergé, 329 ; modèle pour former des hommes, 393 ; lu par Macaulay, 417.

TOLÉRANCE (la). — Idée moderne, 39 ; proclamée par Mirabeau, 41.

TOLSTOÏ. — Auteur préféré de M. de Vogüé, 340.

TRAVAIL. — N'est pas une punition, 181 ; durée du — fixée par les catholiques, 361.

TRÈFLE (le). — Introduit par Montesquieu, 18.

TRESSAN (comte de). — Lettre de Voltaire au —, sur Montaigne, 78.

TRINITÉ. — Nouvelle —, 137.

TURENNE. — Comment on l'a appelé, 19 ; rancune du maréchal d'Hocquincourt contre —, 94.

TURGOT. — Fait progresser les sciences, 41 ; chef des économistes, 254 ; soutient le progrès successif de l'humanité, 256 ; représente le XVIIIe siècle, 256 ; 258 ; sur l'efficacité morale des romans, 306.

U

UNIVERSITÉ. — Collection de livres comparée à une —, 291.

V

Vacherot (M.). — Sur la métaphysique, 68.
Vaillant (M.). — 362.
Valentinois (duc de). — Fils du pape Alexandre VI, 245.
Varron. — Lecture de —, défendue par Mgr Gaume, 313.
Vauban. — A pitié des paysans, 66.
Vaugelas. — Sur Amyot, 389.
Vauvenargues. — Pris pour modèle, 6 ; moraliste, 8 ; sa morale, 22 ; aimable philosophe, 27 ; soutient la cause de l'homme, 58 ; sur la clarté, 68 ; prépare la Révolution, 69-70 ; relève l'homme, 71-73 ; n'admet pas la Grâce, 74; représente la raison, 76 ; comparé à Pascal, 77; aime les passions nobles, 87 ; du parti de la tolérance, 97 ; sépare la morale de la religion, 184 ; comment il comprend l'influence des livres, 195-196 ; est notre bienfaiteur, 198 ; sur la mort, 226 ; plaisir de faire le bien, 239 ; interdit par Dupanloup, 247 ; reste de préjugé de —, 248 ; montre le charme de la morale, 255 ; cherche le fondement terrestre de la morale, 256 ; ami du père de Mirabeau, 257 ; remis en lumière, 263 ; sur le goût des lettres, 279 ; comparé à Cicéron, 279 ; admire les passions nobles, 280-281 ; ce qui fait le charme de ses écrits, 285 ; qualités qu'il respecte dans un auteur, 296-297; sa religion, 311 ; condamné par l'Eglise, 314; sur Plutarque, 415 ; défend Cicéron, 428.
Velleius Paterculus. — Lu par Macaulay, 417.
Véréchaguine (le peintre). — Portrait de la Vierge, 136.
Verlaine (M. Paul). — Lu, 6.

Vertu. — Sa définition par Montesquieu, 22 ; aux différents âges de l'humanité, 213-214 ; amis de la —, 403.

Veuillot (Louis). — Dénigre Cicéron, 13 ; les — socialistes, 47 ; sur le miracle, 52-53 ; Père de l'Eglise, 117-118 ; catholique et monarchique, 166 ; hostile à tous les maîtres de la pensée moderne, 217 ; appelle l'évêque Dupanloup un « *passant* », 246, 247 ; soutient la campagne contre l'antiquité, 312 ; cherche à ronger nos gloires nationales, 322 ; se sert d'une parole de Pascal, 340 ; 342 ; 358 ; 394 ; n'aime pas Montaigne, 411 ; dénigrements littéraires par —, 413-414 ; 417 ; ne pardonnerait pas à Lucien, 418.

Vie littéraire (la). — 3 ; culture qui s'impose, 3 ; praticable partout, même en province ; à quoi elle aboutit, 4 ; ce qu'elle enseigne, 5 ; son résumé, 6, 7, 8 ; célébrée par Cicéron, 12 ; entretenue par Montesquieu, 14 ; — de Montesquieu, 16-17 ; constitue l'honnête homme, 186.

Villehardouin. — Montaigne aime —, 411.

Villemain. — Sur Plutarque, 395-396.

Villevielle (marquis de). — Lettre de Voltaire au —, 252.

Virgile. — Déterminisme de Socrate exprimé par —, 208 ; en quoi consiste le vrai bonheur, 212 ; imprègne le monde de ses couleurs, 293 ; apprend à bien sentir, 312 ; condamné par saint Jérôme, 313 ; traité de criminel par Mgr Gaume, 313 ; condamné par l'Eglise, 314 ; reproduit par Manuce, 315 ; réprouvé par le clergé, 329 ; modèle, 393 ; condamné par Veuillot, 394 ; lu par Montaigne, 406 ; tient le premier rang, 425.

Vivre (art de). — 9 ; pratiqué par Montesquieu, 14 ; enseigné par la philosophie, 55 ; pratiqué par Montaigne et Voltaire, 102 ; se confond avec la morale, 177 ; conseil sur l' —, 177-181 ; maîtres en l'—, 220 ; Montaigne est un modèle dans l'—, 385 ; comment le pratique Voltaire, 386 ; grands maîtres dans l'—, 399 ; d'après Sénèque, 400-410.

Vogüé (M. Melchior de). — 335 ; 338 ; 340 ; exagère le libéralisme du Pape, 341 ; parleur de salon plus qu'orateur, 377.

Voiture. — Peu lu, 299.

Volney. — Interdit par Dupanloup, 247.

Volonté. — Origine de la —, 4.

Voltaire. — Sur la morale, 1 ; pris pour type, 5 ; moraliste, 8 ; sur la lecture, 10 ; aime à relire les anciens, 11 ; Montesquieu comparé à —, 16 ; sur Montesquieu, 19 ; devancé par Montesquieu, 24 ; aimable philosophe, 27 ; comparé à Cicéron, 29-30 ; a des ennemis inconnus du temps de Cicéron, 30 ; supériorité de sa religion, 30 ; les jésuites lui substituent leur Ignace, 31 ; écrase la superstition, 33 ; n'est pas plus hardi que Montesquieu, 38 ; prêche la tolérance, 39 ; fait progresser les sciences, 41 ; triomphe de —, 41 ; son influence heureuse sur la civilisation, 56 ; réforme l'homme par la raison, 58 ; borne nos obligations morales à la pratique de la justice et à l'amour de la patrie, 62-63 ; prépare la Révolution, 69-70 ; veut séculariser la morale, 71, 73 ; n'admet pas la Grâce, 74 ; sur Montaigne, 77-78 ; pratique l'art de vivre ; sa devise de libre penseur, 176 ; sépare la morale de la religion, 184 ; enseigne le respect de la vérité, 192 ; sauve du bûcher les jésuites, 192 ; comment il comprend l'influence des livres, 195-196 ; a aimé l'humanité, 198 ; en quoi consiste le vrai bonheur, 212 ; pourquoi il a combattu la doctrine catholique, 222 ; sa statue serait abattue par les jésuites, 224 ; sépare la théologie de la religion des lettres, 230 ; dissipe l'ignorance, 240 ; donna la mesure au goût, 244 ; le grand siècle est celui de —, 244 ; sa puissance de raison, 244 ; jauge la foi à l'ignorance, 245 ; dénoncé par Dupanloup, 246 ; interdit par Dupanloup, 247 ; démontre à Vauvenargues le pouvoir des livres, 248 ; donne son nom à son siècle, 248 ; esprit juste de —, 249 ; sa variété, 249 ; a travaillé constamment à l'émancipation de l'esprit, 250 ; sa large part dans les origines de la France contemporaine, 250-251 ; ses habitudes intellectuelles, 251 ; précurseur de Sainte-Beuve, 252 ; oblige à avoir des opinions, 252 ; introduit l'humanité et la tolérance dans le monde, 253 ; fait triompher le rationalisme, 254 ; continue Montaigne et Rabelais, 254 ; cherche le fondement terrestre de la morale, 256 ; ce qu'il représente dans le XVIII° siècle, 256 ; deux fois à la Bastille, 259 ; remis en lumière, 263-264 ; signale les dangers de la lecture, 269-271 ; réprouvé par Dupanloup, 272 ; science de —, 274 ; divise le monde en vingt groupes de lecteurs, 274 ; comparé à Cicéron, 278 ; sur les livres, 282 ; son instruction universelle, 284 ; sa correspondance embrasse tout son siècle, 286-287 ; se plaint qu'on lise peu ou mal, 294 ; mis à l'index, 308 ; éloge d'Horace, 309 ; lu par les libres penseurs, 310 ; sa religion, 311 ; condamné par l'Eglise, 314 ; son précurseur, 316 ; excommunié, 318 ; devancé par Montaigne et Rabelais, 322 ; rongé par Veuillot, 322 ; a rendu la France à elle-même, 333 ; prêche la morale naturelle, 345 ; dit de ne rien prendre au tragique, 386 ; mépris de la mort, 405 ; Lucrèce comparé à —, 418, 424.

Vrai (le). — Seule religion scientifique, 51.

Vrillière (duc de la). — Trafique des lettres de cachet, 259.

W

Wailly (Léon de). — Conseille un bon livre, 302.
Walpole (Horace). — Préfère les correspondances, 296.
Wicleff. — Socialiste chrétien.

X

Xénocrate. — Enseigné par Fénelon, 321.
Xénophon. — Propagateur des vues morales de Socrate, 207-208 ; interrogé, 288 ; condamné par l'Eglise, 314-315 ; 328 ; lu par Montaigne, 406 ; lu par Macaulay, 417.

Z

Zacharie. — Enseigne la doctrine de Jésus, 127.
Zénon. — Sa religion, 311 ; enseigné par Fénelon, 321 ; hausse l'idéal humain, 384 ; dans la retraite, 409.
Zola (M. Emile). — Lu, 6.
Zwingle. — 101.

ERRATA

P. 35, ligne 10, lire *compliment* au lieu de *complément*.

— 36, ligne 8, lire *qu'ils* au lieu de *qui*.

— 37, ligne 4, lire *jeûnes*, au lieu de *jeunes*.

— 229, {ligne 10, lire *Le Gallienne* au lieu de *de Gallienne*.
lire 18, lire *Barine* au lieu de *Barive*.

— 244, lire *a dit que de vous* au lieu de *que tous*.

— 354, ligne 1, lire *Babeuf* au lieu de *Babœuf*.

Châteauroux, imp. L. Badel

LIBRAIRIE FISCHBACHER, 33, rue de Seine, PARIS

En Vente :

Jeunesse, par C. WAGNER. 13ᵉ édition. (Ouvrage couronné par l'Académie française). 1 vol. in-12................ 3 fr. 50

Vaillance, par C. WAGNER. 7ᵉ édition. 1 vol. in-12....... 3 fr. 50

Justice. *Huit discours*, par C. WAGNER. 2ᵉ édition. Un volume in-12..........................x.............................. 3 fr. 50

Solidaires. — *Essai de Sociologie chrétienne*, par CHARLES RECOLIN. 2ᵉ édition. 1 vol. in-12.................... 3 fr. 50

En nous et autour de nous. — *Pensées*, par ROGER DOMBRE. 1 vol. in-24.. 3 fr. 50

Les défaillances de la volonté au *temps présent*. — Trois conférences par RAOUL ALLIER. 2ᵉ édit. 1 vol. in-12.. 1 fr. 50

Vie de Saint François d'Assise, par PAUL SABATIER. 14ᵉ édition. (*Ouvrage couronné par l'Académie française*) 1 vol. in-8° 7 fr. 50

Le Christianisme de l'avenir. — Pensées par FRANK PUPERRUT. 1 vol. in-12...................................... 3 fr. 50

La lutte pour le bien-être, par ERNEST GILON. 1 volume in-12.. 3 fr. 50

Les Problèmes. — *Problème économique*. — *Problème international*. — *Problème religieux*, par CHARLES DOLLFUS. Un vol. in-8°... 6 fr.

La Plainte humaine, par CHARLES DOLLFUS. Un vol. in-12 2 fr.

Le Tolstoïsme, par FELIX SCHROEDER. 1 vol. in-12........ 2 fr. 50

Ma religion, par le comte LÉON TOLSTOÏ. 1 vol. gr. in-8°... 3 fr.

Henri-Frédéric Amiel. *Fragments d'un journal intime*, précédés d'une étude par EDMOND SCHERER. 6ᵉ édit. 2 vol. in-12 7 fr. 50

Pensées de Pascal *disposées suivant un plan nouveau*. Édition complète avec une préface par J. F. ASTIÉ. 1 vol. in-12 4 fr. 50

Avis aux jeunes gens *et aux jeunes femmes de toutes les classes de la société*, par William COBBETT. Précédé d'une vie de l'auteur par F. VERNES-PRESCOTT. 2ᵉ éd. (Ouvrage adopté par le ministère de l'Instruction publique). Un volume in-12......... 3 fr. 50

Montaigne moraliste et pédagogue, par Mᵐᵉ JULES FAVRE, née VELTEN. 1 vol. in-12. (Ouvrage adopté par le ministère de l'Instruction publique).................................. 3 fr. 50

La morale de Cicéron, par Mᵐᵉ JULES FAVRE, née VELTEN. (Ouvrage adopté par le ministère de l'Instruction publique. Un vol. in-12.. 3 fr.

Pensées pour chaque jour. *Morale. Éducation*. Un volume in-16, relié. (Ouvrage adopté par le ministère de l'Instruction publique)... 1 fr. 50

Histoire de la philosophie européenne, par ALFRED WEBER, professeur à l'Université de Strasbourg. 5ᵉ édition revue et augmentée. 1 vol. in-8°.................................. 12 fr.